21世纪高职高专规划教材
会计系列

浙江省会计优势专业
建设项目成果

浙江金融职业学院"985"工程二期
（攀越计划）建设成果

Cost Accounting
and Management

成本核算与管理

主编◎伊　娜　　副主编◎彭　博

中国人民大学出版社
·北京·

前　言

加强高职教育的重点是要始终坚持特色的内涵建设，要以优势专业建设项目为抓手推进专业建设。为了更好地进行内涵建设、专业建设，应高职会计专业（群）人才培养要求，高职教育的教育者们不断地进行教学改革与实践，他们整合了会计专业的知识体系，优化了会计专业课程的逻辑结构，本教材的编写就是课程教学改革成果的体现。

本教材结合企业实际工作过程系统化的特点，将本门课程中需要学生掌握的知识和技能进行筛选、梳理、整合，按照企业成本核算与管理这一岗位的实际工作任务进行教学内容的设计，突出培养学生解决问题和实践创新的能力。在教材体例上，本教材采用线点结合的创新思路进行编写：“线”是指企业某种产品成本核算的先后流程与程序，本教材的主体部分就是以此为主线进行编写的；“点”是指分批法、分步法、成本报表和标准成本法等内容，本教材的延展部分就是以此作为补充点的，从而帮助学生更加深入地掌握成本核算与管理的方法，提高分析问题和解决问题的综合能力。每个项目包括学习目标、引导案例、任务描述、基本知识与技能、思考活动、项目小结、项目训练等主要内容。

本教材由长期从事会计教学与科研的骨干教师和会计行业实务专家共同编写，由伊娜担任主编，拟订编写大纲，对全书进行总撰和定稿。全书共分为十五个项目，具体分工如下：项目一至项目九由伊娜编写，项目十至项目十五由彭博编写。

由于编者专业水平和实践经验有限，书中难免存在不足之处，敬请各位读者和专家批评指正。

伊　娜

2017 年 1 月

目　录

项目一　引言　1
任务一　课程学习目标及学习内容简介　3
任务二　成本及成本核算的认知　6
任务三　成本核算的工作准备　15

项目二　材料费用的归集与分配　23
任务一　材料费用的归集　25
任务二　材料费用的分配　30

项目三　人工费用的归集与分配　37
任务一　人工费用的归集　39
任务二　人工费用的分配　45

项目四　其他费用的归集与分配　53
任务一　外购动力费用的归集与分配　55
任务二　折旧费用的归集与分配　58

项目五　辅助生产费用的归集与分配　67
任务一　辅助生产费用的归集　69
任务二　辅助生产费用的分配　72

项目六　制造费用的归集与分配　87
任务一　制造费用的归集　89
任务二　制造费用的分配　91

项目七 生产损失的核算 101
任务一 生产损失核算概述 103
任务二 废品损失的核算 104
任务三 停工损失的核算 112

项目八 生产费用在完工产品与在产品之间的分配 119
任务一 完工产品与在产品 121
任务二 生产费用在完工产品与在产品之间的分配方法 123
任务三 完工产品成本的结转 133

项目九 产品成本计算方法 139
任务一 产品成本计算方法概述 141
任务二 产品成本计算方法的选择 144
任务三 品种法 149

项目十 分批法 163
任务一 分批法概述 165
任务二 简化分批法 169

项目十一 分步法 177
任务一 分步法概述 179
任务二 逐步结转分步法 180
任务三 平行结转分步法 190

项目十二 产品成本辅助核算方法 199
任务一 分类法及其应用 201
任务二 定额法及其应用 205
任务三 联产品、副产品和等级产品成本计算 215

项目十三 成本报表与成本分析 225
任务一 成本报表概述 227
任务二 成本分析的方法 234
任务三 成本分析的内容 238

项目十四 标准成本控制与分析 249
任务一 标准成本控制与分析的相关概念 251
任务二 成本差异的计算及分析 254

项目十五 作业成本法 261
任务一 作业成本法基本原理 263
任务二 作业成本法的成本计算 265
任务三 作业成本管理 270

参考文献 275

项目一

引言

任务一　课程学习目标及学习内容简介　/ 3

任务二　成本及成本核算的认知　/ 6

任务三　成本核算的工作准备　/ 15

【学习目标】

知识目标

- 理解支出、费用及成本等基本概念
- 理解成本核算的对象及作用
- 理解成本核算的原则及要求

能力目标

- 能够掌握本课程的学习目标
- 明确本课程的学习内容
- 掌握学习本课程的基本知识与原则

【引导案例】

浙江环球股份有限责任公司5月份购进材料600万元，生产领用材料570万元，辅助材料32万元。该公司用现金支付本月生产产品的工人工资100万元，生产管理人员工资40万元，公司行政人员工资60万元，并按规定比例发放了职工福利费12万元；用银行存款支付公司办公费等费用25万元，广告费50万元，销售产品差旅费15万元，全运会赞助费30万元，行政罚款10万元，另外由于延期交货支付违约金8万元。本月固定资产折旧费为50万元，其中公司管理部门20万元，车间30万元。本月应交所得税20万元，税款尚未支付。该公司本月购买了一台设备，支出60万元，为购买该设备支付增值税10.2万元，该设备预计使用10年，期满无残值。请将本月发生的支出进行合理的分类，准确计算出本月的支出总额、费用总额、期间费用、生产费用和产品成本等各个项目的数据，并说明理由。

课程学习目标及学习内容简介

※ 任务描述※

本任务作为“成本核算与管理”课程体系的介绍，其知识体系如图 1—1 所示。通过本任务的学习，学生能够掌握本课程的学习目标，明确本课程的学习内容及学习方法，明确本课程与其他会计类课程在学习目标、学习方法上的区别，从而能更好地学习本课程。

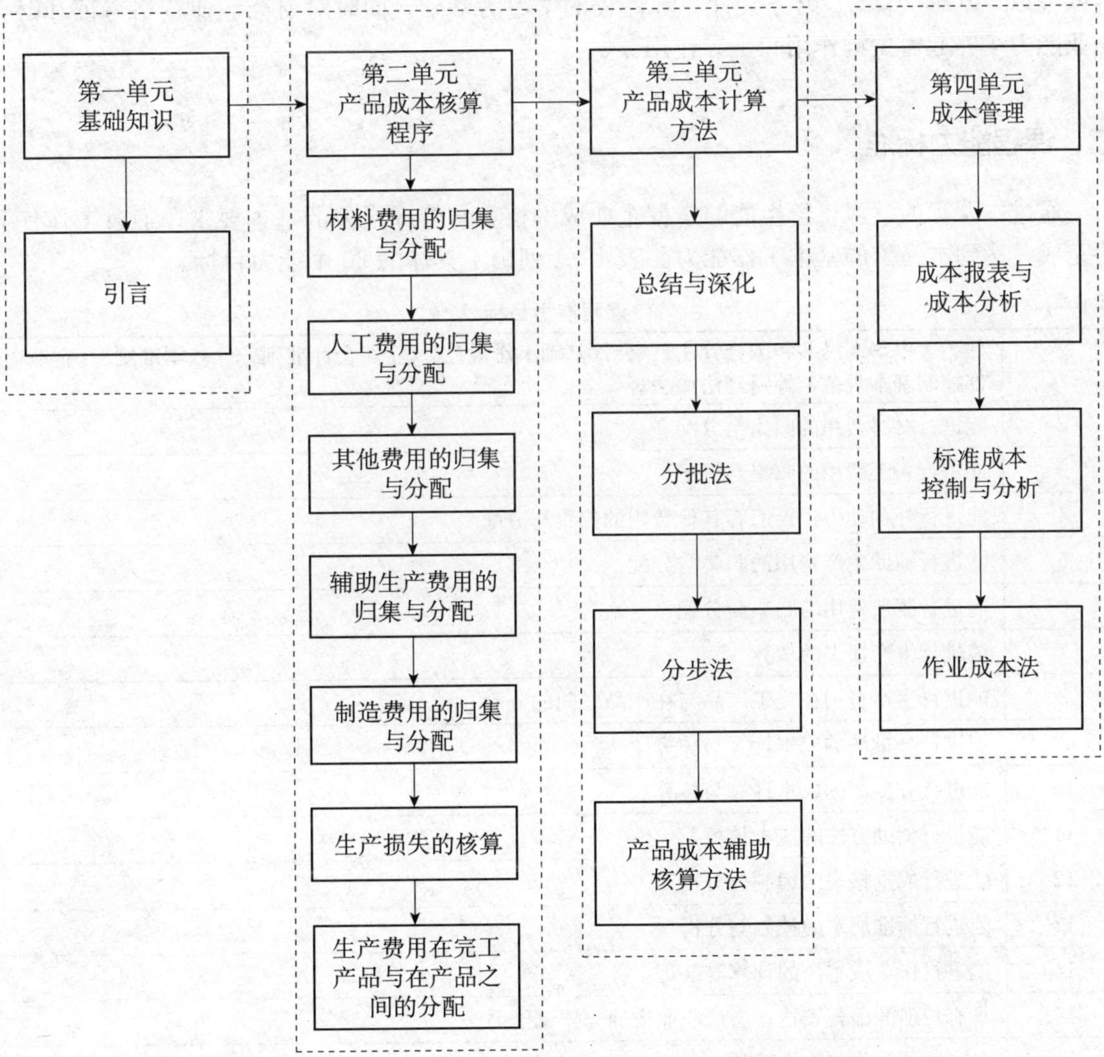

第一单元 基础知识 → 引言

第二单元 产品成本核算程序 → 材料费用的归集与分配 → 人工费用的归集与分配 → 其他费用的归集与分配 → 辅助生产费用的归集与分配 → 制造费用的归集与分配 → 生产损失的核算 → 生产费用在完工产品与在产品之间的分配

第三单元 产品成本计算方法 → 总结与深化 → 分批法 → 分步法 → 产品成本辅助核算方法

第四单元 成本管理 → 成本报表与成本分析 → 标准成本控制与分析 → 作业成本法

图 1—1　课程教学内容设计及其关系图

※基本知识与技能※

一、课程学习目标

“成本核算与管理”是会计专业针对会计核算岗位（群）职业能力培养而设置的一门专业主干课程。该课程以产品成本核算流程中的各个环节典型工作任务为载体，将本课程要求掌握的成本核算与管理的基础知识融入其中，按照高职学生的认知特点，遵循“任务驱动、项目引领”的课程设计理念设计并开发了15个项目，涵盖企业产品从投入到产出的全部成本核算工作。通过本课程的学习，学生能够理解和掌握产品成本核算的基本流程，熟练掌握材料费用、人工费用、其他费用、辅助生产费用、制造费用的归集与分配方法及最终完成产品成本核算的程序，掌握和熟练运用产品成本核算的品种法、分批法和分步法等基本方法。本课程以“基础会计”“财务会计”等课程的学习为基础，同时对财会职业资格考证和财会职业能力培养起着关键作用和主导作用。

二、课程能力标准

通过本课程的学习，学生能够掌握企业成本核算与管理岗位的基本要求，通过工作任务的完成，达到本岗位的基本工作能力。表1—1列出了具体的20个能力目标。

表1—1　　课程能力目标

1	熟悉《中华人民共和国会计法》《会计基础工作规范》《企业会计准则——基本准则》《企业内部控制基本规范》等财经法律法规
2	能进行材料费用的归集与分配
3	能进行人工费用的归集与分配
4	能进行外购动力、折旧等其他费用的归集与分配
5	能进行辅助生产费用的归集与分配
6	能进行制造费用的归集与分配
7	能进行生产损失的核算
8	能进行生产费用在完工产品与在产品之间的分配
9	能进行分批法的成本计算与核算
10	能进行分步法的成本计算与核算
11	能进行辅助方法的成本核算
12	能进行成本报表的编制与分析
13	能进行标准成本的控制与分析
14	能进行作业成本法的计算与处理
15	具有较强的语言表达、会计职业沟通与协调能力
16	具有团队合作和协作精神

17	具有良好的心理素质、诚信品格和社会责任感
18	能自主学习，归纳和总结会计新知识、新技术和新方法
19	能通过各种媒体资源查找所需信息，解决企业新业务核算工作
20	能根据学习目标，独立制定、实施和评价项目工作计划

三、课程设计思路

“成本核算与管理”课程采用了“任务驱动、项目引领”课程设计理念，通过组建由课程专家、行业专家、骨干教师组成的课程开发团队，对产品成本核算岗位的主要工作任务进行梳理、整合，合理地设计各个学习任务，以使得课程结构能够更好地与工作过程相对接，最大限度地培养学生的专业能力、方法能力和社会能力。

本课程打破了传统学科体系下的课程体系，以真实企业最终完成产品成本的核算为最终任务目标，以产品成本核算过程为序化标准，将本课程要求掌握的成本核算与管理的基础知识融入其中，重构了本课程的相关知识与能力目标，让学生在完成相关任务中做学结合、边学边做。整个教学活动旨在促进学生积累岗位职业知识、训练学生的岗位职业能力和培养学生的岗位职业素养。

四、课程学习建议

“成本核算与管理”课程是以会计学的基础理论为依据，是会计的一个分支，因此在学习的过程中应秉承会计基础、财务会计课程学习的基本方法，但作为一门专门的会计学科，学习过程中更应掌握其特色。学生在学习过程中一方面要学习掌握归集与分配的各种具体方法，做到准确归集、计算与分配，另一方面要把握整体的流程与程序，做到思路清晰、目的明确。而学生在学习过程中经常会拘泥在具体的计算与分配过程中，而忘记了计算的目标是什么。因此在这里提醒学生在学习过程中能够重视教材中对每个任务的描述，从而做到目标明确、思路清晰。

学生在学习过程中经常会抱怨有太多的公式和表格，其实“成本核算与管理”课程，尤其是成本核算部分，主要就是围绕着“分配”的问题，学生在学习过程中应牢牢把握这一点，掌握分配的目标是什么、分配的标准是什么、分配给谁、谁分配多少、分配的结果是否合理等一系列问题，不管是材料费用、人工费用、其他费用，还是辅助生产费用、制造费用、完工产品与在产品等，都是如此。学生只有这样才能学得轻松，学得智慧。

※思考活动※

本课程的学习目标是什么？通过本课程的学习，学生能够学习到哪些内容？重点内容在哪里？

成本及成本核算的认知

※ 任务描述※

本任务作为成本核算知识的介绍，其知识体系如图 1—2 所示。通过本任务的学习，学生能够正确理解支出、费用和成本之间的关系，充分理解成本的含义及成本核算的对象与作用，掌握成本核算的原则及要求。

成本及成本核算的认知
- 支出、费用与成本
- 成本核算对象
- 成本核算的作用
- 成本核算的基础与原则
- 成本核算要求

图 1—2 成本及成本核算的知识图解

※基本知识与技能※

一、支出、费用与成本

支出、费用、成本是三个关系极为密切的概念。要深刻理解成本核算的内容，就必须清楚支出、费用、成本三者之间的关系。下面以工业企业为例简要说明它们之间的联系与区别。

(一) 支出

支出是指企业在经济活动过程中发生的一切开支与耗费。企业的支出按照其与业务经营的关系不同，可以分为资本性支出、收益性支出、营业外支出、所得税支出和利润分配支出。

(1) 资本性支出是指一项支出的发生不仅与本期收入有关，也与其他会计期间的收入有关，而且主要是为取得以后各期收入而发生的支出，如企业购建固定资产、无形资产等。这类支出最终可以表现和转化为费用。

(2) 收益性支出是指一项支出的发生仅与本期收入有关，并直接冲减当期收入，如企业为生产经营而发生的料工费等。

(3) 营业外支出是指与企业生产经营活动无直接关系的其他支出，如对外捐赠支出、非常损失、处理固定资产损失等。这些支出尽管与企业生产经营活动没有直接联系，但是与其收入的取得还是有关系的，因而也把它作为当期损益的扣减要素。

(4) 所得税支出是指企业在取得经营所得与其他所得时，应按照国家税法规定向政府缴纳的税金支出。所得税支出作为企业的一项费用，也直接在当期损益中扣减。

（5）利润分配支出是指在利润分配环节的开支，如支付的股利等。

（二）费用

费用是指企业在日常活动中发生的、会导致所有者权益减少的、与向投资者分配利润无关的经济利益的总流出。费用是企业支出的构成部分。在企业的一切支出中凡是与企业生产经营有关的支出，都可以表现或转化为费用，否则，不能列为费用。例如：企业购买原材料、固定资产、无形资产的支出与企业生产经营有关，就可以表现或转化为费用；而长期投资支出、捐赠支出、利润分配支出等因与企业生产经营活动无直接关系，就不能表现为费用。

如工业企业发生的各项费用从其经济内容上看主要包括外购材料、外购燃料、外购动力、职工薪酬、折旧费、利息费、税金、自制材料、其他等费用要素。工业企业发生的各项费用按其经济用途分类，可以分为计入产品成本的生产费用和不计入产品成本的期间费用。

计入产品成本的生产费用是指产品生产过程中发生的物化劳动和活劳动的货币表现，如直接材料、燃料与动力、直接人工、制造费用、废品损失等。这些费用同产品生产有直接关系，应计入产品的生产成本。

不计入产品成本的期间费用是指与企业的经营管理活动有密切关系的耗费，而与产品的生产没有直接的关系，属于某一时期的耗费，可以从企业的当期损益中得到补偿。不计入产品成本的期间费用包括管理费用、财务费用和销售费用。

（三）成本

成本属于价值范畴，是商品经济发展到一定阶段的产物。对于企业而言，成本是在生产过程中发生的各种耗费或支出，而这种耗费或支出是相对于一定对象而言的，即归属于谁的耗费或支出。企业在生产经营过程中的每一阶段都会发生资金的耗费，将资金耗费对象化到不同的对象上，从而构成各种不同的成本。例如：生产准备阶段的资金是为了购买设备、材料，这部分的资金耗费对象化到了设备和材料上，构成设备与材料的成本；生产阶段的资金耗费是为了生产产品，这部分的资金耗费就要对象化到生产的产品上，构成产品的生产成本；还有的企业为了提供某种劳务而发生的资金耗费，应将其对象化到某一劳务上，构成劳务成本；企业为筹集资金而发生的资金耗费构成筹资成本；等等。

总之，成本是特定对象的耗费，成本总是针对特定对象或目的而言的。成本是转嫁到一定产出物的耗费，是针对一定的产出物计算归集的，这个产出物我们称之为成本计算对象，它可以是一件产品或者一项服务。另外，成本作为对象化的资金耗费，在正常情况下可以从收入中获得补偿，因此成本不仅仅是对象化的资金耗费，还是一种价值补偿。

为了使企业成本计算的口径一致，防止滥挤成本、乱摊费用，加强成本管理，正确计算成本，国家统一制定了成本开支范围，这是国家根据成本的客观经济内涵、国家的分配方针和企业实行独立经济核算要求而规定的。各企业必须严格遵守国家规定的成本开支范围，以保证成本计算的正确性、可比性。

1. 工业企业产品成本开支范围

工业企业产品成本开支范围包括以下内容：

（1）生产经营过程中实际消耗的原材料、辅助材料、备品备件、外购半成品、燃料、动力、包装物的原价和运输、装卸、整理等耗费；

（2）企业直接从事产品生产人员的职工薪酬；

（3）车间、房屋、建筑物和机器设备的折旧费、租赁费、低值易耗品的摊销费等；

（4）其他为组织、管理生产活动所发生的制造费用；

（5）企业生产单位因生产原因发生的废品损失，以及季节性停工、修理期间的停工损失。

2. 企业不计入产品成本的费用

企业发生下列费用，不计入产品成本：

（1）企业为组织、管理生产经营活动所发生的管理费用、财务费用、销售费用；

（2）购置和建造固定资产的支出、购入无形资产和其他资产的支出；

（3）对外界的投资以及分配给投资者的利润；

（4）被没收的财物以及违反法律而支付的各种滞纳金、罚款以及企业自愿赞助、捐赠的支出；

（5）公积金、公益金的支出；

（6）国家法律法规规定以外的各种付费；

（7）国家规定不得列入成本的其他支出。

（四）支出、费用与成本的关系

支出、费用与成本之间的关系如图 1—3 所示。

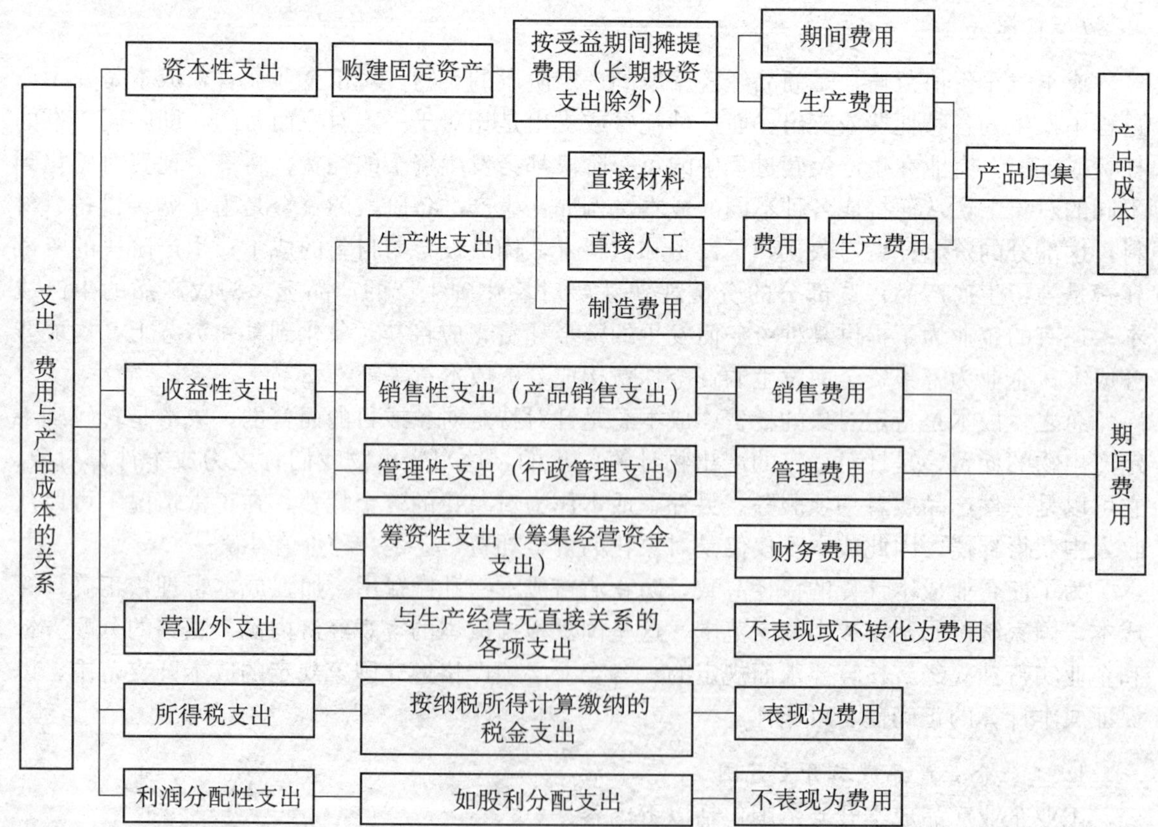

图 1—3 支出、费用与成本之间的关系图

二、成本核算对象

经过以上内容的学习，我们知道成本是企业众多支出和费用中能够按一定产品归集的那一部分，那么成本核算对象（即成本核算反映与监督的客体）是不是能够撇开企业的支出和费用，只是划定为成本这一特定的范围呢？答案是否定的。首先，企业产品生产过程中的各种生产耗费是以费用的形式发生的，而且大多数是按照时间的先后陆续发生的，成本核算就是要将这些费用进行层层剥离、分别进行确认和归集，采用一定的程序和方法把属于产品成本的费用一步步核算出来的过程，这才是成本核算的对象所在。因此成本核算的对象应放眼于企业的所有生产经营业务成本和有关的经营管理费用，而不能就成本讲成本。

其次需要说明的是，随着商品经济的不断发展，成本的外延逐渐广泛起来，远远超出了产品成本的范围，比如还有劳务成本、开发成本、资金成本等内容；成本与企业管理相结合，出现了变动成本、固定成本、边际成本、标准成本等内容；从财务管理学的角度出发，成本不仅包括支出成本，还应包括机会成本，即将所放弃的资源用于最佳用途可能实现的收益，只是实践中机会成本的确定和计量存在困难，成本核算只记录支出成本，不记录机会成本，但也不容忽视。

最后，成本核算对象还应结合我国现行的企业会计准则等财务会计法规制度的规定。主要可概括为以下四个方面：

（1）生产准备环节的物资采购成本、固定资产购置成本、在建工程成本。按照我国现行财务会计制度规定，它们均是单独进行成本核算的。

（2）生产环节中的产品生产成本或制造成本。这是工业企业成本会计反映和监督的主要对象。

（3）企业在一定会计期间所发生的期间费用，包括财务费用、销售费用和管理费用。期间费用直接计入当期损益。

（4）企业在生产经营过程中发生的上述以外的其他成本、费用。

对于其他行业企业的成本会计对象的内容，可参照工业企业成本会计对象的内容类推，一般也包括采购与购置成本、经营成本和期间费用三个组成部分。

对于制造企业而言，产品的成本核算是企业以一定的产品为对象，对成本进行确认、计量、记录、分配和计算，以确定产品实际总成本和单位成本的过程。也就是根据对成本信息的要求，对某一特定对象（产品）的成本进行确认，然后通过计量和记录、汇集该对象的成本数据，并在规定的时期（成本计算期）内执照一定的标准进行分配，计算出该对象的实际成本和单位成本。

三、成本核算的作用

成本的经济实质及成本核算的对象决定了成本核算在经济管理工作中具有重要的作用，主要表现在以下几个方面：

（一）成本是补偿生产耗费的价值尺度

企业是自负盈亏的商品生产者和经营者，企业要存在、要发展，就不会停止耗费，从而也不能停止生产。为了保证再生产的不断进行，企业就必须对其生产耗费进行补偿，成本就是衡量这一补偿份额大小的尺度。企业在取得销售收入后，必须把相当于成本的数额部分划分出来，用于补偿生产经营中的资金耗费。所以说成本是企业能够维持生产经营活动在原有规模之上顺利进行的资金补偿最低限度。如果企业不能按照成本来补偿生产耗费，企业的资金就会出现短缺，再生产就不能按原有规模进行，经营就会出现萎缩。可见成本起着衡量生产耗费尺度的作用，对企业发展有着重要的影响。

（二）成本是制定产品价格的重要依据

在商品经济中，根据价值规律，产品价格是产品价值的货币表现，产品价格取决于其产品的价值。但在现阶段产品的价值还无法直接计算出来，而只能计算成本，并通过成本间接、相对地反映出产品的价值水平。因此，成本就成为制定产品价格的重要依据。另外，企业制定产品的价格是一项复杂的工作，需要考虑的因素很多，譬如国家经济政策及价格政策、各种产品的比价关系、产品在市场上的供求关系及市场竞争的态势、企业的经营战略等。因此，产品成本只是制定产品价格所必须考虑的众多因素中最为基本的依据。

（三）成本是企业进行决策的必要信息

在市场经济条件下，市场竞争异常激烈，努力提高在市场上的竞争能力和经济效益，是市场经济对企业的客观要求。而要做到这一点，企业首先必须进行正确的生产经营决策。进行生产经营决策，需要考虑的因素很多，成本是其中应考虑的主要因素之一。这是因为，在市场价格一定的前提下，成本的高低直接影响着企业的盈利水平和市场竞争能力。企业进行生产经营或投资决策时，多是以经济效益高低作为评价决策方案的标准，而衡量决策方案经济效益高低时，成本是必须考虑的主要因素。如果没有成本信息是无法进行正确决策的。

（四）成本是反映企业工作质量的重要指标

企业内部根据经营管理的需要划分为各个部门，如分厂、车间、事业部、销售部等，为了充分调动各部门的积极性就要对其进行业绩评价，业绩评价的方法要根据不同部门的不同情况制定不同的考核指标。但成本作为一项综合的经济指标，企业经营管理中各方面的工作业绩都可以直接或间接地通过成本反映出来。例如，产品设计的好坏，生产工艺的合理程度，固定资产的利用情况，原材料消耗的节约与浪费，劳动生产率的高低，产品质量的高低，产品产量的增减，以及供、产、销各个环节的工作是否衔接协调等。企业可以通过对成本的计划、控制、监督、考核和分析来促使企业及其内部各部门加强经济核算，找出工作中的薄弱环节，采取措施挖掘潜力，合理地使用人力、物力和财力，从而降低成本，不断提高经济效益。

四、成本核算的基础与原则

产品成本作为企业生产经营与管理中的重要信息，发挥着重要的作用。为了使产品成本信息资料符合规定，达到正确、真实的要求，成本核算必须讲究质量。要做好成本核算工作，提高成本核算质量，应该遵循以下会计基础与原则。

（一）权责发生制

权责发生制是按照权利和责任是否转移或发生来确认收入和费用归属期间的制度。企业在进行产品成本核算的过程中本期产品成本的确定，是以权责发生制作为基础，即：凡是由本期产品成本负担的费用，不论本期是否支付，都要计入本期产品成本；凡是不应由本期产品成本负担的费用，虽在本期支付，也不应计入本期产品成本。从成本角度看，贯彻这一制度，主要是分清本期发生的费用是否都由当期产品负担。

（二）实际成本计价

企业在进行产品成本核算的过程中可以采用多种计价方法，如计划成本、定额成本、标准成本等，但实际成本计价原则是指在最终计算产品成本时，应该将其他成本调整为实际成本，只有这样才能减少成本计算的随意性，才能保持成本信息的可验证性（即客观性）。这一原则主要有两个方面的含义：一是生产耗用的原材料、人工、燃料、动力和折旧费用发生时，都应按实际成本计价，采用计划成本的计价应对实际与计划之间的差异进行调整；二是完工产品的结转也要按实际成本进行计价，采用计划成本的计价应对实际与计划之间的差异进行调整。

（三）合法性

由于理论上的成本概念与实际工作中应用到的成本是有一定差别的，因此在实际工作中，成本的开支范围是由国家通过有关法规制度来加以界定的。合法性是指计入产品成本的费用必须符合国家法律、法规、规章和制度的规定。而比如被没收的财物损失、各项罚款性质的支出、捐赠和赞助性质支出等不符合规定的费用就不能列入成本开支范围。

（四）可靠性

可靠性原则要求企业以实际发生的交易或事项为依据进行确认、计量和报告，如实反映符合确认和计量要求的各项要素及其他相关信息，保证会计信息真实、内容完整。企业产品成本包括料、工、费等多个方面，具有一定的复杂性、综合性，为了保证产品成本信息的质量，应遵循真实性原则，即核算出的成本信息与客观的经济事项相一致，同时要求同一成本核算资料按一定原则由不同成本核算人员计算，得出的结果相同，从而保证成本核算信息没有人为地提高和降低的成分。

（五）重要性

重要性原则要求企业提供的会计信息反映与企业财务状况、经营成果和现金流量等有关的所有重要交易或者事项。企业进行成本核算应从成本效益的原则出发，根据本企业的具体情况划分出对成本有重要影响的内容和项目，并把它作为重点单独设立项目进行计算、分配、核算与反映，力求准确；而对于那些次要的、在成本项目中所占比例较小的内容和项目，从简核算或合并计算和反映。

（六）可比性

可比性原则要求企业提供的会计信息具有可比性，同一企业不同时期发生的相同或相似的交易或事项，应当采用一致的会计政策，不得随意变更。成本核算要求核算中涉及的成本核算对象、成本项目、成本计算方法及会计处理方法必须前后一致，使各期成本资料有一个统一的口径，前后期的成本数据具有可比性，以便分析、比较与考核，提高成本信息的利用程度。可比性原则并不是说成本核算方法固定不变，当原方法不能适用时，应该采用新方法。但采用新方法，必须在成本报表的附注中进行说明。

五、成本核算要求

成本核算过程既是对生产经营过程中发生的各种耗费进行归类反映的过程，也是为了满足企业管理要求进行信息反馈的过程，还是对成本计划的实施进行检验和控制的过程。因此在成本核算过程中除了遵循成本核算的基础与原则外，还应符合以下各种要求。

（一）严格遵守国家规定，加强对费用的审核和控制

进行成本核算，要依据国家和企业规定的成本开支范围和费用开支标准对各项费用进行事前、事中的审核和控制。例如：在费用发生前，应认真审核其是否符合国家规定的财经政策、制度，有无扩大费用开支标准、违反成本开支范围的情况；在费用发生时，应严格执行各项定额、计划或标准，以避免和减少损失与浪费，最大限度地降低产品成本和费用，保证产品成本的真实可靠，使不同企业和同一企业的不同时期产品成本内容一致，具有可比性。严格遵守国家规定的成本开支范围和费用开支标准是国家对企业进行产品成本核算时提出的一项纪律要求。

（二）根据成本核算流程，正确划分各种费用的界限

1. 正确划分计入成本费用与不计入成本费用的界限

企业发生的各项支出，并非都计入产品成本和期间费用，应按照用途进行合理的划分，确定哪些应计入产品成本和期间费用，哪些不应计入产品成本和期间费用。对于那些用于产品生产和销售、用于组织和管理生产经营活动以及用于筹集生产经营资金的各种费用，即为取得当期收入而发生的支出，应计入产品成本和期间费用；而对于那些不是企业日常生产经营活动发生的费用支出，如企业购置固定资产及其他资产的支出、对外投资的支出、非正常原因的停工损失和自然灾害损失、罚款及赞助支出等，则不应计入产品成本和期间费用。这种界限的正确划分有利于减少乱计和少计成本费用的现象。

2. 正确划分生产费用与期间费用的界限

为了正确计算企业各个会计期间的利润，还要将计入成本费用的耗费在产品成本和期间费用之间进行划分。对于那些用于产品生产所发生的材料费用、人工费用和制造费用等，计入产品成本；而为销售产品所发生的产品销售费用、为管理和组织生产经营活动所发生的管理费用以及为筹集资金所发生的财务费用应计入期间费用，直接计入当期损益。这种界限的正确划分有利于防止混淆成本费用界限和借以调节各会计期间成本费用的做法。

3. 正确划分本期生产费用与非本期生产费用的界限

为了正确计算产品成本，在正确划分以上界限的基础上，还应该正确划清应由本期产品

成本费用负担和应由其他期间产品成本费用负担的费用界限。划分的原则是按照权责发生制和配比原则的要求，对于那些应由本期的成本费用负担的费用都应在本期入账，计入本期产品成本和期间费用；不应由本期的成本费用负担的费用一律不得计入本期产品成本和期间费用。这种界限的正确划分有利于防止延期记账和提前入账、人为调节各月损益的做法。

4. 正确划分不同产品成本的界限

为了正确归集各种产品的成本，对于应计入本期产品成本的生产费用，还要正确地在各种不同产品之间进行划分，也就是要分清成本归属。对于那些某种产品单独发生的、能够单独计入该种产品成本的生产费用，应直接计入该种产品的成本；对于那些几种产品共同发生、不能直接计入某种产品成本的生产费用，则应采取适当的方法进行分配，分别计入各种不同产品的成本。这种界限的正确划分有利于防止任意转移生产费用、以盈补亏、虚报产品成本等做法。

5. 正确划分完工产品成本与在产品成本的界限

经过以上的费用界限的划分，我们已经确定了某种产品本月应负担的生产费用。期末计算产品成本时，企业的生产往往是部分完工、部分未完工，因此就要求将该产品的生产成本在完工产品和在产品之间进行划分。需要采用适当的分配标准、合理的分配方法，将生产费用准确地在期末完工产品和期末在产品之间进行分配。这种界限的正确划分有利于防止任意提高或降低月末在产品成本、人为调节完工产品成本的做法。图 1—4 为费用界限划分图。

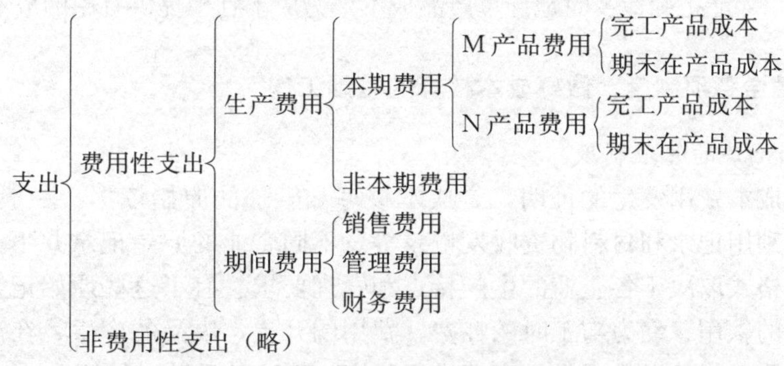

图 1—4 费用界限划分图

（三）根据国家和企业管理要求，合理确定财产物资的计价方法和价值结转方法

企业的生产经营过程，同时也是各种劳动的耗费过程。在各种耗费中，财产物资的耗费占有相当大的比重。因此，这些财产物资的计价方法和价值结转方法是否恰当，会对成本核算的正确性产生重要影响。财产物资不同的计价方法和价值结转方法，对产品成本的计算和期间费用的确认会产生不同的影响。

1. 流动资产耗费的计价方法与价值结转方法

流动资产耗费主要是企业在生产经营过程中耗用的原材料、主要材料、辅助材料、燃料、周转材料等。对这些物资可以采用实际成本计价，也可以采用计划成本计价。实际成本计价又包括采用先进先出法、加权平均法、个别计价法等方法进行计量和确认，并将确认的物资消耗的价值结转计入当期的成本费用。采用计划成本计价法时，对消耗物资的价值先按事先确定的计划成本计入当期的成本费用，到月末再计算材料成本差异率，确认消耗物资应负担的材料成本差异，据以将计入当期成本费用的消耗物资的计划成本调整为实际成本。

2. 固定资产及无形资产耗费的计价方法与价值结转方法

固定资产及无形资产耗费的计价方法包括原值计价方法、折旧摊销方法、折旧率等。原值通常按历史成本原则计价，即将取得这些物资时所发生的实际支出作为入账价值，如固定资产折旧的计提方法有年限平均法、工作量法、双倍余额递减法、年数总和法等，国家还规定了使用年限的控制范围和净残值的控制比例。

无论是哪种财产物资都必须确定计价方法和价值结转方法，做到既合理又简便。凡国家有统一规定的，应当采用国家统一规定的方法，以保证本企业各期成本费用计算的正确性和成本资料的可比性，也便于在不同企业之间进行比较。如果国家没有统一的规定，则应根据企业的实际情况，比照国家相近的规定，合理制定处理方法。企业确定的消耗物资的计价方法和价值结转方法属于企业的会计政策，一旦确定，不得随意变更，更不能利用任意改变财产物资的计价方法和价值结转方法来调节成本费用。

（四）按照生产特点和管理要求，采用适当的成本计算方法

产品成本是在生产过程中形成的。产品的生产工艺过程和生产组织不同，所采用的产品成本计算方法也应该有所不同。计算产品成本是为了加强成本管理，因而还应根据管理要求的不同，采用不同的产品成本计算方法。因此，企业只有按照产品生产特点和管理要求，选用适当的成本计算方法，才能正确、及时地计算产品成本，为成本管理提供有用的成本信息。

（五）建立健全各项制度，做好成本核算的基础工作

1. 建立原始记录的管理制度

原始记录是成本费用发生的证明，是成本核算和管理的原始依据。一般包括生产记录、考勤记录、设备利用记录和材料物资收发记录等。不同企业的原始记录并不完全一样，其范围、内容及凭据格式取决于各企业的生产特点和管理要求。有了这些原始记录，企业才能对生产过程中材料的领用、动力与工时的耗费、费用的开支、废品的产生、在产品及半产品的内部转移、产品质量检验以及产品入库等进行真实、正确的反映与核算。

2. 建立严格的存货计量、验收制度

存货的计量、验收、领退和清查是进行成本核算的重要前提。因此，为了进行成本管理，正确地计算成本，必须建立和健全材料物资的计量、收发、领退和清查制度。做好计量与验收工作，有利于保证入库存货的数量与质量；及时办好领料和退料凭证手续，有利于成本中的材料费用相对准确。与此同时，还要对存货进行定期或不定期的清查，确保成本核算更加准确。

3. 实施有效的定额管理制度

定额是指企业在一定的生产条件下，对人力、财力、物力的消耗及占用所规定的数量标准，它是成本计划、成本控制、成本分析和考核的主要依据。科学的定额对产品成本进行预测、核算、控制和考核有着重要的作用。定额按其反映的内容不同，主要包括工时定额、产量定额、材料消耗定额、燃料及动力消耗定额等；按其制定的标准不同，主要分为计划定额和现行定额等。在成本核算中，消耗定额的制定是作为企业产品生产发生耗费应该掌握的标准。定额制定后，为了保持它的科学性，还必须根据生产的发展、技术的进步和劳动生产率

的提高进行不断的修订，这样才能有效地发挥作用。

4. 建立适合的内部结算制度

为了明确企业内部各单位的经济责任，对各单位的工作业绩进行总体评价和考核，应制定企业内部结算制度和办法。内部结算价格是内部结算制度的主要方面，另外还包括内部结算方式和内部结算货币等。企业内计划价格要尽可能符合实际，保持相对稳定，一般在一个年度内不变。在制定了内部计划价格的企业中，都要按计划价格计算，月末计算产品实际成本时，再在计划价格成本的基础上，采用适当的方法计算各产品应负担的价格差异，将产品的计划价格成本调整为实际成本。这样，既可以加速和简化核算工作，又可以分清内部各单位的经济责任。

※思考活动※

请根据本项目的引导案例，分析该公司哪些应作为支出，哪些应作为费用，哪些应作为成本。你认为认识成本的关键在哪里？

成本核算的工作准备

※ 任务描述※

本任务作为成本核算的工作准备，其工作思路如图 1—5 所示。通过本任务的学习，学生能够正确掌握成本核算程序，充分理解、灵活运用成本核算的主要账户，做好成本核算的工作准备。

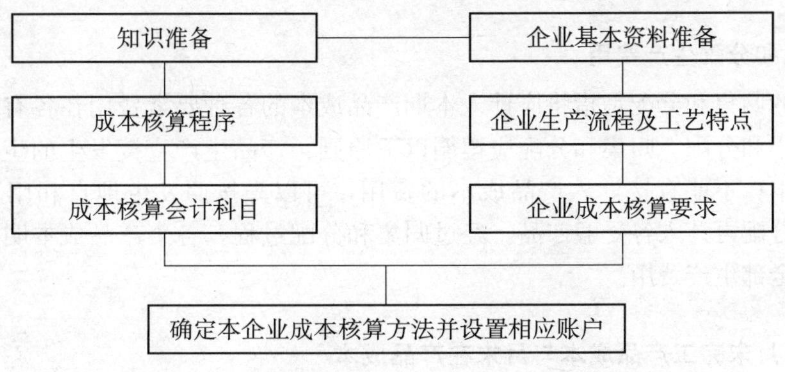

图 1—5　成本核算的工作准备工作思路图

※基本知识与技能※

一、成本核算程序

成本核算程序是指根据成本核算要求，对生产费用进行分类核算，并按成本项目进行归类，直到计算出完工产品成本的工作过程。每个工业制造型企业的成本核算都是一个较为复杂的工作过程，所涉及的内容和运用的方法很多，但在这里我们把它们遵循的基本程序进行梳理和提炼，概括为以下基本核算程序。

（一）确定成本计算对象

成本计算对象是生产费用的归集对象和生产耗费的承担者，确定成本计算对象就是要确定将生产费用向“谁”进行归集和分配。对制造型企业而言，成本计算对象可以确定为产品品种、产品批别和产品的生产步骤等。企业可以根据自身生产特点、管理要求、规模大小的不同，选择恰当的成本计算对象。

（二）确定成本计算期

成本计算期是指成本计算间隔期，即确定多长时间计算一次成本。产品成本的计算期，一般可以按月进行，也就是说成本的计算期间与会计期间相一致；也可以以产品的生产周期为计算期，也就是说在一个生产周期结束的时候计算成本。企业成本计算期的确定取决于企业生产组织的特点。

（三）审核生产费用

审核生产费用是指成本核算人员应根据国家和企业的相关规定对生产费用发生时的原始凭证进行审核，确定各项费用是否应该支付，能不能确认；然后确定开支的费用是应该计入产品成本还是应该计入期间费用。

（四）归集和分配生产费用

生产费用的归集和分配是指将应计入本期产品成本的各种要素费用在各有关成本计算对象之间进行归集和分配。归集和分配应遵循以下原则：产品生产直接发生的生产费用，直接计入该产品成本；不能直接计入产品成本的费用，可以先按照发生地点和用途进行归集汇总，然后通过分配再计入各受益产品。经过归集和分配过程，各个产品成本明细账中就归集了本期发生的全部生产费用。

（五）计算月末完工产品成本与月末在产品成本

经过以上程序，各种产品应负担的生产费用已全部计入有关的产品成本明细账。如果月末产品全部完工，所归集的生产费用即为月末完工产品成本；如果月末全部未完工，则为月末在产品成本；如果产品在月末既有完工产品又有在产品，应将月初在产品成本与本月生产费用之和在完工产品与在产品之间进行分配，计算出月末完工产品成本和月末在产品成本。

二、成本核算的主要账户

为了按上述成本核算程序归集生产费用，计算产品成本，企业一般设置“生产成本——基本生产成本”“生产成本——辅助生产成本”“制造费用”“废品损失”“销售费用”“管理费用”“财务费用”等账户，以下分别加以介绍。

（一）“生产成本——基本生产成本”账户

基本生产是指为完成企业主要生产目的而进行的产品生产。“生产成本——基本生产成本”账户是为了归集基本生产所发生的各种生产费用和计算基本生产产品成本而设置的。该账户的借方登记本期发生的直接材料费用、直接人工费用以及转入的制造费用和辅助生产费用；贷方登记期末转出的已完工验收入库产品的实际成本；余额在借方，表示基本生产尚未完工的在产品成本，即期末在产品的生产成本。该账户还应按照成本计算对象设置明细账，账内按成本项目分设专栏。生产成本——基本生产成本明细账格式见表1—2。

表1—2 **生产成本——基本生产成本明细账**

2016年

车间： 产品：

年		摘要	产量（件）	成本项目			成本合计
月	日			直接材料	直接人工	制造费用	
		月初在产品成本					
		分配原材料费用					
		分配动力费用					
		分配人工费用					
		分配折旧费用					
		分配其他费用					
		合计					
		结转					

（二）“生产成本——辅助生产成本”账户

辅助生产是为基本生产、企业管理部门和其他部门提供劳务和产品而进行的生产，比如工具、模具、修理用备件等产品的生产和修理、运输等劳务的供应等。辅助生产发生的各项费用，记入“生产成本——辅助生产成本”账户的借方；完工入库产品的成本或分配转出的劳务费用，记入该账户的贷方；该账户的余额就是辅助生产在产品的成本，也就是辅助生产在产品占用的资金，一般情况下，辅助生产所发生的各项费用在期末要全部转出，账户期末无余额。该账户应按辅助生产车间和所生产的产品、劳务分设明细分类账，账内按辅助生产的成本项目或费用项目分设专栏。生产成本——辅助生产成本明细账格式见表1—3。

表 1—3　　生产成本——辅助生产成本明细账

辅助车间：　　2016 年

年		摘要	产量（件）	成本项目			成本合计
月	日			直接材料	直接人工	制造费用	
		分配原材料费用					
		分配动力费用					
		分配人工费用					
		分配折旧费用					
		分配其他费用					
		合计					
		结转各收益对象					

（三）“制造费用”账户

“制造费用”账户属于成本类账户，核算企业生产车间为生产产品和提供劳务发生的各项用于产品生产而不能直接计入产品成本的间接费用，包括车间的管理人员职工薪酬、办公费、水电费、固定资产折旧费、机物料消耗、劳动保护费以及季节性和修理期间的停工损失等。发生各项制造费用时，记入账户的借方；期末分配转出的制造费用，记入账户的贷方；除季节性生产企业外，该账户期末一般无余额。该账户按发生地点（即生产车间或部门）设置明细账，账内按费用项目设置专栏反映。需要说明的是，制造费用设置的前提是所在车间有两个或两个以上的产品，如果某车间只有一个产品，则该车间就不需要设置该账户，而将该车间发生的所有费用直接记入生产成本账户即可。制造费用明细账格式见表 1—4。

表 1—4　　制造费用明细账

车间名称：　　2016 年

年		摘要	材料费	动力费	工资	福利费	折旧费	低值易耗品摊销	办公费	水电费	保险费	其他	合计	转出	余额
月	日														
		原材料费用													
		动力费用													
		职工薪酬													
		折旧费用													
		其他费用													
		辅助费用													
		分配转出													
		本月合计													

（四）“废品损失”账户

对于内部成本管理上要求单独反映和控制废品损失的企业，应专门设置“废品损失”账户。该账户核算生产中出现各种废品而产生的损失，包括可修复废品的修复费用和不可修复废品的净损失。该账户的借方登记不可修复废品的成本和可修复废品的修复费用；贷方登记废品残料回收的价值、应收的赔偿款以及转出至“生产成本——基本生产成本”账户及有关明细账户中的废品净损失；期末一般无余额。“废品损失”明细账户应按生产车间设置明细分类账，账内按产品品种分设专户，并按成本项目设置专栏进行明细登记。

（五）“销售费用”账户

为了核算企业在产品销售过程中所发生的各项费用以及为销售本企业产品而专设的销售机构的各项经费，应设置“销售费用”账户。企业应通过该账户，核算各项销售费用的发生和结转情况，具体包括保险费、包装费、展览费和广告费、商品维修费、预计产品质量保证损失、运输费、装卸费等以及为销售本企业商品而专设的销售机构的职工薪酬、业务费、折旧费等经营费用。该账户的借方登记企业实际发生的各项销售费用；贷方登记期末转入“本年利润”账户的销售费用；结转后该账户无余额。该账户应按照销售费用的费用项目设置专栏进行明细核算。

（六）“管理费用”账户

为了核算企业行政管理部门为组织和管理企业生产经营活动而发生的各种费用，应设置“管理费用”账户。企业通过该账户，核算各项管理费用的发生和结转情况，具体包括企业董事会和行政管理部门在企业的经营管理中发生的，或者应由企业统一负担的公司经费（包括行政管理部门职工工资、修理费、物料消耗、低值易耗品摊销、办公费和差旅费等）、工会经费、保险费、董事费、咨询费、诉讼费、业务招待费、房产税、车船税、城镇土地使用税、印花税以及企业生产车间和行政管理部门发生的固定资产修理费。该账户的借方登记企业所发生的各项管理费用；贷方登记期末转入“本年利润”账户的管理费用；结转后该账户无余额。该账户应按照管理费用的费用项目设置专栏进行明细核算。

（七）“财务费用”账户

为了核算企业为筹集生产经营所需资金等而发生的筹资费用，应设置“财务费用”账户。企业通过该账户，核算各项财务费用的发生和结转情况，具体包括利息支出（减利息收入）、汇兑损益以及相关的手续费、企业发生或收到的现金折扣等。该账户的借方登记企业所发生的各项财务费用；贷方登记期末转入“本年利润”账户的财务费用；结转后该账户无余额。该账户应按照财务费用的费用项目设置专栏进行明细核算。

三、成本核算的账务处理程序

结合本任务前面所讲述的成本核算一般程序和成本核算的主要会计账户，下面以图 1—6 列示成本核算账务处理的基本程序。图 1—6 可以使学习者对成本核算的账务处理有一个概括的了解，也可以从账务处理的角度进一步理解成本核算的一般程序。

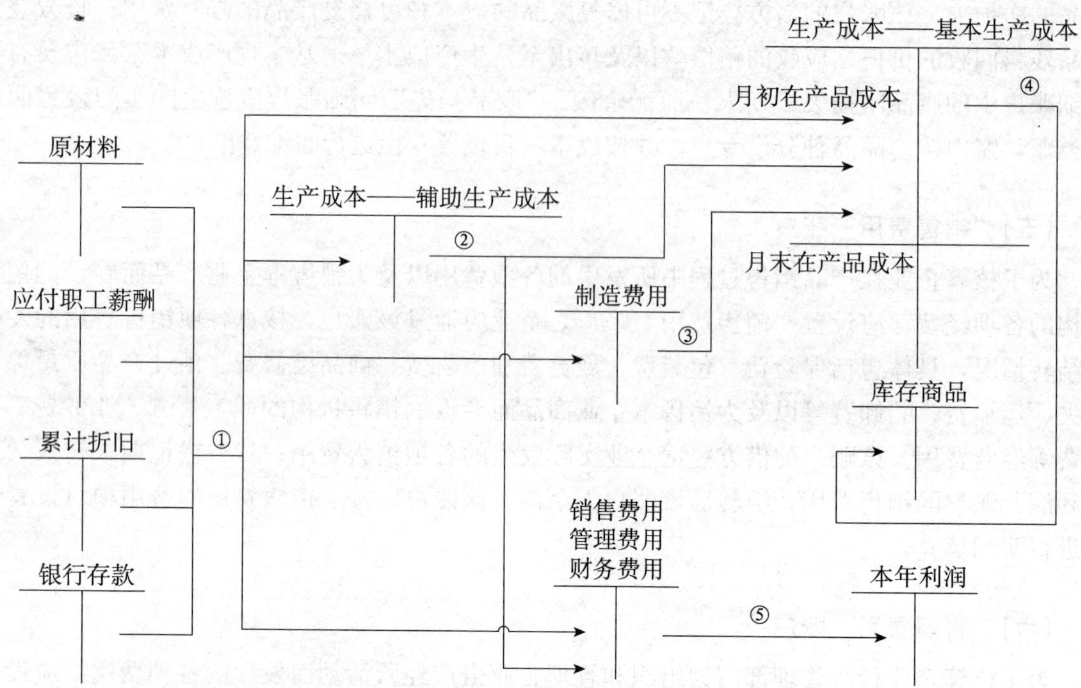

注：①归集、分配原材料费用、外购动力费用、人工费用和其他费用。
②归集、分配辅助生产费用。
③归集、分配基本生产车间制造费用。
④确定月末在产品成本，计算并结转完工产品成本。
⑤结转期间费用。

图 1—6　产品成本核算程序图

※思考活动※

如果把计算完工产品成本作为最终的工作目标，我们该怎样设计我们的工作思路？成本核算需要哪些工作程序、会计科目与账簿？会计科目与账簿应如何有效、合理地为产品成本的核算提供保障？

【项目小结】

作为课程的引言部分，本项目首先介绍了本课程的学习目标、能力标准，向学生介绍了课程设计的整体思路。本课程采用项目教学方法，设计为 15 个项目。其次介绍了成本核算的基本知识，主要包括界定支出、费用和成本的概念，从而引出成本核算的概念及成本对象与作用、成本核算的基础与原则、成本核算的基本要求。最后介绍了成本核算的基本程序、成本核算的主要账户及账务处理的基本流程。通过本项目的学习，学生能够进入本课程的学习情境，了解最终任务目标、需要的知识储备及需要经过的程序，从而做到心中有数。

【项目训练】

一、单项选择题

1. 按产品的理论成本，不应计入产品成本的是（ ）。

A. 生产管理人员工资 B. 废品损失

C. 生产用动力 D. 设备维修费用

2. 成本会计是会计的一个分支，是一门专业会计，其对象是（ ）。

A. 企业 B. 资金

C. 会计主体 D. 生产经营成本和期间费用

3. 下列选项中，不包括在“成本”中的是（ ）。

A. 盘点过程中发生的自然灾害损失

B. 获取某一项资产或劳务所要付出的代价

C. 商品制造过程中所发生的、以价值表现的各种耗费

D. 管理生产和从事经营活动过程中所发生的各种耗费

4. 应计入产品成本而不能分清应由哪种产品负担的材料、人工等费用，应（ ）。

A. 不计入产品成本 B. 按一定的标准分配计入产品成本

C. 直接计入产品成本 D. 直接冲减本期损益

5. 下列选项中，属于成本会计基础职能的是（ ）。

A. 成本预测 B. 成本计划

C. 成本核算 D. 成本控制

二、多项选择题

1. 下列各项中，应计入产品成本的费用有（ ）。

A. 车间办公费 B. 季节性停工损失

C. 车间设计制图费 D. 在产品的盘亏损失

E. 企业行政管理人员工资

2. 属于工业企业成本核算中使用的会计账户有（ ）。

A. 生产成本——基本生产成本 B. 生产成本——辅助生产成本

C. 制造费用 D. 营业外支出

E. 销售费用

3. 工业企业成本核算的一般程序包括（ ）。

A. 对企业的各项支出、费用进行严格的审核和控制

B. 正确划分各个月的费用界限，正确核算待摊费用和预提费用

C. 将生产费用在各种产品之间进行分配和归集

D. 将生产费用在本月完工产品与月末在产品之间进行分配和归集

E. 做好定额的制定和修订工作

4. 下列各项中，应计入产品成本的费用有（ ）。

A. 车间办公费 B. 季节性停工损失

C. 车间设计制图费 D. 在产品的盘亏损失

E. 企业行政管理人员工资

5. 下列各项中，为了计算产品成本，必须正确划分的费用界限有（　　）。

A. 生产成本与期间费用的界限　　B. 营业费用与管理费用的界限

C. 各个月份的费用的界限　　D. 各种产品的费用的界限

E. 完工产品与在产品的费用的界限

三、判断题

1. 直接费用必定是直接计入费用。（　　）

2. 直接计入费用由于有直接的成本归属对象，因此不需要进行在成本计算对象间的分配。（　　）

3. 费用界限的划分过程实际上就是产品成本的计算过程。（　　）

4. 成本会计的基础职能是成本核算。（　　）

5. 若“生产成本”不足以满足核算需要，则可以将其分为“基本生产成本”和“辅助生产成本”。（　　）

材料费用的归集与分配

任务一　材料费用的归集　/ 25
任务二　材料费用的分配　/ 30

【学习目标】

知识目标

- 理解材料费用的组成
- 理解材料费用入库成本及归集方法
- 理解材料费用领用及分配方法

能力目标

- 能掌握发出材料的原始凭证、确定发出材料数量的方法
- 能做到正确确定发出材料的成本
- 能熟练运用材料归集的各种常用账户，正确进行账务处理
- 能根据材料费用分配的不同方法，掌握直接材料费用分配计算的方法
- 能够编制材料费用分配表并进行材料费用分配的账务处理

【引导案例】

2016 年 6 月 30 日，浙江环球股份有限责任公司（增值税一般纳税人）成本核算员将本月各部门领用料凭证（略）进行了汇总，编制出发出材料耗用汇总表（见表 2—1），着手进行材料费用的归集与分配。公司对共同耗用的原材料按定额耗用量的比例进行分配。公司所生产的甲、乙两种产品的产量资料及定额资料见表 2—2。

表 2—1 发出材料耗用汇总表

领用部门	用途	成本（元）
基本生产车间	制造甲产品的原料及主要材料	910 000
	制造乙产品的原料及主要材料	500 300
	制造甲和乙产品共同耗用的原料及主要材料	907 200
	机物料消耗（辅助材料）	20 000
供电车间	生产用原料及主要材料	42 000
供水车间	生产用原料及主要材料	36 000
企业管理部门	修理固定资产用辅助材料	3 500
合计		

表 2—2 甲、乙产品的产量资料及定额资料

产品	单位消耗定额（千克）	6 月份产量（件）
甲产品	16	1 275
乙产品	24	500

材料费用的归集

※ 任务描述※

本任务的工作思路如图 2—1 所示。通过本任务的学习，学生能够正确理解材料费用的组成，掌握材料入库成本的构成及计价方法，掌握确认材料发出数量和成本的方法，掌握材料归集的原始凭证及归集方法。

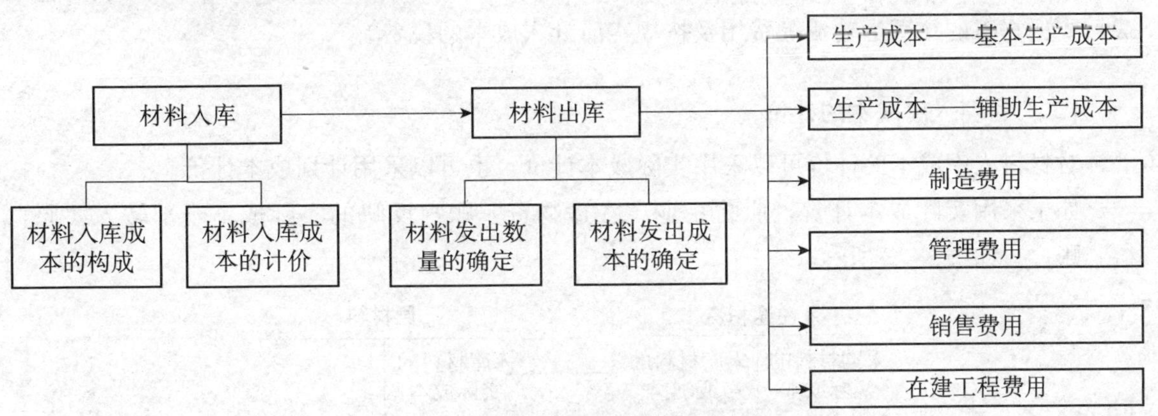

图 2—1　材料费用的归集工作思路图

※基本知识与技能※

一、材料费用的组成

材料费用是指企业生产经营过程中经过加工改变其形态或性质并构成产品主要实体的各种材料耗费，主要包括原料及主要材料、辅助材料、修理用备件（备品备件）、外购半成品（外购件）、燃料、包装材料等费用。

对材料费用进行归集就是对产品生产过程中发生的材料耗费根据领料凭证归集到有关成本计算对象或费用账户的过程。材料费用的归集涉及面很广，一直可以追溯到材料的入库、发出的核算。但由于材料的入库、发出的核算内容在财务会计中已作详细介绍，这里将不再重复讲解，只是将整体思路进行梳理，以求学生能够与前面所学知识衔接起来。

二、材料的入库

（一）材料入库成本的构成

进行材料的入库成本的核算目的是对材料进行计价，同时也是为计算发出材料成本提供依据。由于材料的来源不同，其成本构成的具体内容也有所不同。

（1）购入材料的入库成本包括买价款、相关税费、运输费、装卸费、保险费、仓储费、包装费、运输途中的合理损耗、入库前的挑选整理费用，以及其他可归属于材料采购成本的费用。

（2）自制材料的入库成本包括在制造过程中实际发生的直接材料、直接人工和制造费用等各项实际支出。

（3）委托加工材料的入库成本包括实际耗用的原材料及半成品、加工费、装卸费、保险费、委托加工的往返运输费等费用及按规定应计入成本的税费。

（二）材料入库成本的计价

对材料入库成本的计价可以采用实际成本计价，也可以采用计划成本计价。

如果采用实际成本计价，应将企业“在途物资”账户反映的实际成本全部转入“原材料”账户，如图 2—2 所示。

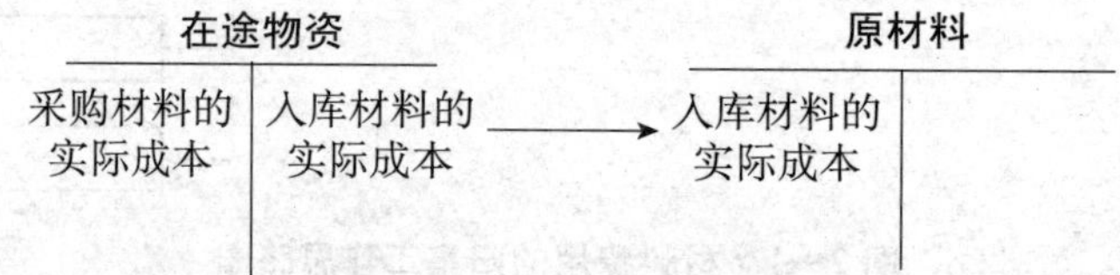

图 2—2 采用实际成本材料入库账务处理图

如果采用计划成本计价，“原材料”账户应用计划成本入账，与“材料采购”账户反映的实际成本之间的差额计入“材料成本差异”账户，如图 2—3 所示。

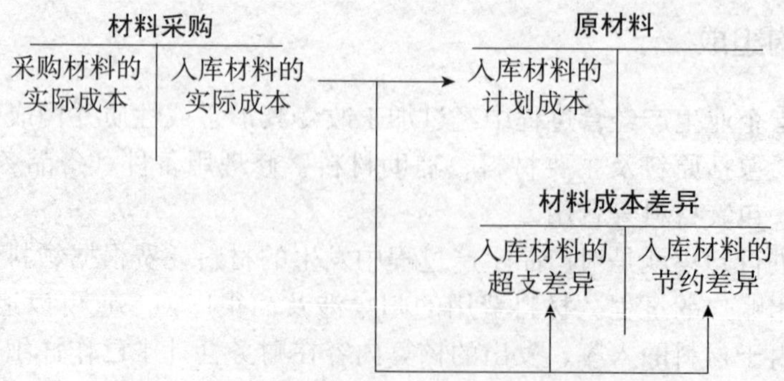

图 2—3 采用计划成本材料入库账务处理图

三、材料的发出

（一）确定材料的发出数量

确定发出材料的数量包括永续盘存制和实地盘存制两种方法。采用永续盘存制时，发出材料的数量均需根据签发的各种领、发料凭证逐笔登记于材料明细账。因此，材料发出的数量控制通过签发各种领、发料凭证来进行。而采用实地盘存制时，由于平时只记录材料的收入数量，不登记材料的发出数量，材料发出数量是根据期末结存数量倒挤出来的，不能揭露材料管理中存在的如盗窃、损坏、遗失等问题，因此根据它所提供的材料消耗量资料计算的产品成本也就不够准确。实地盘存制一般只适用于用量大、价值低且不能随时办理领料手续的材料，如黄沙、石子、煤等大宗大堆的材料以及易腐易烂的鲜活商品，平时应注意加强管理，防止偷盗等现象的发生，同时要保证盘点工作的质量，使盘存数尽量接近实际。

（二）确定材料的发出成本

在市场经济条件下由于材料来源不同、采购的时间不同，对于同一品种、同一规格的材料，每次入库的实际成本也不可能是相同的。面对这个问题该如何确定发出材料的成本呢？

（1）在原材料采用实际成本计价法下发出材料成本的确定。原材料账户采用实际成本计价时，该账户中会出现众多单价不同的入库成本，发出材料时可按先进先出法、月末一次加权平均法、移动加权平均法及个别计价法来计算发出材料的实际成本，关键是如何根据具体情况选择合适的计价方法。企业一旦采用某一种计价方法，按照会计一致性原则，则不能任意更改，如有变更应在会计报表附注中说明变更的理由及影响数额，以保持前后各期一致。

（2）在原材料采用计划成本计价法下发出材料成本的确定。原材料账户采用计划成本计价情况下，该账户中只出现一个计划单价的入库成本，发出材料的成本先按照计划成本转出，但同时计算出应转出的材料成本差异，将发出材料的计划成本调整为实际成本。其计算公式如下：

$$材料成本差异率=\frac{月初结存材料成本差异数+本月收入材料成本差异额}{月初结存材料计划成本+本月收入材料计划成本}\times 100\%$$

$$发出材料应分配的差异额=发出材料计划成本\times 材料成本差异率$$

$$发出材料实际成本=发出材料计划成本\pm 发出材料应分配的差异额$$

为了保证发出材料实际成本计算的正确性，采用计划成本时，必须合理地制定材料的计划成本，某种材料成本差异过大，就会影响其他材料成本核算的正确性，从而直接影响产品成本的计算。同时应恰当地设置材料成本差异明细账户，差异分类不能过粗，否则会影响成本核算的正确性。

四、材料费用归集的原始凭证与方法

（一）材料费用归集的原始凭证

仓库发出材料，主要是生产车间领用，还可能是为企业管理部门或在建工程以及由于对外销售、委托加工等原因而发出材料。建立和健全领、发料凭证制度，是进行成本核算和成本控制的关键。

1. 领料单

领料单是一种由领料车间、部门按用途分别填制的一次性使用的领料凭证（见表2—3）。它适用于零星消耗材料和不经常领用材料的领发业务。领料单可以一单一料，也可以一单多料，通常为一式三联。仓库发料后，以其中一联连同材料交还领料车间、部门，其余两联经仓库登记材料明细账后送财务部门进行材料收发和生产成本核算。

表2—3 **领料单**

年　月　日

领料部门：　　　　　　编号＿＿＿＿＿

用途：　　　　　　发料仓库＿＿＿＿＿

材料类别	材料编号、名称规格	计量单位	数量		单价	金额
			请领	实发		
备注			合计			
仓库负责人（签章）		发料人（签章）		领料部门负责人（签章）		
领料人（签章）						

2. 限额领料单

限额领料单是一种在当月或一定时期中，在规定的限额内，可多次使用的领发材料累计凭证（见表2—4）。限额领料单可采用一单一料的格式，在配套发料情况下，也可采用一单多料的格式。领料部门需要材料时，在限额领料单内填明请领数量，向发料仓库领取材料；仓库在发料时，应查看请领数量是否在领用限额以内。采用限额领料单，不仅可以节省大量凭证，简化核算手续，还可以有效地监督材料消耗定额的执行，及时、有效地控制材料的领用，促使用料部门合理、节约地使用材料，也便于仓库主动备料。

表2—4 **限额领料单**

年　月　日

编号＿＿＿＿＿

仓库＿＿＿＿＿

计划产量＿＿＿＿＿

单位消耗定额＿＿＿＿＿

领用限额＿＿＿＿＿

单价＿＿＿＿＿

车间小组＿＿＿＿＿

产品名称＿＿＿＿＿　　工作令号＿＿＿＿＿

材料类别、编号＿＿＿＿＿　　名称规格＿＿＿＿＿　　计量单位＿＿＿＿＿

日期	请领数量	实发数量	累计实发数量	领料人签章	发料人签章
累计实发金额					
供应部门负责人（签章）		生产部门负责人（签章）		仓库负责人（签章）	

说明：这是一张材料按计划成本核算的限额领料单。当材料按实际成本核算时，在限额领料单中还要加上“单价”和“实际成本”两栏。

3. 领料登记表

有些材料（如螺丝、螺帽、垫圈等）的领发，次数多，数量零星，价值不高。为了简化手续，对这类材料平时领用时，可以不填制领料单，由领料人在领料登记表上登记领用数量并签章证明，据以办理发料。到月份终了，由仓库根据领料登记表按领料单位和用途汇总填制领料单。领料登记表的格式见表 2—5。

表 2—5　　**领料登记表**

材料类别：　　领料单位：
材料编号：　　发料仓库：
材料名称、规格：　　计量单位：

年　月　日

日期	领用数量		发料人	领料人	备注
	当日	累计			
材料单价			合计金额		

4. 退料单

凡已领但到月末尚未耗用的材料，都应当办理退料手续，以便如实地反映材料的实际消耗，正确计算产品成本中的材料成本。如果余料下个月份不再继续使用，应填制退料单（或用红字填制领料单），连同材料退回仓库；如果余料下个月份需继续使用，则应办理退料手续（即于本月底同时填制退料单和下月初的领料单），但材料不退回仓库，其退料单和领料单要送交仓库办理转账。

（二）材料费用归集的方法

材料费用的归集是指材料费用发出材料的成本计算出来后，应根据领料用途和领料部门将材料费用分别归集在相应的账户下，常用账户有“生产成本”“制造费用”“管理费用”“销售费用”“在建工程”等。对于生产产品所用的间接计入材料费用，还要采用一定的方法在各产品之间进行分配。在企业成本核算的实务中，材料费用的归集往往是通过编制材料消耗汇总表来体现的，企业的材料核算员或成本核算员将领、退料单等原始凭证整理和汇总，根据领料部门的不同及具体用途的不同归类汇总，登记于材料消耗汇总表的相应位置中。材料消耗汇总表的格式见表 2—6。

表 2—6　　**材料消耗汇总表**

年　月

领料部门和用途	主要材料		辅助材料		包装物	修理用备件	合计
	××材料	××材料	××材料	××材料			
基本生产车间							
——××产品							
——××产品							
共同耗用							
一般耗用							
辅助生产车间							
——××车间							
——××车间							
管理部门							
合计							

※思考活动※

在企业成本核算实务中，材料费用的归集是通过什么来体现的？如何才能准确归集材料费用？

材料费用的分配

※ 任务描述※

本任务的工作思路如图 2—4 所示。通过本任务的学习，学生能够充分理解直接材料费用的界定，掌握材料费用分配的方法并灵活运用。

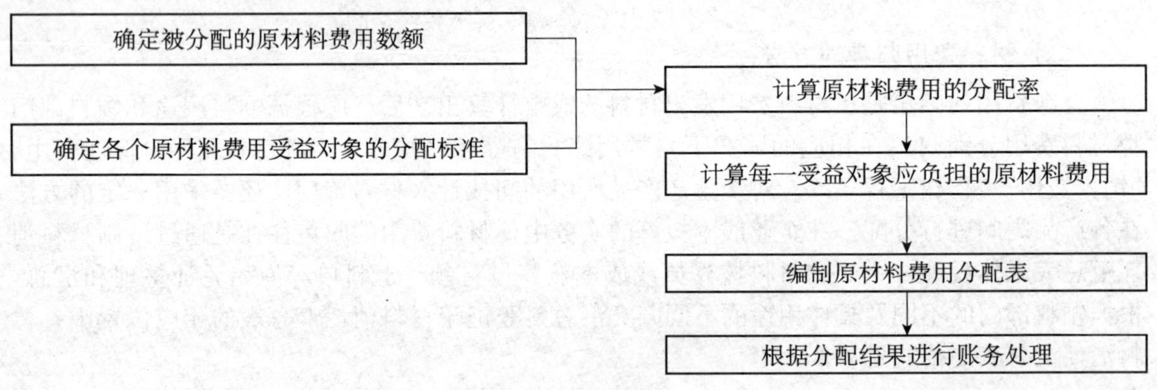

图 2—4　材料费用的分配工作思路图

※基本知识与技能※

一、直接材料费用的界定

材料费用中，直接用于产品生产的称为直接材料费用。为生产某一种产品直接耗用的材料费用应直接计入相关产品的成本；为生产两种或两种以上产品共同耗用的材料费用，应在各成本核算对象之间进行分配。

二、材料费用分配的方法

分配的方法一般有重量比例分配法、定额耗用量比例分配法、定额费用比例分配法等。

（一）重量比例分配法

重量比例分配法是以共同耗用材料的几种产品的重量作为标准来分配材料费用的方法，这一分配方法的基本思路是产品越重，说明产品耗用的材料越多，则应该分配更多的材料费用。如果企业或车间生产的几种产品共同耗用某种材料，材料耗用的多少与产品重量有着直接联系，可以选用该种分配法。重量比例分配法的计算公式如下：

$$直接材料费用分配率=\frac{各种产品共同耗用的材料费用}{各产品的重量之和}$$

某产品应分配的材料费用＝该产品重量×直接材料费用分配率

【例 2—1】立兴工厂 2016 年 10 月生产甲、乙两种产品，本月两种产品共同耗用 A 材料 36 000 元，本月两种产品的净重量分别为 3 000 千克、6 000 千克。采用重量比例分配法，编制甲、乙两种产品共同耗用 A 材料费用分配表，见表 2—7。

表 2—7　　甲、乙两种产品共同耗用 A 材料费用分配表

2016 年 10 月　　金额单位：元

产品名称	产品重量（千克）	分配率	分配金额
甲产品	3 000		12 000
乙产品	6 000		24 000
合计	9 000	4	36 000

重量比例分配法的分配标准为产品的重量，依据同样的道理，也可以以产品产量、面积、体积、长度等为分配标准，分别称之为产量分配法、面积分配法、体积分配法、长度分配法等，其计算公式与重量比例分配法类似。

（二）定额耗用量比例分配法

在消耗定额比较准确的情况下，原材料也可以按照产品的材料定额耗用量比例进行分配。定额耗用量比例分配法是以共同耗用材料的几种产品的材料定额耗用总量为标准，来分配直接材料费用的方法。材料定额耗用量是指一定产量下按照材料消耗定额计算的可以消耗的数量，而材料消耗定额是指单位产品可以消耗的材料数量。具体计算公式如下：

某产品某种材料的定额耗用量＝该产品实际产量×单位产品材料消耗定额

$$直接材料费用分配率=\frac{各产品共同耗用的材料费用}{各产品材料定额耗用量之和}$$

某产品应分配的材料费用＝该产品材料定额耗用量×直接材料费用分配率

【例 2—2】立兴工厂 2016 年 10 月生产甲、乙两种产品，共同耗用 B 材料 4 400 千克，B 材料每千克 2 元，共计 8 800 元。生产甲产品 60 件，单位消耗定额为 40 千克；生产乙产品 80 件，单位消耗定额为 20 千克。采用定额耗用量比例分配法分配 B 材料费用，编制甲、乙两种产品共同耗用 B 材料费用分配表，见表 2—8。

表 2—8

甲、乙两种产品共同耗用 B 材料费用分配表

2016 年 10 月

金额单位：元

产品名称	产量	单位产品消耗定额	材料定额耗用量	材料费用分配率	分配金额
甲产品	60	40	2 400		5 280
乙产品	80	20	1 600		3 520
合计	—	—	4 000	2.2	8 800

这种分配方法往往不能反映各种产品所应负担的材料消耗总量，不利于加强材料消耗的实物管理，因此在成本核算的实务中将这种方法进行了改良，即不直接对材料费用进行分配，而是先对材料的实际耗用量进行分配，然后再各自计算出应分配的材料成本金额。这样分配的计算公式为：

某产品材料定额耗用量 = 该种产品实际产量 × 单位产品材料消耗定额

材料耗用量分配率 = 各产品材料实际共同耗用总量 ÷ 各产品材料定额耗用量之和

某产品应分配的材料数量 = 该产品的材料定额耗用量 × 材料耗用量分配率

某产品应分配的材料费用 = 该产品应分配的材料数量 × 材料单价

上例 2—2 采用这种分配方法编制甲、乙两种产品共同耗用 B 材料费用分配表，见表 2—9。

表 2—9

甲、乙两种产品共同耗用 B 材料费用分配表

2016 年 10 月

金额单位：元

产品名称	产量	单位产品消耗定额	材料定额耗用量	耗用量分配率	分配的材料用量	材料单价	分配金额
甲产品	60	40	2 400		2 640	2	5 280
乙产品	80	20	1 600		1 760	2	3 520
合计	—	—	4 000	1.1	—	—	8 800

这样一来，通过材料耗用量分配率这一指标，可以考核各部门材料消耗定额的执行情况。在企业材料定额是客观科学的这一前提下，材料耗用量分配率等于 1，说明材料实际耗用刚好等于定额耗用；大于 1，说明材料实际耗用存在浪费的现象；小于 1，则说明材料用量节约了，从而更有利于进行材料消耗的实物管理。

（三）定额费用比例分配法

定额费用比例分配法也叫定额成本比例分配法，是以产品消耗原材料的定额费用为标准分配原材料费用的一种方法。在各种产品共同耗用原材料种类较多的情况下，在单位产品定额成本制定较准确时，为了进一步简化分配计算工作，也可以按照材料定额费用的比例来分配材料费用，此方法的分配计算公式如下：

某产品某种材料定额费用 = 该产品实际产量 × 单位产品材料费用定额

= 该产品实际产量 × 单位产品材料消耗定额 × 该种材料单价

$$材料费用分配率 = \frac{各产品共同耗用的材料费用金额}{各产品该种材料定额费用之和}$$

某种产品分配负担的材料费用 = 该种产品各种材料定额费用 × 材料费用分配率

【例 2—3】 立兴工厂 2016 年 10 月生产甲、乙两种产品，共同领用 C 材料共计 19 200 元，C 材料单价为 10 元。本月生产甲产品 60 件，乙产品 80 件。C 材料消耗定额：甲产品 80 千克，乙产品 60 千克。采用定额费用比例分配法分配 C 材料费用，编制甲、乙两种产品共同耗用C材料费用分配表，见表2—10。

表2—10　　甲、乙两种产品共同耗用C材料费用分配表

2016年10月　　金额单位：元

产品名称	产量	单位产品消耗定额	材料单价	材料定额费用	材料费用分配率	分配金额
甲产品	60	12	10	7 200		8 640
乙产品	80	11	10	8 800		10 560
合计	—	—	—	16 000	1.2	19 200

三、材料费用分配的账务处理

原材料费用归集、分配后，应根据编制好的“材料消耗汇总表”汇集的全部材料费用和“材料费用分配表”的材料费用分配结果编制记账凭证，并据以登记相关账户明细账。常用的账户有“生产成本”“制造费用”“管理费用”“销售费用”“在建工程”等。原材料费用分配的账务处理具体如下：

（1）基本生产车间生产某种产品并构成产品主要实体或有助于产品形成的各种直接耗用的原材料，直接记入“生产成本——基本生产成本——××产品”明细账。

（2）基本生产车间生产某几种产品并构成各种产品主要实体或有助于产品形成的几种产品共同耗用的间接原材料，需要采用适当的方法分配记入各种产品的“生产成本——基本生产成本——××产品”明细账。

（3）基本生产车间一般耗用的原材料，记入“制造费用——××车间”明细账。

（4）辅助生产车间生产产品或提供劳务耗用的原材料，记入“生产成本——辅助生产成本——××车间”明细账。

（5）企业行政管理部门耗用的原材料，记入“管理费用”明细账。

（6）企业专设销售机构耗用的原材料，记入“销售费用”明细账。

（7）企业为修复废品耗用的原材料，记入“废品损失”明细账。

（8）企业工程部门进行工程施工耗用的原材料，记入“在建工程”明细账。

【例2—4】立兴工厂2016年10月“材料消耗汇总表”见表2—11，本月“材料费用分配表”见表2—7、表2—8、表2—10，据此编制分配结转本月材料费用的会计分录。

表2—11　　立兴工厂材料消耗汇总表

2016年10月　　单位：元

领料部门及用途	A材料	B材料	C材料	D材料	合计
基本生产车间					
产品生产共同耗用	36 000	8 800	19 200		64 000
其中：甲产品	12 000	5 280	8 640		25 920
乙产品	24 000	3 520	10 560		38 080
车间一般消耗				20 000	20 000
企业管理部门				12 000	12 000
专设销售机构				10 000	10 000
固定资产建造工程		40 000			40 000
合计	36 000	48 800	19 200	42 000	146 000

借：生产成本——基本生产成本——甲产品　25 920
　　　　　　——基本生产成本——乙产品　38 080
　　制造费用——基本生产车间　20 000
　　管理费用　12 000
　　销售费用　10 000
　　在建工程　40 000
　贷：原材料——A 材料　36 000
　　　　　　——B 材料　48 800
　　　　　　——C 材料　19 200
　　　　　　——D 材料　42 000

燃料费用作为材料费用的组成部分，其分配方法及账务处理与前述材料费用分配方法及账务处理相同。但如果企业燃料费用所占比重较大，可在“原材料”账户外增设“燃料”账户进行核算；在成本项目设置上，可单设“燃料”或“燃料与动力”项目进行成本核算。低值易耗品和包装物的核算，在财务会计中已进行详细说明，这里不再赘述。

※思考活动※

进行费用分配的一般程序是怎样的？采用三种分配标准分配材料费用有什么区别？

【项目小结】

材料费用属于产品成本当中的一项重要要素费用，因此材料费用的正确归集与分配直接影响产品成本的正确计算。材料费用的归集首先要考虑材料入库成本的构成及入库时的计价方法。材料入库成本的构成要根据材料的来源不同进行确认，主要包括外部购入的、委托加工的及自制的三种；而入库时的计价方法主要有实际成本和计划成本两种方法。材料费用的分配从广义上讲是指根据材料的领用部门和用途将材料费用计入各成本费用项目中的过程，从狭义上讲是指将两个或两个以上产品共同领用的直接材料费用根据不同的分配标准分配开来的过程，具体的分配方法有重量比例分配法、定额耗用量比例分配法及定额费用比例分配法三种。从账务处理的角度看材料费用的归集与分配，是从每一个领料单开始，将领料单进行汇总编制材料费用消耗汇总表，需要进一步分配的直接材料费用还需编制材料费用分配表，然后根据材料费用消耗汇总表及材料费用分配表等编制记账凭证，最后根据记账凭证登记相关成本费用账户明细账。

【项目训练】

一、单项选择题

1. 可以记入“直接材料”成本项目的材料费用是（　　）。

A. 为组织管理生产用的机物料　　B. 为组织管理生产用的低值易耗品

C. 生产过程中间接耗用的材料　　D. 直接用于生产过程中的原材料

2. 发出材料应负担的材料成本节约差异，应以（　　）字从“材料成本差异”账户的（　　）方转出。

A. 红　借　　B. 红　贷　　C. 蓝　借　　D. 蓝　贷

3. 根据原材料费用分配表编制会计分录，不可能借记的账户是（　　）。

A. 销售费用　　B. 财务费用

C. 基本生产成本　　D. 辅助生产成本

4. 月末车间已领未用的材料，如果下月生产还需要，不能计入本月的生产费用由本月产品成本负担，应办理以下哪项手续？（　　）

A. 计入成本　　B. 重新领用　　C. 退库　　D. 假退料

5. “材料成本差异”账户的借方反映材料成本的（　　）。

A. 超支差异　　B. 节约差异　　C. 计划成本　　D. 实际成本

二、多项选择题

1. “材料成本差异”账户的基本结构是（　　）。

A. 借方登记入库材料的成本节约差异

B. 贷方登记发出材料的成本节约差异

C. 贷方登记入库材料的成本超支差异

D. 月末贷方余额反映库存材料的成本节约差异

2. 企业基本生产所发生的各项费用，在记入“生产成本——基本生产成本”账户的借方时，对应的贷方账户可能有（　　）。

A. 原材料　　B. 辅助生产成本

C. 制造费用　　D. 管理费用

E. 财务费用

3. 发生下列各项费用时，可以直接借记“生产成本——基本生产成本”账户的有（　　）。

A. 车间照明用电费　　B. 构成产品实体的原材料费用

C. 车间管理人员工资　　D. 车间生产工人工资

E. 车间办公费

4. 对于几种产品共同耗用的直接材料费用，常用的分配方法有（　　）。

A. 定额耗用量比例分配法　　B. 定额费用比例分配法

C. 产量比例分配法　　D. 定额工时比例分配法

E. 重量比例分配法

5. 不可以记入“直接材料”成本项目的材料费用是（　　）。

A. 为组织管理生产用的机物料　　B. 为组织管理生产用的低值易耗品

C. 生产过程中间接耗用的材料　　D. 直接用于生产过程中的原材料

三、判断题

1. 几种产品生产共同耗用的原材料费用，属于间接计入费用。（　　）

2. “材料成本差异”账户是“原材料”账户的备抵性质的调整账户。（　　）

3. 结转发出材料的成本差异，都要记在“材料成本差异”账户的贷方。（　　）

4. 对发出加工材料应负担的材料成本差异是按上月材料成本差异率计算的。（　　）

5. 各种产品共同耗用的原材料费用按材料定额耗用量比例分配与按材料定额费用比例分

配的计算结果是不相同的。(　　)

四、计算分析题

1. 某企业本月生产甲产品 1 000 件、乙产品 1 500 件，两种产品共同耗用的材料费用为 500 000 元，其中甲产品单位消耗定额为 50 千克，乙产品单位消耗定额为 20 千克。

要求：

(1) 按定额耗用量比例分配法分配材料费用（列出算式）；

(2) 编制分配材料费用的会计分录。

2. 某企业生产 A、B 两种产品，共同耗用甲种材料，其实际成本为 10 000 元。两种产品的原材料费用定额为：A 产品 8 元，B 产品 4 元。当月的实际产量为：A 产品 600 件，B 产品 800 件。

要求：采用定额费用比例分配法分配材料费用并编制相应的会计分录。

3. 某企业月末由仓库转来发料凭证汇总表，表中登记本月发出材料计划成本总计 42 000 元，其中：甲产品领用 22 000 元，乙产品领用 15 000 元，生产车间一般耗用 4 000 元，企业管理部门领用 1 000 元。该企业“原材料”账户借方期初余额和本期发生额合计数（计划成本）为 67 000 元，“材料成本差异”账户贷方期初余额和贷方本期发生额合计 670 元。

要求：

(1) 计算材料成本差异和发出材料成本差异额；

(2) 编制发生材料和结转发出材料成本差异额的会计分录。

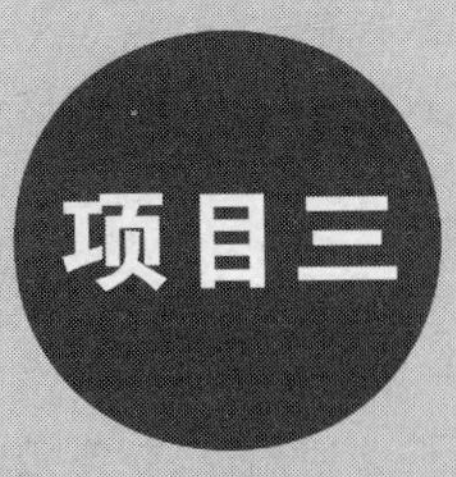

人工费用的归集与分配

任务一　人工费用的归集　/ 39
任务二　人工费用的分配　/ 45

【学习目标】

知识目标

- 理解并掌握人工费用的含义及组成
- 理解人工费用核算原则

能力目标

- 能正确进行账务处理
- 能编制人工费用分配表
- 能进行人工费用的会计处理

【引导案例】

2016年6月30日，浙江环球股份有限责任公司（增值税一般纳税人）成本核算员收到各部门的职工薪酬结算表（略），按照部门进行汇总编制出职工薪酬汇总表（见表3—1），着手进行职工薪酬的归集与分配。公司对多个产品共同支付的人工费用按生产工时的比例进行分配。公司所生产的甲、乙两种产品产量及定额工时资料见表3—2。

表3—1　各部门职工薪酬汇总表

2016年6月

部门	工资及福利费		合计
	基本工资、奖金、津贴等工资费用	职工交通补贴、误餐补贴等福利费用	
基本生产车间			
生产工人（生产甲、乙产品）	150 000	21 000	171 000
车间管理人员	35 000	4 900	39 900
供电车间	40 000	5 600	45 600
供水车间	25 000	3 500	28 500
厂部	60 000	8 400	68 400
合计	310 000	43 400	353 400

表3—2　甲、乙产品的产量资料及生产工时资料

产品	单位产品定额工时（小时）	6月份产量（件）
甲产品	6	1 275
乙产品	1.8	500

人工费用的归集

※ 任务描述※

本任务的工作思路如图3—1所示。通过本任务的学习，学生能够正确理解职工薪酬的组成，掌握人工费用核算的基础工作及人工费用计算的方法，掌握人工费用归集的凭证及归集方法。

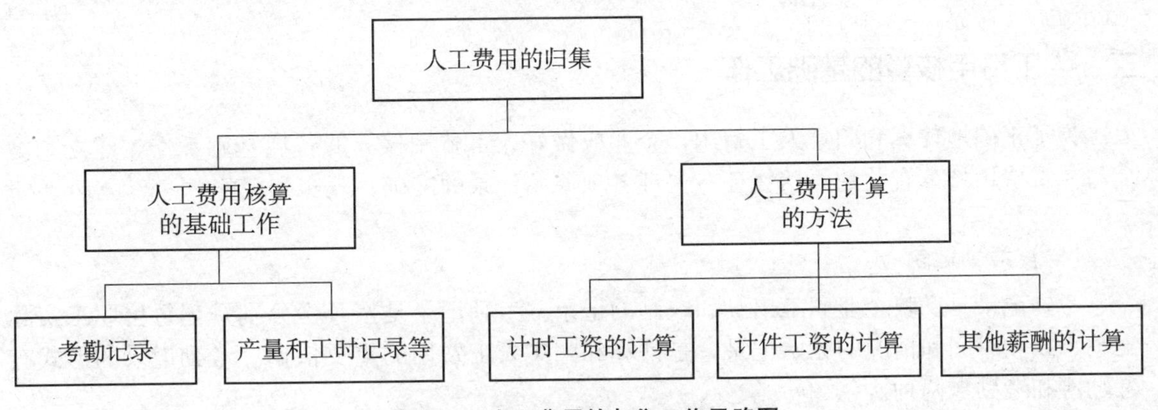

图3—1　人工费用的归集工作思路图

※基本知识与技能※

一、人工费用的组成

人工费用的核算是指在企业财务人员将职工薪酬结算完成的基础上，将职工薪酬分配给有关成本费用等对象的过程，职工薪酬是产品成本的重要组成内容。职工薪酬是指企业为获取职工提供的服务而给予各种形式的报酬以及其他相关支出，主要包括职工工资、职工福利费、“五险一金”、工会经费和职工教育经费、非货币性福利、因解除与职工的劳动关系而给予的补偿以及其他与获得职工提供的服务相关的支出。

（1）职工工资，是指根据国家统计局的《关于工资总额组成的规定》统计的工资总额，具体由计时工资、计件工资、奖金、津贴和补贴、加班加点工资以及特殊情况下支付的工资等部分组成。

（2）职工福利费，是指企业为职工集体提供的福利，如职工生活困难补助金、福利部门人员的工资等。

（3）“五险一金”，是指医疗保险费、养老保险费、失业保险费、工伤保险费、生育保险费和住房公积金。企业应当按照国家规定的基准和比例计算，为职工向社会保险经办机构缴纳社会保险、向住房公积金管理机构缴存住房公积金。“五险一金”按一定的比例由企业和个人分别负担。其中，由企业负担的部分，应计入相关的成本、费用；由职工个人负担的部分应从其应发工资总额中由企业代扣。

（4）工会经费和职工教育经费，是指企业为了改善职工文化生活、提高职工业务素质而用于开展工会活动和职工教育及职业技能培训的费用。

（5）非货币性福利，是指企业以自产的产品或外购的商品发放给职工作为福利，将企业拥有的资产无偿提供给职工使用，为职工无偿提供医疗保健服务等。

（6）辞退福利，是指企业由于实施改制、分流富余人员或职工不能胜任等原因在职工劳动合同到期之前解除与职工的劳动关系而给予的补偿。

（7）其他与获得职工提供的服务相关的支出，如企业为获取职工和其他方提供的服务而授予权益工具或承担以权益工具为基础的股份支付等。

二、人工费用核算的基础工作

为了正确地计算和归集人工费用，企业应做好人工费用核算的各项基础工作，建立和健全与人工费用核算有关的原始凭证，保证各项原始记录的准确、真实和完整。

（一）考勤记录

考勤记录是反映企业职工出勤和缺勤的记录。考勤记录是按月份分别登记每位职工实际出勤、缺勤时间和情况的原始记录，是计算和归集人工费用的重要依据。考勤记录的形式有考勤簿和考勤卡两种。

1. 考勤簿

考勤簿是按部门或车间设置的，根据各部门或车间人员的编号性质逐日登记，月末对该月份个人出勤情况进行归类汇总登记，如果发生人员变更则需要根据人事部门的通知，在考勤簿上作出相应调整。

2. 考勤卡

考勤卡是以卡片的形式，按人设置，每年一张，在每年年初或职工调入时开设，如果发生人员变更，则根据人事部门的通知，在考勤片上作出相应的调整或注销。采用考勤卡形式时，月末由考勤人员负责汇总，统计出每位职工全月的出勤情况，由车间部门负责人员签章，连同有关证明文件报送车间核算人员和财会部门，据以计算应付给职工的工资。

除上述两种考勤形式外，有些单位根据企业的具体情况，采用翻牌或移牌法和打卡机打卡计时法等。不论采用何种形式进行考核，其考勤的内容和项目基本相同，车间和部门将考勤登记汇总后，由车间、部门负责人签章，连同有关证明文件报送车间核算人员和财会部门，据以计算职工应付工资和工资费用的分配。

（二）产量和工时记录

产量和工时记录是登记每位工人或生产班组在出勤日内完成产品数量、质量和生产这些产品所耗费工时的原始记录。它为计算计件工资和在各产品之间按工时分配费用提供依据，也是考核工时定额、明确生产工人的责任、考核劳动生产率水平的依据。

产量和工时记录在不同行业、不同企业和不同劳动组织的车间或班组，由于工艺特点和管理要求不同，其具体格式、登记程序也不尽相同，一般有工作通知单、工序进程单和工作班组产量记录以及其他凭证等。

1. 工作通知单

工作通知单是对每一生产工人或生产小组按照每项工作或每道工序签发的，用于分配生产任务，并记录其产量和工时的一种原始凭证。生产调度部门根据生产计划的安排签发并通知工人照单进行工作。工作完成后，按照要求填列完整，同产品一并交付检验人员验收，签章后作为计算计件工资的依据。

2. 工序进程单和工作班组产量记录

工序进程单和工作班组产量记录在实务中是结合在一起使用的。工序进程单是按照投入生产的每一批加工对象的整个生产工艺流程签发的，用于分派生产任务，记录每道工序的产量、实际工时以及各工序间加工对象的交接数量的一种产量和工时的原始记录。

工作班组产量记录是按生产班组设置的，反映一个班组在一定时期内完成的产品数量和所耗工时数量的原始记录，它是各种生产类型通用的产量记录和工时记录。

3. 其他凭证

人工费用的归集除了考勤记录、产量记录和工时记录外，还需要填制一些其他凭证。比如扣款通知单和各种奖金、津贴发放通知单等。扣款通知单是记录应在职工工资中扣除的一些项目，比如社会保险、个人所得税等；奖金、津贴发放通知单是按照国家和企业的有关规定计算本月应付职工的奖金和津贴金额的原始凭证。这些原始记录在月末结算工资前要送交财会部门，以便在工资结算时考虑在内。

三、人工费用的计算

（一）职工工资的计算

工资的计算就是根据企业的工资分配制度分别计算每一职工的应得工资额。它是人工费用归集和分配的基础，也是企业与职工之间进行工资结算的依据。其中最基本的计算是计时工资和计件工资。

1. 计时工资的计算

计时工资是根据考勤记录和规定的计时工资标准计算每一职工应得的工资额。其中，计时工资标准有年工资标准、月工资标准、日工资标准以及小时工资标准等。下面以大多数企业采用的月工资标准为例介绍计时工资的计算。

（1）日工资标准的计算。采用月工资标准核算工资的企业，由于考勤时一般以日为单位记录，月工资标准需要换算为日工资标准。但如果按照每月的实际天数计算日工资标准，就会导致同一位职工在不同月份的日工资标准不同。为了简化核算，在计算日工资标准时，采用固定天数计算，计算方法有如下两种。

1）每月固定按 30 天计算。

每月固定按 30 天计算，则日工资率＝月工资标准/30。在这种制度下，由于节假日和双休日计算了工资，因此，如果缺勤期间有节假日和双休日，也应扣掉相应的工资。

2）每月固定按 21.75 天计算。

每月按年日历天数 365 天减去 104 个双休日，再除以 12 个月后得出月平均工作天数 21.75 天计算，则日工资率＝月标准工资/21.75。按国家劳动法规定，在法定节假日用人单位应依法支付工资，即计算日工资时不剔除国家规定的 11 天法定节假日。这种工资计算制度是在全年 365 天减去 104 个双休日基础上计算的每月平均天数，由于双休日没有计算工资，因此，如果缺勤期间有双休日，也不扣相应工资。

(2) 计时工资的计算方法。不论采用多少天来计算日标准工资，在计算职工工资时都要结合职工考勤情况，即职工出勤、缺勤的情况，计算方法有如下两种。

1）用日工资率乘以每月出勤天数计算应付工资；

2）用月工资标准扣掉缺勤工资计算应付工资。

企业可以根据实际情况选择其中一个固定天数和一种计算方法核算工资，一经确定不应随意变更。

【例 3—1】 立兴工厂职工陈林的月工资标准为 2 700 元，2016 年 9 月该职工的实际出勤天数为 20 天，病假 2 天，事假 1 天，双休日休假 8 天。按照该职工的工龄，病假期间支付其 90%的工资，且该职工缺勤期间没有双休日。该职工 2016 年 9 月应付工资计算如下：

1. 按 30 天计算日工资率

日工资率＝2 700÷30＝90（元/天）

(1) 按出勤天数计算工资。

应付工资＝90×（20＋8）＋90×2×90%＝2 682（元）

(2) 按月工资标准扣除缺勤计算工资。

应付工资＝2 700－90×1－90×2×（1－90%）＝2 592（元）

这两种方法下计算的应付工资并不相同，相差 90 元，即一天的工资，这是因为日工资率按 30 天计算，而 7 月份实际天数为 31 天。

2. 按 21.75 天计算日工资率

日工资率＝2 700÷21.75＝124.14（元/天）

(1) 按出勤天数计算工资。

应付工资＝124.14×20＋124.14×2×90%＝2 706.25（元）

(2) 按月工资标准扣除缺勤计算工资。

应付工资＝2 700－124.14×1－124.14×2×（1－90%）＝2 551.03（元）

这两种方法下计算的应付工资也不相同，相差 155.22 元，即 1.25 天的工资，这是因为日工资率按 21.75 天计算，而 7 月份的计薪天数为 23 天。

2. 计件工资的计算

计件工资是根据当月产量记录中的产品数量和规定的计件单价计算的工资。计件单价由产品的工时定额和某一级别职工的小时工资率计算确定。这里的产品数量包括实际完成的合格品的数量和生产过程中因材料不合格而造成的废品的数量，对于因工人过失而造成的废品，则不计付工资，有的还应由职工赔偿损失。计件工资的计算包括个人计件工资的计算和集体计件工资的计算。

(1) 个人计件工资的计算。个人计件工资是根据产量记录中登记的每一工人的产品产量，乘以规定的计件单价计算的工资。其计算公式如下：

应付计件工资 $=\sum$(某工人本月生产某种产品的产量×该产品的计件单价)

其中：

产品产量=合格品数量+料废品数量

某产品计件单价=该产品工时定额×该级别职工的小时工资率

【例3—2】 立兴工厂职工王林本月生产甲、乙两种产品，生产甲产品200件，均为合格品，生产乙产品312件，其中合格品为300件，料废品10件，工废品2件。两种产品的工时定额分别为0.6小时和0.4小时，该职工的小时工资率为5元/小时。企业本月应付王林的计件工资计算如下：

甲产品的计件单价=0.6×5=3（元）

乙产品的计件单价=0.4×5=2（元）

甲产品的计件工资=3×200=600（元）

乙产品的计件工资=2×（300+10）=620（元）

本月企业应付王林的计件工资=600+620=1 220（元）

(2) 集体计件工资的计算。企业中有的产品生产是由集体（班、组）共同进行的，则计件工资就需要以班组为对象进行计算。具体计算过程分两步：首先计算出集体计件工资总额，计算方法与上述个人计件工资计算的方法相同；然后将集体计件工资总额在集体各成员间按照贡献大小进行分配。分配时既要考虑职工的级别或工资标准，又要考虑工作时间，集体计件工资总额大多采用实际出勤情况下的标准工资额作为标准进行各成员之间的分配。

【例3—3】 立兴工厂某生产小组由工资等级不同的三人组成，本月共同完成产品加工任务生产甲、乙两种产品。生产完成甲产品1 000件，其中合格品为985件，料废品为10件，工废品为5件；生产完成乙产品2 000件，其中合格品为1 990件，料废品为5件，工废品为5件。两种产品的工时定额分别为0.6小时和0.4小时，该职工的小时工资率为5元/小时。

本月全组共得计件工资=990×（0.6×5）+1 995×（0.4×5）=6 960（元）

小组每人的个人应得计件工资的分配情况见表3—3。

表3—3　　小组计件工资分配表

姓名	标准工资	日工资标准	实际工作日数	实际出勤情况下的标准工资额	分配率	分配的计件工资
	(1)	(2)	(3)	(4) = (2) × (3)	(5)	(6) = (4) × (5)
张三	2 700	90	18	1 620	1.578 2	2 556.68
王四	2 100	70	21	1 470	1.578 2	2 319.95
李五	1 800	60	22	1 320	1.578 2	2 083.37
合计	—	—	—	4 410	—	6 960.00

当计算出应付给每一职工的计时工资或计件工资后，再根据有关资料和标准确定每个职工的奖金、津贴和补贴及加班加点工资，从而计算出企业的应付工资，从中扣除应由职工个人承担的房租、水电费等代扣与代垫款项，得出企业的实发工资金额。其计算公式如下：

实发工资=应付工资−代扣款项

（二）其他职工薪酬的计算

对于企业工资以外的职工薪酬项目，如果政府部门有明确规定计提基础和计提比例的，应按照规定标准计提。例如，企业应向社会保险经办机构缴纳的医疗保险费、养老保险费、失业保险费、工伤保险费、生育保险费等社会保险费；应向住房公积金管理中心缴存的住房公积金以及应向工会部门缴纳的工会经费等。而对于政府没有明确规定计提基础和计提比例的职工薪酬项目，如职工福利费、职工教育经费等，企业应当根据实际发生额进行核算，并比照职工工资费用分配进行。

四、人工费用归集的原始凭证与方法

（一）人工费用归集的原始凭证

企业财务部门应根据计算出的职工薪酬，编制职工薪酬结算单，结算单中按职工姓名、部门和类别填列应付工资、代扣款项和实发金额，作为与职工进行薪酬结算的依据。结算单中的应付职工薪酬金额也是计算人工费用的依据。

企业劳动工资部门根据职工的考勤记录、产量记录等原始资料以及有关的规定计算应付职工薪酬，分别以车间、部门为单位编制职工薪酬结算单，用以反映每一职工的薪酬情况。其一般为一式三联，一联按职工姓名裁成工资条，连同工资一起发给职工，以便查对；一联作为劳动工资部门进行劳动工资统计的依据；一联经过职工签收后作为工资结算和付款的原始凭证，会计部门据以进行薪酬结算的汇总核算。

（二）人工费用归集的方法

人工费用的归集是指各项职工薪酬计算出来后，应根据职工类别和工资性质分别归集在相关的成本费用账户中，常用的账户有“生产成本”“制造费用”“管理费用”“销售费用”“在建工程”等。要分清生产工人的薪酬是直接计入费用，还是间接计入费用，对于间接计入费用要采取一定的方法分配计入产品成本。在企业成本核算的实务中，人工费用的归集往往是通过编制职工薪酬汇总表来体现的，企业的人工费用核算员或成本核算员将各部门的职工薪酬结算单进行整理和汇总，根据所属部门的不同归类汇总，登记于职工薪酬汇总表的相应位置中。职工薪酬汇总表的格式见表 3—4。

表 3—4　　　　**职工薪酬汇总表**

年　月　　　　单位：元

部门＼项目		应付标准工资	奖金	津贴、补贴	加班加点工资	特殊情况下支付的工资		应付工资	代扣款项	实发工资
						病假	产假			
基本生产车间	生产工人									
	管理人员									
行政管理部门										
专设销售部门										
合计										

职工薪酬汇总表是根据职工薪酬结算单汇总编制的，用以反映企业薪酬结算的总体情况，并据以进行薪酬结算总分类核算。由于它是按照车间、部门和薪酬的不同用途汇总企业的全部人工费用，因此它又是进行人工费用分配的依据。

※思考活动※

在企业成本核算实务中，人工费用的归集是通过什么来体现的？如何才能准确归集人工费用？

人工费用的分配

※ 任务描述※

本任务的工作思路如图 3—2 所示。通过本任务的学习，学生能够充分理解直接人工费用的界定，掌握人工费用分配的方法并灵活运用。

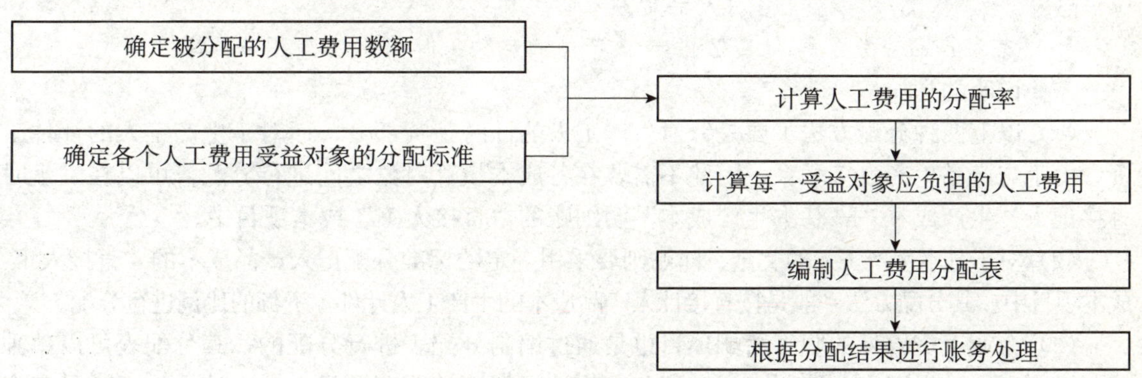

图 3—2　人工费用的分配工作思路图

※基本知识与技能※

一、直接人工费用的界定

人工费用中，直接用于产品生产的称为直接人工费用。为生产某一种产品直接耗用的人工费用应直接计入相关产品的成本；为生产两种或两种以上产品共同耗用的人工费用，应在各成本核算对象之间进行分配。

二、人工费用分配的方法

分配的方法有实际生产工时比例分配法、定额生产工时比例分配法。

（一）实际生产工时比例分配法

实际生产工时比例分配法是以共同耗用人工费用的几种产品的实际生产工时作为标准来分配人工费用的方法，这一分配方法的基本思路是产品的实际生产工时越多，则应该分配更多的人工费用。这种分配方法比较合理，因为它能够将产品所分配的工资与劳动生产率联系起来。人工费用分配的计算公式如下：

$$人工费用分配率=\frac{应分配的直接人工费用}{各种产品实际生产工时之和}$$

某种产品应分配的人工费用＝该产品的实际工时×人工费用分配率

（二）定额生产工时比例分配法

企业在分配人工费用时一般采用实际生产工时比例分配法，但如果取得实际生产工时数据比较困难，在产品工时定额制定比较准确的情况下，也可以按产品的定额生产工时比例分配工资费用。人工费用分配的计算公式如下：

$$人工费用分配率=\frac{应分配的直接人工费用}{各种产品定额工时之和}$$

某种产品应分配的人工费用＝该产品的定额工时×人工费用分配率

需要说明的是：

（1）以上两种分配方法主要是针对生产工人的计时工资部分，而对于生产工人的计件工资，由于与产品生产直接联系，因此不需要在各成本核算对象之间进行分配，可以在发生时直接记入“生产成本——基本生产成本”明细账的“直接人工”成本项目中。

（2）对于基本生产工人的奖金、津贴则要采用一定的标准分配记入产品成本的“直接人工”成本项目中。其分配方法一般是按直接计入产品成本的生产工人计件工资额的比例进行分配。

（3）企业工资以外的职工薪酬项目也是通过编制分配表进行分配的，其分配表可以单独编制，也可以与工资合并编制。对于那些实行计提核算的薪酬项目，由于计提的基础是工资总额，因此可以将其与工资费用的分配合并编制分配表，而对于那些根据实际发生额核算的薪酬项目，则可以根据各部门的职工工资比例进行分配。

【例3—4】立兴工厂基本生产车间生产工人工资为120 000元，实际发放的福利费为16 800元。该厂采用实际生产工时比例分配法分配直接人工费用，本月甲、乙、丙三种产品的实际生产工时分别为2 000小时、4 000小时和6 000小时。编制直接人工费用分配表，见表3—5。

表3—5　　直接人工费用分配表

2016年9月

产品名称	实际生产工时（小时）	工资分配		福利费分配		分配金额合计（元）
		分配率	分配金额（元）	分配率	分配金额（元）	
甲产品	2 000		20 000		2 800	22 800
乙产品	4 000		40 000		5 600	45 600

续前表

产品名称	实际生产工时（小时）	工资分配		福利费分配		分配金额合计（元）
		分配率	分配金额（元）	分配率	分配金额（元）	
丙产品	6 000		60 000		8 400	68 400
合计	12 000	10	120 000	1.40	16 800	136 800

三、人工费用分配的账务处理

根据一定的分配标准对直接人工费用进行分配，确定了各成本核算对象应负担的直接人工费用以后，应编制会计分录，将直接人工费用记入各成本核算对象的生产成本明细账。分配结转人工费用账务处理的依据是职工薪酬汇总表、直接人工费用分配表等。直接人工费用的会计分录应与计入其他有关成本费用中的人工费用合并编制。通常人工费用的分配应当根据职工提供服务的受益对象的不同分别进行账务处理。具体分配如下：

（1）基本生产车间从事产品生产的职工薪酬，直接或分配记入“生产成本——基本生产成本——××产品”明细账。

（2）基本生产车间从事组织生产工作的职工薪酬，分配记入“制造费用”明细账。

（3）辅助生产车间的职工薪酬，分配记入“生产成本——辅助生产成本——××车间”明细账。

（4）企业行政管理部门的职工薪酬，分配记入“管理费用”明细账。

（5）企业专设销售机构的职工薪酬，分配记入“销售费用”明细账。

（6）企业为修复废品耗用的职工薪酬，记入“废品损失”明细账。

（7）企业工程部门进行工程施工耗用的职工薪酬，记入“在建工程”明细账。

（8）企业研发部门耗用的职工薪酬，记入“研发支出”明细账。

除通过上述有关成本费用账户外，还要通过“应付职工薪酬”账户的贷方进行核算。“应付职工薪酬”账户核算企业已记入有关成本费用账户的职工薪酬数额，该账户按照“工资”“职工福利”“社会保险费”“住房公积金”“工会经费”“职工教育经费”“非货币性福利”等应付职工薪酬项目设置明细账户，进行明细核算。

【例 3—5】 立兴工厂2016年9月职工薪酬汇总表见表3—6。结合上例中直接人工费用分配表（见表3—5），编制人工费用分配的会计分录。

表 3—6　　立兴工厂职工薪酬汇总表

2016 年 9 月　　单位：元

车间或部门（人员类别）	应付工资					合计
	计时工资	计件工资	奖金	津贴和补贴	加班加点工资	
基本生产车间						
产品生产工人	89 000		13 000	9 800	8 200	120 000
车间管理人员	8 000		1 200			9 200
辅助生产车间——供水车间						
生产工人	20 000		1 800	900		22 700
车间管理人员	8 000		1 000			9 000
辅助生产车间——供电车间						

续前表

车间或部门（人员类别）	应付工资					合计
	计时工资	计件工资	奖金	津贴和补贴	加班加点工资	
生产工人	40 000		3 600	1 900		45 500
车间管理人员	6 000		800			6 800
企业管理部门	8 000					8 000
专设销售机构人员	12 000		1 200			13 200
固定资产建造人员		5 000				5 000
合计	191 000	5 000	22 600	12 600	8 200	239 400

借：生产成本——基本生产成本——甲产品　22 800
　　　　　　　　　　　　　——乙产品　45 600
　　　　　　　　　　　　　——丙产品　68 400
　　生产成本——辅助生产成本——供水车间　31 700
　　　　　　　　　　　　　——供电车间　52 300
　　制造费用——基本生产车间　9 200
　　管理费用　8 000
　　销售费用　13 200
　　在建工程　5 000
　贷：应付职工薪酬——应付工资　239 400
　　　　　　　　——应付职工薪酬　16 800

※思考活动※

人工费用的分配与材料费用的分配在分配程序、分配标准、分配账务结果的处理上有什么区别？

【项目小结】

人工费用属于产品成本中的一项重要要素费用，因此人工费用的正确归集与分配直接影响产品成本的正确计算。人工费用的归集首先要做好人工费用核算的基础工作，建立完整、正确的原始记录，主要包括考勤记录及工作通知单、工序进程单、工作班组产量记录等产量和工时记录。其次是人工费用的计算方法，尤其是计时工资与计件工资的计算方法。人工费用的分配从广义上讲是指根据职工的类别和薪酬的性质将人工费用记入各成本费用项目中的过程，从狭义上讲是指将两个或两个以上产品共同耗用的直接人工费用根据不同的分配标准分配开来的过程，具体的分配方法有实际生产工时比例分配法和定额生产工时比例分配法两种。从账务处理的角度看，人工费用的归集与分配是从每个部门的职工薪酬结算单开始，将职工薪酬结算单进行汇总编制职工薪酬汇总表，需要进一步分配的直接人工费用还需编制直接人工费用分配表，然后根据职工薪酬汇总表及直接人工费用分配表等编制记账凭证，最后根据记账凭证登记相关成本费用账户明细账。

【项目训练】

一、单项选择题

1. 下列人员中，其工资应记入产品成本中“直接人工”项目的是（　　）。

A. 产品生产工人　　B. 车间管理人员

C. 厂部管理人员　　D. 专职销售人员

2. 企业车间因生产产品、提供劳务而发生的各项间接费用，包括工资、福利费、折旧等，属于（　　）成本项目。

A. 管理费用　　B. 制造费用　　C. 直接人工　　D. 直接材料

3. 下列各项费用中，不能直接借记“生产成本——基本生产成本”账户的是（　　）。

A. 车间生产工人福利费　　B. 车间生产工人工资

C. 车间管理人员工资　　D. 构成产品实体的原材料费用

4. 某工人本月加工完成的甲产品数量为100件，其中合格产品为95件，废料产品为2件，由本人过失造成的工废产品为3件。计件单价为10元。据此计算的该工人本月计件工资为（　　）元。

A. 950　　B. 970　　C. 980　　D. 1 000

5. （　　）属于工资费用，但不应计入产品成本或经营管理费用。

A. 长病假人员工资　　B. 管理部门人员工资

C. 福利部门人员工资　　D. 退休人员工资

二、多项选择题

1. 下列项目中，属于工资总额组成内容的有（　　）。

A. 差旅费　　B. 节约奖

C. 技术性津贴　　D. 市内交通补助

E. 洗理费

2. 计入产品的工资，按其用途应分别借记（　　）账户。

A. “生产成本——基本生产成本”　　B. “制造费用”

C. “管理费用”　　D. “生产成本——辅助生产成本”

E. “销售费用”

3. 职工薪酬的内容包括（　　）等。

A. 职工工资　　B. 职工福利费

C. 社会保险费　　D. 住房公积金

E. 工会经费和职工教育经费

4. 下列人员中，其工资不应计入产品成本中直接人工项目的有（　　）。

A. 产品生产工人　　B. 车间管理人员

C. 厂部管理人员　　D. 专职销售人员

5. 计算应付计时工资的月工资的方法有（　　）。

A. 按30天计算日工资率，按扣缺勤日数算月工资

B. 按30天计算日工资率，按出勤日数算月工资

C. 按21.75天计算日工资率，按扣缺勤日数算月工资

D. 按21.75天计算日工资率，按出勤日数算月工资

三、判断题

1. 凡是支付给职工和为职工支付的款项均构成企业的职工薪酬。（　　）

2. 按月薪制计算计时工资时，不必考虑当月的日历天数。（　　）

3. 企业如果采用计时工资制，当生产多种产品时，工资费用需要在几种产品之间分配，分配标准通常选择生产工时。（　　）

4. 薪酬费用应当按薪酬费用发生的岗位及受益情况进行分配。（　　）

5. 要素费用中的"职工薪酬"与成本项目中的"人工费用"的内容是相同的。（　　）

四、计算分析题

1. 某企业某工人的月工资标准为1 950元，9月份共30天，病假2天，事假1天，连双休日共休假11天，其病假工资按工资标准的80%计算，病事假期间无节假日。

要求：

（1）按30天计算日工资率，按出勤天数计算月工资；

（2）按30天计算日工资率，按扣缺勤天数计算月工资；

（3）按21.75天计算日工资率，按出勤天数计算月工资；

（4）按21.75天计算日工资率，按扣缺勤天数计算月工资。

2. 某企业某工人加工甲、乙两种产品。甲产品工时定额为24分钟，乙产品工时定额为18分钟。该工人的小时工资率为5.2元，该月加工甲产品250件，乙产品200件。

要求：

（1）计算甲、乙两种产品的计件工资单价。

（2）按产品产量和计件单价计算其计件工资。

（3）按完工产品的定额工时和小时工资率计算其计件工资。

3. 假定大地公司第二生产车间第一小组集体完成某项生产任务，本月共同完成铸铝件1 000件，其中料废品20件，工废品15件，其余为合格品，其计价单价为6元；加工完成铸铁件600件，其中料废品5件，工废品2件，其余为合格品，其计价单价为3.5元。小组成员的日工资标准和实际工作日数见表3—7。

表3—7　　第二生产车间第一小组日工资标准和实际工作日数统计表

姓名	工资标准	日工资率	实际出勤日数
甲	750	25	18
乙	600	20	21
丙	540	18	22
合计			

要求：

（1）计算第二生产车间第一小组集体完成的计件工资；

（2）计算小组每个成员的计件工资。

4. 某企业生产甲、乙两种产品，产量分别为 100 件、50 件，单位工时定额为：甲产品 50 小时，乙产品 20 小时。该企业实行计时工资，本月应发工资总额为 28 000 元，其中：基本生产车间生产工人的工资为 18 000 元，车间管理人员的工资为 1 000 元；辅助生产车间生产工人的工资为 6 000 元，车间管理人员的工资为 1 000 元；企业行政管理部门人员的工资为1 500元，生产福利部门人员的工资为 500 元。

要求：

（1）以定额工时为标准，将基本生产车间生产工人工资在甲、乙产品间进行分配；

（2）编制会计分录。

项目四

其他费用的归集与分配

任务一　外购动力费用的归集与分配　/ 55
任务二　折旧费用的归集与分配　/ 58

【学习目标】

知识目标

- 掌握其他费用的含义及组成
- 理解其他费用核算原则

能力目标

- 掌握其他费用的账务处理
- 能编制其他费用分配表

【引导案例】

2016 年 6 月 30 日，浙江环球股份有限责任公司（增值税一般纳税人）成本核算员将本月各部门用电量进行了统计，编制出外购电费汇总表（见表 4—1），着手进行电费的归集与分配。

表 4—1 外购电费汇总表

用电部门	用电量（度）	单价（元/度）	成本（元）
基本生产车间			
甲产品	9 000	1.20	10 800
乙产品	6 000	1.20	7 200
车间一般耗用	1 000	1.20	1 200
供电车间	1 200	1.20	1 440
供水车间	800	1.20	960
企业管理部门	600	1.20	720
合计	18 600		22 320

外购动力费用的归集与分配

※ 任务描述※

本任务的工作思路如图 4—1 所示。通过本任务的学习，学生能够正确理解外购动力费用的界定，掌握外购动力费用的计算及归集方法，掌握外购动力费用的分配方法。

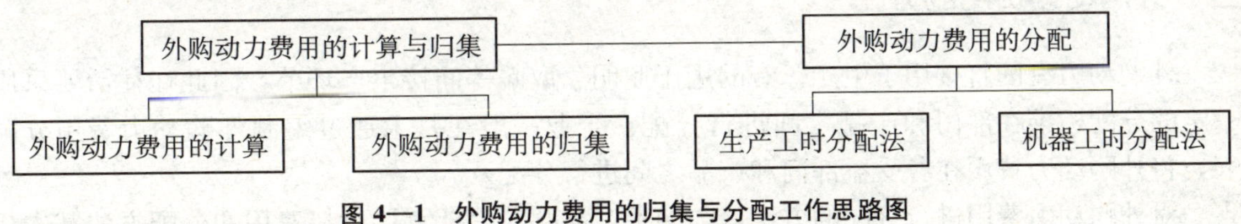

图 4—1　外购动力费用的归集与分配工作思路图

※基本知识与技能※

一、外购动力费用的界定

动力费用是指企业生产经营过程中耗用的动力、蒸汽等，从来源上看包括外购和自制两部分。外购动力是由企业外部有关单位提供的电力和蒸汽等，自制动力是由企业辅助生产单位（如供电车间、供气车间）提供的。关于企业自制动力费用将在“辅助生产费用的归集与分配”项目中讲述，本项目主要讲述外购动力费用的归集与分配。

二、外购动力费用的计算与归集

（一）外购动力费用的计算

企业外购动力费用应当按照权责发生制的要求确认和计量，因此计入当期产品成本和有关费用中的外购动力费用，应当用当月有关电力和蒸汽等计量装置确认的实际耗用量，乘以合同或协议规定的单价来确定，根据其不同的用途记入有关成本费用账户。当月有关电力和蒸汽等计量装置确认的实际耗用量是通过有关部门上门抄表加以确定的，但在实际工作中，抄录电表、气表等的日期和成本计算的日期不一定相同。例如：供电部门可能规定每月 25 日为抄录电表的时间，抄表以后计算电费的时间及成本计算的时间通常为月末，也就是说，电表确认的是上月 25 日到本月 25 日的实际消耗量，而成本计算应确认的是本月 1 日到本月末的实际消耗量。由于各自的间隔期是一致的，这一差异对各月动力费用核算的正确性几乎没有影响，因此可以忽略不计，即直接用抄表日确认的实际消耗量来计算外购动力费用。

（二）外购动力费用的归集

由于外购的电力或蒸汽等动力不能储存，不存在收发存等环节的核算，因此不需要通过专门的账户进行日常核算。外购动力费用属于直接消耗，应在外购时就按照具体用途直接记入各成本费用账户。但在实际工作中，支付款项的日期和成本核算的日期不一定相同，成本费用的核算一般在月末进行，而外购动力付款日期往往是在下月初，因此月末进行外购动力费用的归集与分配时，借方计记入有关各成本费用账户，贷方则通过“应付账款”账户核算。在下月支付上月动力费用时，再将费用从“应付账款”账户的借方转出。

三、外购动力费用的分配

外购动力有的直接用于生产，有的用于照明、取暖等间接生产环节，因此往往需要采用一定的分配标准在部门和产品之间进行分配。企业一般在月末通过编制外购动力费用分配表，将外购动力费用在各受益部门和产品之间进行分配。

对外购动力费用进行分配的方法，与多种产品共同消耗直接材料费用的分配方法基本相同，即在明确被分配的动力费用额与分配标准的基础上，确定外购动力费用分配率，进而确定每一受益对象应负担的动力费用。在有仪表记录的情况下，外购动力费用的分配应根据各车间、各部门安装的计量仪表所记录的实际耗用量以及该动力的单价进行分配，比如外购电力的分配就可以采用该方法；在没有仪表记录或者同时生产多种产品的情况下，可以按照实际生产工时或定额生产工时、机器工时以及定额耗用量等标准进行分配，比较常见的是按照机器工时分配法进行分配，具体的计算公式如下：

$$\text{外购动力费用分配率}=\frac{\text{本月各产品共同耗用的外购动力费用}}{\sum \text{各产品的实际工时或定额工时}}$$

某产品应分配的动力费用 = 该产品实际工时或定额工时 × 外购动力费用分配率

【例 4—1】立兴工厂生产甲、乙、丙三种产品，本月三种产品共同消耗外购电力 24 000 元，实际生产工时分别为 20 000 小时、40 000 小时和 60 000 小时。采用实际生产工时分配法分配外购电力费用，编制外购电力费用分配表，见表 4—2。

表 4—2　　立兴工厂外购电力费用分配表

2016 年 9 月

产品名称	生产工时（小时）	费用分配表	分配金额（元）
甲产品	20 000		4 000
乙产品	40 000		8 000
丙产品	60 000		12 000
合计	120 000	0.20	24 000

四、外购动力费用的账务处理

外购动力费用分配的账务处理和原材料费用、燃料费用的分配原则基本相同，都是按照受益部门和产品来进行分配的，具体的账务处理如下：

(1) 基本生产车间用于生产产品的外购动力费用，如果只和一种产品有关，就直接记入“生产成本——基本生产成本——××产品”明细账。

(2) 基本生产车间同时生产几种产品共同耗用的间接外购动力费用，采用一定的方法分配记入各种产品的“生产成本——基本生产成本——××产品”明细账。

(3) 基本生产车间一般耗用的外购动力费用，比如，生产车间管理部门本月的照明费用，分配记入“制造费用”明细账。

(4) 辅助生产部门耗用的外购动力费用，分配记入“生产成本——辅助生产成本——××车间”明细账。

(5) 企业行政管理部门耗用的外购动力费用，分配记入“管理费用”明细账。

(6) 企业专设销售机构耗用的外购动力费用，分配记入“销售费用”明细账。

(7) 外购动力费用总额则直接记入“银行存款”或“应付账款”账户的贷方。

需要说明的是，为了加强对能源的核算与管理，对动力与燃料耗费较大的企业，一般应将生产工艺用的动力与生产工艺用的燃料合设为一个“燃料与动力”成本项目。因此用于产品生产的动力费用应单独记入“生产成本——基本生产成本——××产品”账户的“燃料与动力”成本项目中。

综上所述，动力费用的分配就是指对发生的动力费用分配计入各个受益对象的成本中。具体步骤通常为：确定被分配的动力费用数额，确定各个动力费用受益对象的分配标准，计算动力费用的分配率，计算每一受益对象应负担的动力费用，编制动力费用分配表，根据分配结果进行账务处理。

【例 4—2】 立兴工厂根据电表计量和合同规定的电价计算，本月应付外购电力费用为 35 400 元，根据专用电表计量，产品生产用电 24 000 元，车间一般照明用电 5 400 元，企业管理部门用电 6 000 元。该厂本月生产甲、乙、丙三种产品，产品生产用电在各产品之间的分配见表 4—2。根据有关应付款凭证和外购电力费用分配表，编制会计分录如下：

借：生产成本——基本生产成本——甲产品　　4 000
　　　　　　　　　　　　　　——乙产品　　8 000
　　　　　　　　　　　　　　——丙产品　　12 000
　　制造费用——基本生产车间　　5 400
　　管理费用　　6 000
　贷：应付账款——市供电局　　35 400

※思考活动※

什么是外购动力费用？外购动力费用在归集与分配时需要注意哪些问题？

折旧费用的归集与分配

※ 任务描述※

本任务的工作思路如图 4—2 所示。通过本任务的学习，学生能够正确理解折旧费用计算的相关规定，掌握折旧费用的归集方法，掌握折旧费用的分配方法。

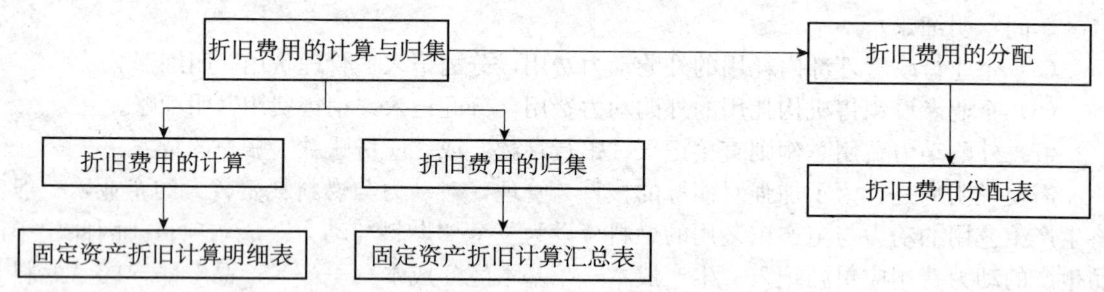

图 4—2　折旧费用的归集与分配工作思路图

※基本知识与技能※

产品在生产过程中，除了对材料和人工的耗费外，还要使用一定的劳动手段及发生与产品有关的其他支出。这些耗费与支出在产品成本中都没有专门设立相应的成本项目，但它们也属于产品成本的构成要素，必须加以正确的归集与分配。

一、折旧费用的计算

折旧费用是指企业固定资产在使用过程中发生的耗费。固定资产的这种损耗，应当在固定资产的有效使用年限内进行摊销，最终计入各期有关产品成本或费用。

（一）固定资产折旧的计提范围

根据《企业会计准则第 4 号——固定资产》规定，企业应当对所有固定资产计提折旧，以下情况除外：

（1）已提足折旧仍继续使用的固定资产；

（2）单独计价入账的土地。

（二）影响折旧的因素

影响折旧的因素主要有固定资产原价、预计净残值、固定资产减值准备、固定资产的使用寿命等。

（三）在确定计提折旧的范围时应当注意的事项

（1）固定资产应当按月计提折旧，当月增加的固定资产，当月不计提折旧，从下月起计提折旧；当月减少的固定资产，当月仍计提折旧，从下月起不计提折旧。

（2）固定资产提足折旧后，无论能否继续使用，均不再计提折旧；提前报废的固定资产，也不再补提折旧。所谓提足折旧，是指已经提足该固定资产的应计折旧额。

（3）已达到预定可使用状态但尚未办理竣工决算的固定资产，应当按照估计价值确定其成本，并计提折旧；待办理竣工决算后，按实际成本调整固定资产的暂估价值，但不需要调整原来已计提的折旧额。

（四）计提折旧的方法

企业应当根据与固定资产有关的经济利益的预期实现方式，合理选择固定资产的折旧方法。可选用的折旧方法有年限平均法、工作量平均法、双倍余额递减法和年数总和法。

二、折旧费用的归集

由于企业各生产单位或部门使用固定资产的用途不同，因而应按照车间、部门各自归集折旧费用，折旧费用应根据固定资产的经济用途分别计入有关产品成本或费用。基本生产车间固定资产的折旧费用，记入“制造费用”明细账的“折旧费用”项目；辅助生产车间固定资产的折旧费用，记入“生产成本——辅助生产成本——××车间”明细账或其下设的“制造费用”明细账的“折旧费用”项目；企业行政管理部门固定资产的折旧费用，记入“管理费用”明细账的“折旧费用”项目；销售部门固定资产的折旧费用，记入“销售费用”明细账的“折旧费用”项目。计入辅助生产成本的折旧费用与其他辅助生产费用汇集后，按受益比例分配给各受益单位；记入基本生产车间“制造费用”账户的折旧费用与其他间接制造费用汇集后，分配记入“生产成本——基本生产成本”明细账的“制造费用”成本项目。折旧费用的归集通常是采用固定资产折旧计算明细表（见表4—3）和固定资产折旧计算汇总表（见表4—4）的形式进行的。

表4—3　　固定资产折旧计算明细表

××车间　　20××年××月　　单位：元

固定资产类别	折旧率	上月计提		上月增加		上月减少		本月应提	
		原值	折旧额	原值	折旧额	原值	折旧额	原值	折旧额
房屋									
设备									
合计									

表 4—4 固定资产折旧计算汇总表

20××年××月 单位：元

车间部门	上月计提折旧额	上月增加折旧额	上月减少折旧额	本月应提折旧额
基本生产车间——一车间				
——二车间				
辅助生产车间——供水车间				
——供电车间				
行政管理部门				
销售部门				
合计				

三、折旧费用的分配

折旧费用的分配是指企业固定资产折旧计入产品成本费用的过程。对计入产品成本的固定资产折旧费，如果在产品成本中所占比重不大，一般不单独设立成本项目，而作为间接费用处理，即先按使用地点计入制造费用；但如属产品制造专用设备，则可直接计入其生产成本。不设置“制造费用”账户的辅助生产车间的折旧费用先归入该车间生产成本，期末再按有关标准和方法分配计入各成本受益对象。折旧费用的分配通常采用固定资产折旧费用分配表（见表 4—5）的形式进行。

表 4—5 折旧费用分配表

20××年××月 单位：元

部门		应借账户	本月折旧额
基本生产车间	一车间	制造费用	
	二车间	制造费用	
行政管理部门	厂部	管理费用	
合计			

四、折旧费用的账务处理

企业按规定计算提取的折旧费用，应该根据固定资产的使用部门和用途进行分配，编制折旧费用分配表，并分别记入有关的成本费用账户。具体分配方法要求如下：

（1）企业生产车间使用的固定资产的折旧费用，一般情况下，分配时和生产车间的其他费用一起先记入“制造费用”明细账的借方，期末再根据一定的方法将本月发生的全部制造费用分配计入当期各种产品成本中；

（2）企业辅助生产部门使用的固定资产的折旧费用，分配记入“辅助生产成本”明细账或“制造费用——辅助生产车间”明细账；

（3）企业行政管理部门使用的固定资产的折旧费用，分配记入“管理费用”明细账；

（4）企业单设销售机构使用的固定资产的折旧费用，分配记入“销售费用”明细账；

(5) 企业对外经营性租出固定资产的折旧费用，分配记入“其他业务成本”明细账。

综上所述，折旧费用的分配就是指对发生的固定资产折旧额分配计入各个受益对象的成本中。具体步骤通常为：按照企业选择的折旧方法计算每一受益对象本期应负担的固定资产折旧额，编制折旧费用分配表，根据分配结果进行账务处理。

【例 4—3】 根据折旧费用分配表（见表 4—6）进行账务处理。

表 4—6　　**折旧费用分配表**

2016 年 9 月　　单位：元

部门		应借账户	本月折旧额
基本生产车间	一车间	制造费用	7 300
	二车间	制造费用	8 700
辅助生产车间	供水车间	生产成本——辅助生产成本——供水车间	5 600
	供电车间	生产成本——辅助生产成本——供电车间	4 800
行政管理部门	厂部	管理费用	3 000
合计			29 400

根据折旧费用分配表编制会计分录如下：

借：制造费用——一车间　　7 300
　　　　　　——二车间　　8 700
　　生产成本——辅助生产成本——供水车间　　5 600
　　　　　　　　　　　　　——供电车间　　4 800
　　管理费用　　3 000
　贷：累计折旧　　29 400

五、其他费用的分配

其他费用是指除了本项目以上各工作任务中所述的各成本费用以外的要素费用，具体包括邮电费、租赁费、印刷费、图书报刊资料费、办公用品费、试验检验费、排污费、差旅费、保险费、交通补助费、误餐补贴费、职工技术补助费以及利息和有关费用性税金等。这些费用有的应计入产品成本，但由于未设其相应的成本项目，因而在发生时借记“制造费用”账户；有的计入期间费用，即在发生时列入“销售费用”“管理费用”“财务费用”；有的则采用摊提的方法记入有关账户。这些费用支出的具体会计核算方法在财务会计中都已阐述，这里不做累述。

对于那些应属于产品成本组成部分的其他费用，期末则需要采用一定的方法，分配计入各种产品的成本，从“制造费用”“生产成本——辅助生产成本”账户的贷方转出，转入“生产成本——基本生产成本”账户的借方。

【例 4—4】 根据资料编制某企业 2016 年 9 月的其他费用分配表，根据表 4—7 进行账务处理。

表 4—7 其他费用分配表

2016 年 9 月 单位：元

部门	保险费	办公费	修理费	邮电费	其他	合计
基本生产车间						
第一车间	3 000		1 500		600	5 100
第二车间	2 000		1 200		300	3 500
辅助生产车间						
供电车间	500		100		200	800
供水车间	300		300		150	750
行政管理部门	1 500	1 000	500	600	500	4 100
专设销售机构	1 000	500	300		200	2 000
合计	8 300	1 500	3 900	600	1 950	16 250

根据其他费用分配表编制会计分录如下：

借：制造费用——第一车间 5 100

——第二车间 3 500

生产成本——辅助生产成本——供电车间 800

——供水车间 750

管理费用 4 100

销售费用 2 000

贷：银行存款 16 250

※思考活动※

折旧费用与其他费用是否与产品成本有关？如果有关，它们是如何计入产品成本的？

【项目小结】

其他费用属于产品成本当中的除材料和人工以外的一些其他要素费用，这些费用虽然在产品成本核算的明细项目中，往往不能够作为单独的项目直接反映，但其他费用的正确归集与分配也直接影响产品成本的正确计算。其他费用主要包括外购动力费用、折旧费用和邮电费、租赁费、印刷费、图书报刊资料费、办公用品费等内容。外购动力费用的归集首先要做好成本核算时实际耗用量的确认问题及下月支付费用而通过“应付账款”账户核算的问题，对于外购动力费用可以按照实际生产工时或定额生产工时、机器工时以及定额耗用量等标准进行分配。其次是折旧费用，首先是折旧费用的计算，主要包括折旧的计提范围、起止时间、影响因素、折旧方法的把握，对于折旧费用的归集和分配主要掌握折旧费用计算表、折旧费用分配表及账务处理方法。从账务处理的角度看，其他费用的归集与分配是从每个部门的有关原始凭证开始，将有关原始凭证进行汇总编制汇总表，需要进一步分配的还需编制费用分配表，然后根据汇总表及分配表等编制记账凭证，最后根据记账凭证登记相关成本费用账户明细账。

【项目训练】

一、单项选择题

1. 直接用于产品生产的燃料费用，应直接计入或分配计入产品成本，其账户是（　）。

A. 制造费用　　B. 管理费用

C. 基本生产成本　　D. 财务费用

2. 下列项目中，需要计提折旧的是（　）。

A. 当月减少的设备　　B. 当月增加的设备

C. 经营性租入的机器　　D. 提前报废的生产线

3. 甲、乙两种产品共同消耗的燃料费用为6 000元，甲、乙两种产品的定额消耗量分别为200千克和300千克。则按燃料定额消耗量比例分配计算的甲产品应负担的燃料费用为（　）元。

A. 2 400　　B. 3 000　　C. 3 600　　D. 6 000

4. 下列各项固定资产中，应在本月计算折旧费用的固定资产是（　）。

A. 未使用的房屋和建筑物　　B. 已提前报废的固定资产

C. 已提足折旧超龄使用的固定资产　　D. 月份内增加的固定资产

5. 下列各项中，应通过"销售费用"账户核算的是（　）。

A. 咨询费　　B. 工会经费　　C. 广告费　　D. 汇兑损失

二、多项选择题

1. 工业企业各种要素费用中的其他费用包括（　）。

A. 邮电费　　B. 印刷费

C. 保险费　　D. 筹集资金的费用

E. 差旅费

2. 下列各项中，属于当月应计提折旧的固定资产有（　）。

A. 闲置的厂房　　B. 以经营租赁方式租入的设备

C. 超龄使用的设备　　D. 月份内报废的设备

E. 未使用和不需要的设备

3. 对于外购动力费用的分配，应借记有关成本费用账户，贷记（　）账户。

A. 银行存款　　B. 生产成本——基本生产成本

C. 应付账款　　D. 生产成本——辅助生产成本

E. 管理费用

4. 计入产品成本的其他费用支出有（　）。

A. 劳动保护费　　B. 利息支出

C. 邮电费　　D. 筹集资金的费用

E. 水电费

5. 外购动力费用的分配方法主要有（　）。

A. 生产工人工时比例分配法　　B. 机器工时比例分配法

C. 定额耗用量比例分配法　　D. 定额费用比例分配法

E. 生产工人工资比例分配法

三、判断题

1. 外购动力费用通常是先分配计入有关的成本费用，再支付价款的。（　　）

2. “燃料与动力”是企业必须设置的成本项目。（　　）

3. 外购动力费用总额应根据有关的转账凭证记入“银行存款”账户的贷方。（　　）

4. 直接用于产品生产的燃料费用，应记入“生产成本——基本生产成本”总账及其所属明细账借方的“燃料与动力”成本项目。（　　）

5. 固定资产折旧费用属于产品成本的组成内容，应全部计入产品成本。（　　）

四、计算分析题

1. 某工业企业某月发生动力费用 7 600 元，通过银行支付，月末查明各车间、部门耗电度数为：基本生产车间耗电 5 000 度，其中车间照明用电 500 度；辅助生产车间耗电 2 000 度，其中车间照明用电 300 度；企业管理部门耗电 600 度。

要求：

（1）按所耗电度数分配电力费用，A、B 产品按生产工时分配电费。A 产品生产工时为 3 000 小时，B 产品生产工时为 2 000 小时。

（2）编制该月支付与分配外购电费的会计分录。（注：该企业基本生产车间明细账不设“燃料与动力”成本项目，辅助生产车间不设“制造费用”明细账，所编分录列示到成本项目）。

2. 某企业生产 101、102 两种产品，2015 年 9 月共同耗用燃料费用 32 800 元。本月生产 101 产品 60 件，102 产品 80 件。单位消耗定额为：101 产品 10 元，102 产品 13 元。按定额费用比例分配燃料费用。另有辅助生产车间耗用燃料 4 500 元，行政管理部门耗用 5 700 元，车间一般耗用 3 800 元。

要求：

（1）计算分配燃料费用；

（2）编制会计分录。

3. 企业本月生产产品用固定资产情况如下：月初应计折旧的固定资产总值为 3 200 万元，其中：机器设备类 2 000 万元，运输及传送设备类 200 万元，房屋建筑类 1 000 万元。

本月固定资产增加：

（1）购进机器设备一台，安装完毕交付生产使用，购入原价为 10 万元，发生安装费用 0.2 万元。

（2）购进运输及传送设备一台，原始价值为 12 万元，该设备尚未交付生产使用。

本月固定资产减少：

（1）生产用机器设备一台报废，其原始价值为 6 万元，已提足折旧。

（2）出售一台不适用的运输及传送设备，账面原始价值为 6 万元，已提折旧 2 万元，售价为 5 万元。

本月固定资产修理：本月对某项机器设备经常进行修理，修理领用材料计划成本差异率为 10%，支付修理人员工资费用 150 元，用银行存款支付其他修理费用 1 000 元；本月对另一项设备进行大修理，月末完成全部修理工作，共发生修理费用 21 000 元，其中修理领用材料的实际成本为 12 500 元，修理人员工资费用为 3 100 元，用现金支付其他修理费用总计

5 400元，该项修理费用从本月起在 6 个月内摊销完毕。（以上修理均在辅助生产车间进行）

该企业机器设备类固定资产的年折旧率为 12%，运输及传送设备类固定资产的年折旧率为 9%，房屋建筑类固定资产的年折旧率为 6%。

要求：计算本月固定资产折旧额，并编制提取固定资产折旧及发生固定资产修理费用的会计分录。

辅助生产费用的归集与分配

任务一　辅助生产费用的归集　/ 69
任务二　辅助生产费用的分配　/ 72

【学习目标】

知识目标

- 理解辅助生产费用的含义、特点及组成内容
- 掌握辅助生产费用核算设置的账户

能力目标

- 能够正确进行辅助生产费用的归集
- 能够熟练掌握辅助生产费用分配的各种分配法下费用分配率的计算
- 能够编制辅助生产费用分配表，并正确进行账务处理

【引导案例】

浙江环球股份有限责任公司（增值税一般纳税人）设有供电和供水两个辅助生产车间，2016 年 6 月 30 日在分配结转前，“生产成本——辅助生产成本”账户归集的本月辅助生产费用：供电车间为87 600元，供水车间为 64 500 元。成本核算员将本月辅助生产车间提供的产品和劳务供应量进行了汇总，编制出辅助生产车间劳务供应量汇总表（见表 5—1），着手进行辅助生产费用的归集与分配。公司对辅助生产费用采用一次交互分配法进行分配。

表 5—1　　辅助生产车间劳务供应量汇总表

2016 年 6 月

受益对象（生产单位和部门）	供电数量（度）	供水数量（吨）
辅助生产单位耗用：		
供电车间耗用		10 000
供水车间耗用	7 300	
基本生产单位耗用：		
产品生产直接耗用	90 000	120 000
车间一般耗用	8 000	25 750
厂部管理部门耗用	4 200	5 500
合计	109 500	161 250

辅助生产费用的归集

※ 任务描述※

本任务的工作思路如图5—1所示。通过本任务的学习，学生能够正确理解辅助生产费用及其分类，掌握辅助生产费用归集的方法。

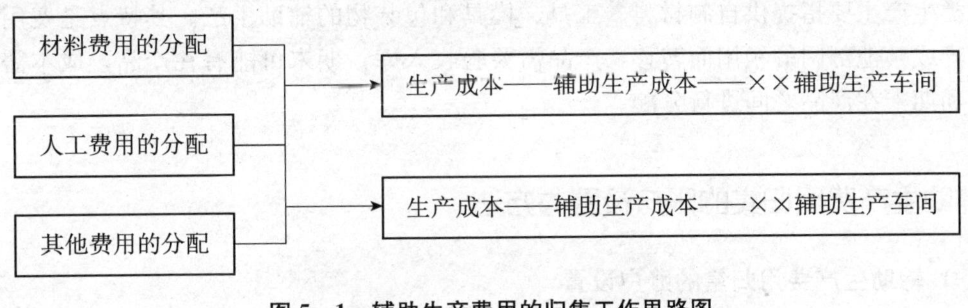

图5—1 辅助生产费用的归集工作思路图

※基本知识与技能※

一、辅助生产费用及其分类

(一) 辅助生产

企业的生产按其生产职能不同，可以分为基本生产和辅助生产。基本生产是以生产各种产品为主要任务的生产；辅助生产是为了保证企业产品生产正常进行而向基本生产车间、行政管理部门等单位提供产品和劳务的生产，所从事的生产活动称为辅助生产。辅助生产的产品主要是为基本生产车间制造的工具、模具及零配件等辅助材料，以及为基本生产车间和行政管理部门等单位提供的水、电、气、机修、运输等劳务。这些产品一般不对外销售（个别也对外销售），生产这些产品的辅助生产车间应单独计算成本。

(二) 辅助生产费用

辅助生产费用是指辅助生产车间为基本生产车间、行政管理部门等其他单位提供产品或劳务而发生的各项费用。辅助生产费用与基本生产费用有较大不同，因为基本生产费用会随着产品的完工入库而转移，而辅助生产费用由于没有产品，其费用要先在发生地点进行归集，期末要通过分配给其受益对象才能得以转移；同时，也只有辅助生产产品和劳务成本分配之后，才能进一步计算基本生产的产品成本。

（三）辅助生产费用的分类

辅助生产车间提供的产品和劳务，有的比较单一，有的品种繁多。由于所提供的产品和劳务种类不同，因此其辅助生产费用的归集和分配程序不尽相同。

1. 提供不需要验收入库的产品或劳务的辅助生产

此类生产主要指供水、供电、供气以及提供修理和运输的辅助生产。其特点是产品或劳务不需要验收入库或不能验收入库，期末没有在产品，本期发生的费用需要对所有受益对象进行分配，分配完成后本期无余额。

2. 提供需要验收入库的产品的辅助生产

此类生产主要指提供自制材料、工具、模具和包装物的辅助生产。其特点是费用要随着基本生产或其他部门的领用而转移，产品需要验收入库，期末可能有在产品，成本需要在完工产品和期末在产品之间进行分配。

二、辅助生产费用归集的账户设置与方法

（一）辅助生产费用归集的账户设置

1. 生产成本明细账的设置

辅助生产车间发生的费用，通过在“生产成本”账户中设置“辅助生产成本”二级账户来归集。该二级账户按各辅助生产车间分别设置明细账。同时，还应按照辅助生产车间的成本核算对象（即产品和劳务的种类）开设“产品生产成本明细账”（“产品成本计算单”），用来归集辅助生产费用并计算出辅助生产车间生产的各种产品和提供的各种劳务的实际总成本和单位成本。辅助生产车间生产产品和提供劳务的成本项目可以比照基本生产单位，设置“直接材料”“直接人工”和“制造费用”等成本项目，也可以根据辅助生产车间自身的生产特点另行确定成本项目。辅助生产成本明细账的具体格式见表5—2。

表5—2　　生产成本——辅助生产成本——××车间明细账

辅助生产车间：××车间　　　　产品名称：××劳务

年		凭证号	摘要	成本项目				合计
月	日			直接材料	燃料与动力	直接人工	制造费用	

2. 制造费用明细账的设置

辅助生产车间发生的制造费用，有两种归集方法。一是在“制造费用”总分类账户下，按辅助生产车间设置制造费用明细账，归集辅助生产车间发生的制造费用以后，月末再分配转入辅助生产成本二级账所属的产品生产成本明细账。此种方法适用于提供两个或两个以上的产品或劳务的辅助生产车间。二是不设置辅助生产车间的制造费用明细账，而将该车间发生的制造费用直接记入辅助生产成本二级账及其所属的产品生产成本明细账，在这种方法下，辅助生产成本二级账及其所属的产品生产成本明细账应将产品和劳务的成本项目与制造费用的费用项目结合起来设置专栏，组织辅助生产费用的明细核算和产品劳务成本的计算。此种方法适用于提供单一产品或劳务的辅助生产车间。

（二）辅助生产费用归集的方法

由于各类辅助生产费用在发生的时候已经通过前面各项目要素费用的分配归集到了“生产成本——辅助生产成本——××车间”账户，因此关于辅助生产费用归集的具体方法在这里不需要累述，下面只将辅助生产费用归集的程序进行归纳。不需要验收入库的辅助生产费用的归集流程如图 5—2 所示，需要验收入库的辅助生产费用的归集流程如图 5—3 所示。

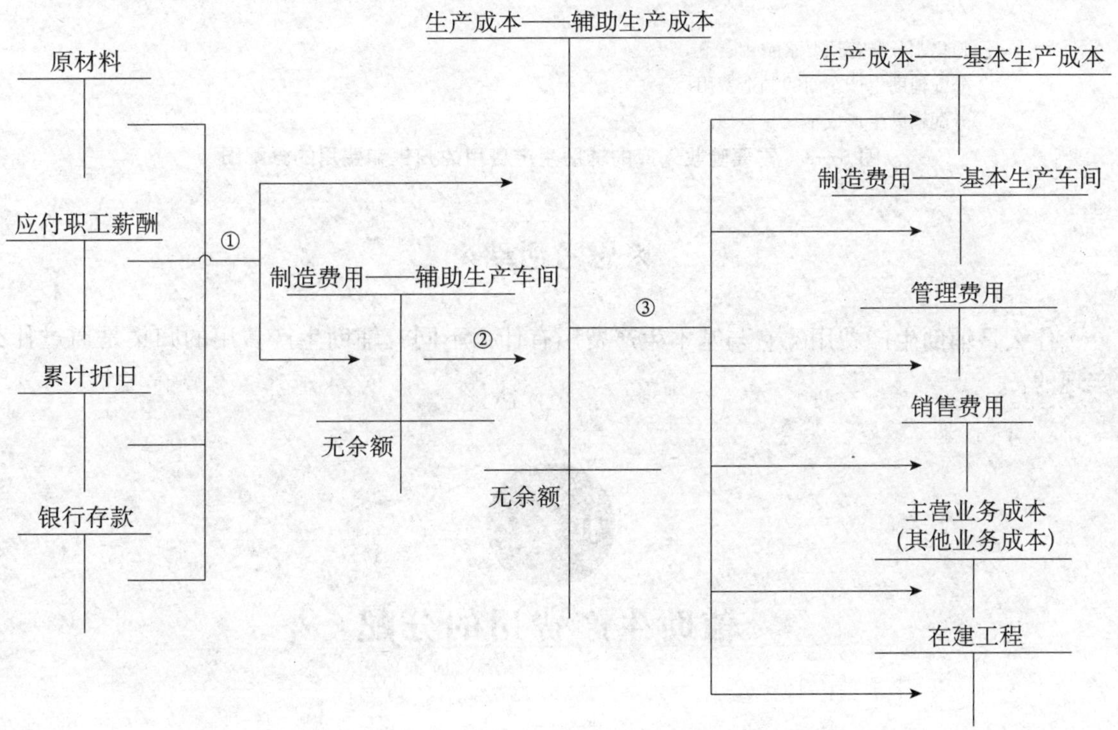

注：①归集和分配各项要素费用；

②分配辅助生产车间的制造费用；

③分配辅助生产成本。

图 5—2　不需要验收入库的辅助生产成本的归集和费用的分配图

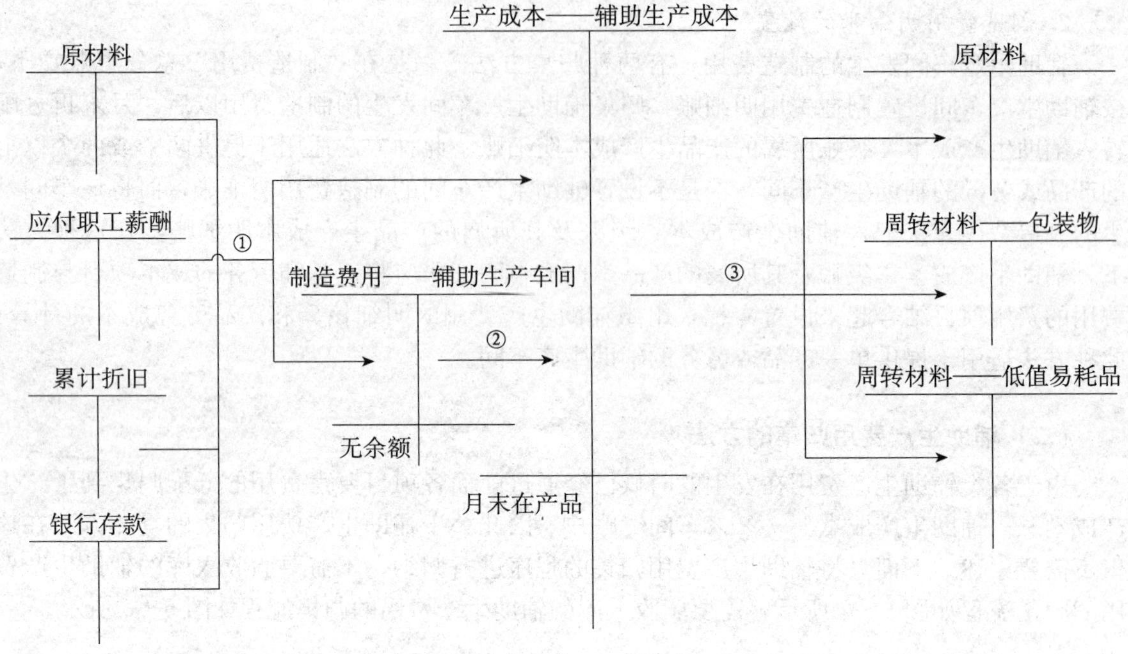

注：①归集和分配各项要素费用；
②分配辅助生产车间的制造费用；
③分配辅助生产成本。

图 5—3 需要验收入库的辅助生产费用的归集和费用的分配图

※思考活动※

什么是辅助生产费用？它与基本生产费用有什么不同？辅助生产费用的归集是通过什么实现的？

辅助生产费用的分配

※ 任务描述※

本任务的工作思路如图 5—4 所示。通过本任务的学习，学生能够掌握辅助生产费用分配的五种方法，掌握每种方法的优缺点及其适用范围，掌握每种方法的计算方法及其分配表的编制，掌握每种方法下的账务处理。

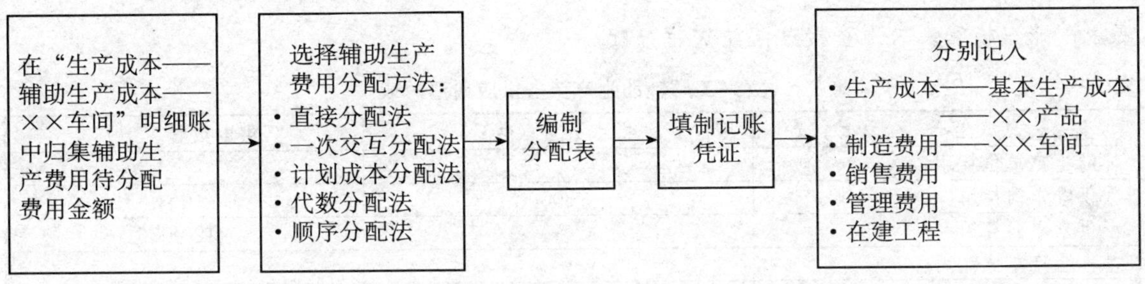

图 5—4　辅助生产费用的分配工作思路图

※基本知识与技能※

一、辅助生产费用分配的界定

辅助生产费用分配是指将辅助生产成本各明细账上所归集的费用，采用一定的方法计算出产品或劳务的总成本和单位成本，并按受益对象耗用的数量计入基本生产成本或期间费用的过程。辅助生产费用的分配主要是对基本生产部门和行政管理部门进行的，但在有两个或两个以上辅助生产车间的企业里，还存在各个辅助生产车间相互提供劳务或产品的情况，因此辅助生产费用的分配还应考虑各辅助生产车间之间分配费用的问题，这也是辅助生产费用分配的一个主要特性。

二、辅助生产费用分配的方法

分配辅助生产费用的方法有很多，下面主要介绍直接分配法、一次交互分配法、计划成本分配法、代数分配法和顺序分配法等五种方法。

（一）直接分配法

直接分配法是指各辅助生产车间发生的费用，全部直接分配给辅助生产车间以外的各受益对象的一种分配方法，而不考虑各辅助生产车间之间相互提供产品或劳务的情况。采用直接分配法，各辅助生产费用只进行对外分配，既不转出也不转入，只分配一次，因而计算工作简便。但由于各辅助生产车间的待分配费用不够全面，且不考虑各辅助生产车间之间相互提供产品或劳务的情况，因此直接分配法会造成分配结果不够客观、准确。直接分配法主要适用于辅助生产车间内部相互提供产品和劳务不多的情况。其分配计算公式如下：

$$费用分配率=\frac{某辅助生产车间待分配的辅助生产费用总额}{该辅助生产车间提供的劳务总量-其他辅助生产车间受益量}$$

$$某受益对象分配的费用=该受益对象的受益量\times 费用分配率$$

【例 5—1】 立兴工厂设有供水和供电两个辅助生产车间，2016 年 9 月在分配辅助生产费用以前，“生产成本——辅助生产成本——供水车间”账户归集的本月生产费用为 19 440 元，“生产成本——辅助生产成本——供电车间”账户归集的本月生产费用为 132 160 元，该厂本月辅助生产车间提供的劳务供应量情况见表 5—3。该企业辅助生产的制造费用不通过“制造费用”账户核算。采用直接分配法进行分配。

表5—3 立兴工厂辅助生产劳务供应量汇总表

受益对象（生产单位和部门）	供水数量（吨）	供电数量（度）
辅助生产单位耗用：		
供电车间耗用	800	
供水车间耗用		12 000
基本生产单位耗用：		
产品生产直接耗用	6 000	80 000
车间一般耗用	1 000	12 000
厂部管理部门耗用	3 000	8 000
合计	10 800	112 000

(1) 计算对外分配费用分配率：

$$供水车间费用分配率=\frac{19\,440}{10\,800-800}=1.944\,0（元/吨）$$

$$供电车间费用分配率=\frac{132\,160}{112\,000-12\,000}=1.321\,6（元/度）$$

(2) 将辅助生产费用分配给各收益对象，辅助生产单位之间不分配。

分配水费：

基本生产车间产品生产应负担的水费=6 000×1.944 0 = 11 664（元）

基本生产车间一般耗用应负担的水费=1 000×1.944 0 = 1 944（元）

厂部管理部门应负担的水费=3 000×1.944 0= 5 832（元）

分配电费：

基本生产车间产品生产应负担的电费=80 000×1.321 6 =105 728（元）

基本生产车间一般耗用应负担的电费=12 000×1.321 6 = 15 859.20（元）

厂部管理部门应负担的电费=8 000×1.321 6 = 10 572.80（元）

采用直接分配法计算各受益对象应负担的费用，集中编制的辅助生产费用分配表见表5—4。

表5—4 立兴工厂辅助生产费用分配表（直接分配法）

数量单位：吨、度

2016年9月 金额单位：元

项目	供水车间		供电车间		对外分配
	数量（吨）	金额（元）	数量（度）	金额（元）	金额合计（元）
待分配费用		19 440		132 160	151 600
劳务供应总量	10 800		112 000		
其中：辅助生产车间以外单位	800		12 000		
费用分配率（单位成本）		1.944 0		1.321 6	
受益对象					
供电车间			(12 000)		
供水车间	(800)				
基本生产车间					
产品生产	6 000	11 664	80 000	105 728	117 392
一般耗用	1 000	1 944	12 000	15 859.20	17 803.20
厂部管理部门	3 000	5 832	8 000	10 572.80	16 404.80
合计	10 000	19 440	100 000	132 160	151 600

(3) 根据辅助生产费用分配表（见表5—4），编制分配结转辅助生产费用的会计分录。

这一步还存在一个问题，就是对于基本生产车间产品耗用的水电费在进行账务处理时还应在不同的产品之间进行进一步的分配，才能将水电费直接记入“生产成本——基本生产成本——××产品”账户中。假设该企业生产甲、乙两种产品，水电费采用生产工时比例分配法进行分配，对基本生产车间产品耗用的水电费进行如下分配，见表5—5。

表5—5　产品直接耗用水电费用分配表（基本生产车间）

2016年9月　　金额单位：元

分配对象	分配标准（生产工时）	分配率	分配金额
甲产品	6 000	11.739 2	70 435.20
乙产品	4 000	11.739 2	46 956.80
合计	10 000	11.739 2	117 392

根据辅助生产费用分配表（见表5—4）、产品直接耗用水电费用分配表（见表5—5），编制会计分录如下：

借：生产成本——基本生产成本——甲产品　70 435.20

——乙产品　46 956.80

制造费用——基本生产车间　17 803.20

管理费用　16 404.80

贷：生产成本——辅助生产成本——供水车间　19 440

——供电车间　132 160

（二）一次交互分配法

一次交互分配法是指将辅助生产车间发生的生产费用，先在各辅助生产车间之间进行一次相互分配后，再对其他受益单位进行分配的一种分配方法。这种方法把辅助生产车间的费用分为两个阶段进行分配。首先将各辅助生产车间自身归集的费用总额按其供应的劳务总量计算出分配率，在各辅助生产车间之间进行第一次分配，我们称之为交互分配。然后将各辅助生产车间调整后的实际费用（即各辅助生产车间自身直接发生的费用，加上交互分配转入的费用，减去交互分配转出的费用）在辅助生产车间以外的各受益对象之间进行第二次分配，我们称之为对外分配。

一次交互分配法考虑到了辅助生产车间相互提供劳务的情况并进行交互分配，从而提高了辅助生产分配结果的准确性。但由于要进行两次分配，增加了分配的计算工作量，同时，交互分配时的费用分配率是根据交互分配前的待分配费用计算的，不是该辅助生产车间劳务的实际单位成本，因此分配结果也并非完全客观；另外，各辅助生产车间的费用交互分配必须由企业会计部门集中进行，而不能由各辅助生产车间分散进行，所以往往会影响成本计算的及时性。这种方法一般适用于各辅助生产车间之间相互提供劳务较多的企业。其计算公式如下：

$$\text{交互分配费用分配率}=\frac{\text{交互分配前某辅助生产车间的待分配费用总额}}{\text{该辅助生产车间提供的劳务总量}}$$

某辅助生产车间应负担的费用＝该辅助生产车间的受益量×交互分配费用分配率

$$对外分配费用分配率=\frac{交互分配后某辅助生产车间的待分配费用总额}{该辅助生产车间提供的劳务总量-其他辅助生产车间的受益量}$$

交互分配后某辅助生产车间的待分配费用总额

＝交互分配前某辅助生产车间的待分配费用总额＋交互分配转入的费用

－交互分配转出的费用

某辅助生产车间以外部门应负担的费用＝该辅助生产车间的受益量

×对外分配费用分配率

【例5—2】根据例5—1提供的立兴工厂资料，采用一次交互分配法进行分配，有关计算过程如下：

1. 进行交互分配

(1) 计算交互分配费用分配率：

供水车间交互分配费用分配率＝19 440/10 800＝1.8（元/吨）

供电车间交互分配费用分配率＝132 160/112 000＝1.18（元/度）

(2) 计算交互分配应分配费用：

供电车间应负担的水费＝800×1.8＝1 440（元）

供水车间应负担的电费＝12 000×1.18＝14 160（元）

(3) 交互分配的账务处理：

借：生产成本——辅助生产成本——供水车间　　14 160

——供电车间　　1 440

贷：生产成本——辅助生产成本——供水车间　　1 440

——供电车间　　14 160

2. 进行对外分配

(1) 计算对外分配应分配费用总额：

供水车间调整后的待分配费用＝19 440＋14 160－1 440＝32 160（元）

供电车间对外分配应分配费用＝132 160＋1 440－14 160＝119 440（元）

(2) 计算对外分配的费用分配率：

供水车间对外分配费用分配率＝32 160/（10 800－800）＝3.216 0（元/吨）

供电车间对外分配费用分配率＝119 440/（112 000－12 000）＝1.194 4（元/度）

(3) 将调整后的辅助生产费用分配给辅助生产以外的受益对象：

基本生产车间产品生产应负担的水费＝6 000 × 3.216 0 ＝ 19 296（元）

基本生产车间一般耗用应负担的水费＝1 000× 3.216 0 ＝ 3 216（元）

厂部管理部门应负担的水费＝3 000× 3.216 0 ＝ 9 648（元）

基本生产车间产品生产应负担的电费＝80 000× 1.194 4 ＝ 95 552（元）

基本生产车间一般耗用应负担的电费＝12 000×1.194 4 ＝ 14 332.80（元）

厂部管理部门应负担的电费＝8 000×1.194 4 ＝9 555.20（元）

根据上述交互分配和辅助生产车间以外的单位或部门应分配的金额，集中编制辅助生产费用分配表，见表5—6。

表 5—6　　**立兴工厂辅助生产费用分配表（一次交互分配法）**

数量单位：吨、度

2016 年 9 月　　金额单位：元

项目	交互分配				对外分配				
	供水车间		供电车间		供水车间		供电车间		金额合计（元）
	数量（吨）	金额（元）	数量（度）	金额（元）	数量（吨）	金额（元）	数量（度）	金额（元）	
待分配费用		19 440		132 160		32 160		119 440	151 600
劳务供应量总量	10 800		112 000		10 000		100 000		
费用分配率		1.8		1.18		3.216 0		1.194 4	
受益对象									
供电车间	800	1 440							
供水车间			12 000	14 160					
基本生产车间									
产品生产					6 000	19 296	80 000	95 552	114 848
一般耗用					1 000	3 216	12 000	14 332.80	17 548.80
厂部管理部门					3 000	9 648	8 000	9 555.20	19 203.20
合计	800	1 440	12 000	14 160	100 000	32 160	10 000	119 440	151 600

根据辅助生产费用分配表，编制分配结转辅助生产费用的会计分录时对于基本生产车间产品耗用的水电费同样采用生产工时比例分配法进行分配，见表 5—7。

表 5—7　　**产品直接耗用水电费用分配表（基本生产车间）**

2016 年 9 月　　金额单位：元

分配对象	分配标准（生产工时）	分配率	分配金额
甲产品	6 000	11.484 8	68 908.80
乙产品	4 000	11.484 8	45 939.20
合计	10 000	11.484 8	114 848

根据辅助生产费用分配表（见表 5—6）、产品直接耗用水电费用分配表（见表 5—7），编制会计分录如下：

借：生产成本——基本生产成本——甲产品　　68 908.80

　　　　　　　　　　　　　　——乙产品　　45 939.20

　　制造费用——基本生产车间　　17 548.80

　　管理费用　　19 203.20

　贷：生产成本——辅助生产成本——供水车间　　32 160

　　　　　　　　　　　　　　　——供电车间　　119 440

（三）计划成本分配法

计划成本分配法是指按照辅助生产车间提供劳务的计划单位成本和各受益车间接受辅助生产车间提供劳务的数量，分配辅助生产费用的一种分配方法。采用这种方法，首先按计划单位成本分配各辅助生产车间的费用，然后将辅助生产车间实际发生的费用与按计划单位成本分配转出的费用之间的差额（即辅助生产成本差异）分配给辅助生产车间以外的受益单位。为了简化核算，此项差异直接全部计入管理费用。

采用计划成本分配法，由于预先制定了产品和劳务的计划单位成本，不需要每月根据发生的实际费用和供应的实际劳务量计算出费用分配率再分配费用，对于辅助生产成本差异也可以直接全部计入管理费用，因而简化和加快了成本计算和分配工作。同时，通过计算和分配辅助生产车间的成本差异，可以反映辅助生产车间成本计划的执行情况；辅助生产费用按计划单位成本分配给各受益单位和部门，排除了辅助生产车间费用超支和节余的影响，也便于考核和分析各受益单位和部门的经济责任。这种分配方法适用于计划成本制定得比较准确、客观的企业。其具体的计算公式如下：

某受益单位应分配的费用 = 该单位的受益量×计划单位成本

某项辅助生产费用分配的差异额= 该辅助生产车间直接发生的实际费用

+分配转入的费用−按计划成本分配转出的费用

【例5—3】根据例5—1提供的立兴工厂的资料，假设该厂确定的计划单位成本每吨水为2.50元、每度电为1.20元。采用计划成本分配法，有关计算过程如下：

(1) 按计划成本将辅助生产费用分配给全部受益对象，编制的辅助生产费用分配表见表5—8。

表5—8　　立兴工厂辅助生产费用分配表（计划成本分配法）

数量单位：吨、度

2016年9月

金额单位：元

项目	按计划成本分配				成本差异分配（元）		对外分配金额合计（元）
	供水车间		供电车间		供电车间	供水车间	
	数量（吨）	金额（元）	数量（度）	金额（元）			
待分配费用		19 440		132 160			151 600
劳务供应总量	10 800		112 000				
计划单位成本		2.50		1.20			
受益对象							
供电车间	800	2 000					
供水车间			12 000	14 400			
基本生产车间							
产品生产	6 000	15 000	80 000	96 000			111 000
一般耗用	1 000	2 500	12 000	14 400			16 900
厂部管理部门	3 000	7 500	8 000	9 600	6 840	−240	23 700
合计	10 800	27 000	112 000	134 400	6 840	−240	151 600

(2) 计算辅助生产车间产品和劳务的成本差异：

供水车间成本差异=实际总成本−按计划单位成本分配转出的费用

=19 440 + 14 400−27 000= 6 840（元）

供电车间成本差异=实际总成本−按计划单位成本分配转出的费用

=132 160+2 000 −134 400 =−240（元）

(3) 根据辅助生产费用分配表（见表5—8），编制按计划单位成本分配结转辅助生产费用的会计分录如下：

借：生产成本——辅助生产成本——供水车间　　14 400

——供电车间　　2 000

生产成本——基本生产成本[1]　111 000
制造费用——基本生产车间　16 900
管理费用　17 100
贷：生产成本——辅助生产成本——供水车间　27 000
——供电车间　134 400

(4) 根据辅助生产车间产品和劳务成本差异的计算结果，编制分配结转辅助生产车间产品和劳务成本差异的会计分录如下：

借：管理费用　6 600
生产成本——辅助生产成本——供电车间　240
贷：生产成本——辅助生产成本——供水车间　6 840

(四) 代数分配法

代数分配法是运用数学建立多元一次方程组的方法，计算求解出各辅助生产车间提供劳务的单位成本，再按各部门实际耗用劳务的数量进行分配辅助生产的一种方法。采用这种分配方法，首先将各辅助生产车间的单位成本设为未知数并根据辅助生产车间之间相互提供劳务的关系建立方程组，然后求解联立方程组，计算出各种辅助生产劳务的单位成本，最后根据各受益单位耗用劳务的数量和单位成本，计算出应分配的辅助生产费用。采用代数分配法分配费用，分配结果最为准确，但当企业辅助生产车间较多时，计算工作会比较复杂，因而这种方法在企业已经实现会计电算化的情况下比较适宜。

【例 5—4】 仍采用例 5—1 立兴工厂的资料，采用代数分配法，有关计算过程如下：设立兴工厂每吨水的成本为 x 元，每度电的成本为 y 元，根据资料设立的二元一次方程组如下：

$$\begin{cases} 19\,440+12\,000y=10\,800x \\ 132\,160+800x=112\,000y \end{cases}$$

解此方程组得：

$$\begin{cases} x=3.136\,0 \\ y=1.202\,4 \end{cases}$$

计算结果表明，立兴工厂本月每吨水的实际成本为 3.136 0 元，每度电的实际成本为 1.202 4 元。根据计算结果编制辅助生产费用分配表，见表 5—9。

表 5—9　立兴工厂辅助生产费用分配表（代数分配法）

数量单位：吨、度

2016 年 9 月　金额单位：元

项目	供水车间		供电车间		对外分配
	数量（吨）	金额（元）	数量（度）	金额（元）	金额合计（元）
待分配费用		69 440		35 000	104 440
劳务供应总量	10 800		112 000		
费用分配率（单位成本）		3.136 0		1.202 4	
受益对象					

① 基本生产车间产品耗用的水电费在进行账务处理时还应在不同的产品之间进行进一步的分配，才能将水电费直接记入“生产成本——基本生产成本——××产品”账户中去。前面两种方法中已经讲解，这里从略。

续前表

项目	供水车间		供电车间		对外分配
	数量（吨）	金额（元）	数量（度）	金额（元）	金额合计（元）
供电车间	800	2 508.80			
供水车间			12 000	14 428.80	
基本生产车间					
产品生产	6 000	18 816	80 000	96 192	115 008
一般耗用	1 000	3 136	12 000	14 428.80	17 564.80
厂部管理部门	3 000	9 408	8 000	9 619.20	19 027.20
合计	10 800	33 868.80	112 000	134 668.80	151 600

根据表 5—9 的分配结果，编制分配结转辅助生产费用的会计分录如下：

借：生产成本——辅助生产成本——供水车间　　14 428.80
　　　　　　　　　　　　　　——供电车间　　2 508.80
　　生产成本——基本生产成本①　　115 008
　　制造费用——基本生产车间　　17 564.80
　　管理费用　　19 027.20
　贷：生产成本——辅助生产成本——供水车间　　33 868.80
　　　　　　　　　　　　　　　——供电车间　　134 668.80

（五）顺序分配法

顺序分配法又称为阶梯法，是指首先将各辅助生产车间进行排序，然后按照排序在前的向排序在后的分配费用，而排序在后的不向排序在前的分配费用这一规则进行分配的一种辅助生产费用分配方法。采用这种分配方法时，辅助生产车间排序的原则是施惠多、受益少的排在前面，施惠少、受益多的排在后面。在分配时，由于排序在前的分配给排序在后的，而排序在后的不分配给排序在前的，因此排序在后的分配额等于其直接费用加上排序在前的分配转入的费用之和。

这种方法与直接分配法相比，有重点地反映了辅助生产车间交互服务的关系；与一次交互分配法比较，各辅助生产车间只进行了一次分配，分配计算工作较简便。但毕竟未全面考虑辅助生产车间之间的交互服务关系，因此，分配结果不够准确。另外，各辅助生产车间分配费用的先后顺序也较难确定。所以这种方法一般只适用于辅助生产车间交互服务有较明显差异的企业。其具体的计算公式如下：

$$\text{费用分配率}=\frac{\text{某辅助生产车间直接发生的辅助生产费用总额}+\text{排序在前的辅助生产车间分配转入的费用}}{\text{该辅助生产车间提供的劳务总量}-\text{排序在前的辅助生产车间的受益量}}$$

某单位应分配的辅助生产费用 ＝ 该单位的受益量 × 费用分配率

【例 5—5】仍以例 5—1 为例，根据立兴工厂的资料，供电车间耗用供水车间的水较少，而供水车间耗用供电车间的电较多，所以分配顺序为：先供电车间，再供水车间。根据这一

① 基本生产车间产品耗用的水电费在进行账务处理时还应在不同的产品之间进行进一步的分配，才能将水电费直接记入“生产成本——基本生产成本——××产品”账户中去。前面两种方法中已经讲解，这里从略。

顺序，编制辅助生产费用分配表，见表 5—10。

表 5—10　　立兴工厂辅助生产费用分配表（顺序分配法）

数量单位：吨、度

2016 年 9 月　　金额单位：元

项目		辅助生产车间		基本生产车间		行政管理部门	合计
		供电车间	供水车间	产品生产	一般耗用		
供电车间	供应数量（度）		12 000	80 000	12 000	8 000	112 000
	直接费用（元）						132 160
	待分配费用（元）						132 160
	分配率						1.18
	分配金额（元）		14 160	94 400	14 160	9 440	132 160
供水车间	供应数量（吨）	(800)		6 000	1 000	3 000	10 800
	直接费用（元）						19 440
	待分配费用（元）						33 600
	分配率						3.36
	分配金额（元）			20 160	3 360	10 080	33 600
对外分配金额合计（元）				114 560	17 520	19 520	151 600

注：供水车间待分配费用＝直接费用＋转入费用＝19 440 ＋ 14 160 ＝33 600（元）。

根据表 5—10 编制会计分录如下：

借：生产成本　　辅助生产成本——供水车间　　14 160
　　生产成本——基本生产成本[①]　　114 560
　　制造费用——基本生产车间　　17 520
　　管理费用　　19 520
　贷：生产成本——辅助生产成本——供电车间　　132 160
　　　　　　　　　　　　　　　——供水车间　　33 600

应当指出的是，辅助生产费用分配法不会改变辅助生产费用归集和分配的特点，不管采用何种方法，分配结转后辅助生产成本明细账应无余额；对外分配金额的合计数是相同的，即应等于分配前各辅助生产车间的待分配费用之和。上述五种方法对外分配金额的合计数集中列示见表 5—11。

表 5—11　　辅助生产费用对外分配金额的比较表　　单位：元

分配方法	对外分配金额			
	生产成本	制造费用	管理费用	合计
直接分配法	117 392	17 803.20	16 404.80	151 600
一次交互分配法	114 848	17 548.80	19 203.20	151 600
计划成本分配法	111 000	16 900	23 700	151 600
代数分配法	115 008	17 564.80	19 027.20	151 600
顺序分配法	114 560	17 520	19 520	151 600

① 基本生产车间产品耗用的水电费在进行账务处理时还应在不同的产品之间进行进一步的分配，才能将水电费直接记入“生产成本——基本生产成本——××产品”账户中去。前面两种方法中已经讲解，这里从略。

※思考活动※

辅助生产费用分配的最终目的是将辅助生产费用全部结转出去吗？结转之后这些费用都到哪里去了呢？

【项目小结】

企业生产经营过程中发生的各种耗费，除了产品直接成本以外，还发生各项间接费用。辅助生产车间发生的辅助生产费用就是其中的一种。辅助生产费用是辅助生产车间为企业基本生产车间和行政管理部门等单位提供产品或劳务发生的各项费用。辅助生产提供的产品和劳务，有的需要验收入库，期末可能有在产品，如生产工具、模具、自制材料等辅助生产；有的不需要验收入库，也没有期末在产品，如供水、供电、机修、运输等。辅助生产的类型不同，辅助生产费用归集与分配的方法也不同，前者在归集与分配费用时，可仿照基本生产车间产品成本的计算和分配方法；对于后者所发生的费用，则需要采用一定的标准，在各受益对象之间进行分配，转入各受益对象的成本费用中。分配的方法主要有：直接分配法、一次交互分配法、计划成本分配法、代数分配法和顺序分配法。对于每一种方法都应掌握该种方法的基本思路、计算公式、优缺点和适用性。

【项目训练】

一、单项选择题

1. 辅助生产费用的顺序分配法，是指将辅助生产费用按辅助生产车间（　　）的顺序进行分配。

A. 受益少的排列在前，受益多的排列在后

B. 受益多的排列在前，受益少的排列在后

C. 费用多的排列在前，费用少的排列在后

D. 费用少的排列在前，费用多的排列在后

2. 辅助生产费用直接分配法的特点是辅助生产费用（　　）。

A. 直接记入“生产成本——辅助生产成本”账户

B. 直接分配给所有受益的车间、部门

C. 直接分配给辅助生产车间以外的各受益单位

D. 直接计入辅助生产车间提供的劳务成本

3. 辅助生产费用各种分配方法中计算结果最正确、适用于实行会计电算化企业的是（　　）。

A. 计划成本分配法　　B. 一次交互分配法

C. 代数分配法　　D. 直接分配法

4. 某企业的辅助生产费用按计划成本分配法进行分配，按计划成本分配的费用为 18 230 元，辅助生产实际成本为 21 320 元，其差额为 3 090 元，应（　　）。

A. 借记“管理费用”账户　　B. 红字借记“管理费用”账户

C. 借记“辅助生产成本”账户
D. 贷记“辅助生产成本”账户

5. 在各辅助生产车间相互提供劳务很少的情况下，辅助生产费用分配方法宜采用（ ）。

A. 一次交互分配法
B. 直接分配法
C. 计划成本分配法
D. 代数分配法

二、多项选择题

1. 采用代数分配法分配辅助生产费用（ ）。

A. 能够提供正确的分配计算结果
B. 能够简化费用的分配计算工作
C. 适用于实现电算化的企业
D. 便于分析考核各受益单位的成本
E. 核算结果很不正确

2. 辅助生产车间不设“制造费用”账户核算是因为（ ）。

A. 辅助生产车间数量很少
B. 制造费用很少
C. 辅助生产车间不对外提供商品
D. 辅助生产车间规模很小
E. 为了简化核算工作

3. 在下列方法中，属于辅助生产费用分配方法的有（ ）。

A. 一次交互分配法
B. 代数分配法
C. 定额比例法
D. 直接分配法
E. 计划成本分配法

4. 辅助生产车间发生的固定资产折旧费，可能借记的账户有（ ）。

A. “制造费用”
B. “生产成本——辅助生产成本”
C. “生产成本——基本生产成本”
D. “管理费用”
E. “在建工程”

5. 辅助生产费用分配转出时，可以（ ）。

A. 借记“制造费用”账户
B. 借记“管理费用”账户
C. 借记“在建工程”账户
D. 贷记“生产成本——辅助生产成本”账户
E. 借记“生产成本——辅助生产成本”账户

三、判断题

1. 辅助生产与基本生产的最大区别是生产产品的目的不同。（ ）

2. 一次交互分配法考虑了辅助生产车间相互消耗劳务的因素，因而分配的结果是完全符合实际的。（ ）

3. 采用一次交互分配法分配辅助生产费用时，对外分配的辅助生产费用应为交互分配前的费用加上交互分配时分配转入的费用。（ ）

4. 采用计划成本分配法，对于辅助生产车间实际发生的费用（包括辅助生产车间内部交互分配转入的费用在内）与按计划单位成本分配转出的费用之间的差异，一般全部计入管理费用。（ ）

5. 任何情况下，辅助生产的制造费用可以不通过“制造费用——辅助生产车间”明细账单独归集，而是直接记入“生产成本——辅助生产成本”账户。（ ）

四、计算分析题

1. 某企业设有修理和运输两个辅助生产车间、部门。修理车间本月发生费用 9 020 元，提供修理劳务量 5 200 小时，其中，为运输部门修理 800 小时，为基本生产车间修理 4 000 小时，为行政管理部门修理 400 小时，修理费用按修理工时比例分配。运输部门本月发生费用15 840 元，提供运输劳务量 15 000 千米，其中，为修理车间提供运输劳务量 600 千米，为基本生产车间提供运输劳务量 10 400 千米，为行政管理部门提供运输劳务量 4 000 千米。

要求：

（1）采用直接分配法计算分配修理、运输费用（列出算式）；

（2）编制对外分配的会计分录（“辅助生产成本”账户要写出明细账户）。

2. 某企业设有修理和运输两个辅助生产车间、部门。修理车间本月发生费用 19 000 元，提供修理劳务量 20 000 小时，其中，为运输部门修理 1 000 小时，为基本生产车间修理 16 000小时，为行政管理部门修理 3 000 小时。运输部门本月发生费用 20 000 元，提供运输劳务量 40 000 千米，其中，为修理车间提供运输劳务量 1 500 千米，为基本生产车间提供运输劳务量 30 000 千米，为行政管理部门提供运输劳务量 8 500 千米。

要求：采用交互分配法计算分配修理、运输费用，编制会计分录（辅助生产车间不设“制造费用”账户）。

3. 某企业设有机修、锅炉两个辅助生产车间，某月发生费用及劳务供应情况见表 5—12。

要求：

（1）分配辅助生产费用（将计算及分配结果直接填入表中）；

（2）编制计划分配和差异分配的会计分录（差异直接计入管理费用）。

表 5—12　　辅助生产费用分配表（计划分配法）　　金额单位：元

受益单位或项目	机修（计划单位成本 5 元）		锅炉（计划单位成本 1 元）		合计
	供应数量	分配金额	供应数量	分配金额	
机修车间			500		
锅炉车间	200				
基本生产			5 000		
基本生产车间	3 000		400		
企业行政管理	500		800		
按计划成本分配合计	3 700		6 700		
直接发生费用		18 000		7 000	25 000
分配转入费用					
实际成本					
辅助生产成本差额					

4. 假设某工业企业有一个基本生产车间和一个辅助生产车间，前者生产甲、乙两种产品，后者提供一种劳务。某月份发生有关经济业务如下：

（1）该企业辅助生产的制造费用通过“制造费用”账户核算，月末辅助生产车间“制造费用”明细账的借方发生额为 4 430 元。

（2）月末，“辅助生产成本”账户借方发生额为 3 954 元（在辅助生产车间“制造费用”账户的发生额分配结转之前），辅助生产车间提供的劳务采用直接分配法分配。其中应由行政管理部门负担 3 140 元。

(3) 月末，基本生产车间“制造费用”明细账的借方发生额为 8 032 元（在辅助生产成本分配结转之前）。基本生产车间的制造费用按产品机器工时比例分配。其机器工时为：甲产品 1 670 小时，乙产品 1 685 小时。

要求：

(1) 编制分配结转辅助生产车间制造费用的会计分录；

(2) 分配辅助生产成本，编制会计分录；

(3) 计算和分配基本生产车间制造费用，编制会计分录。

制造费用的归集与分配

任务一 制造费用的归集 / 89
任务二 制造费用的分配 / 91

【学习目标】

知识目标

- 理解制造费用的含义、特点、组成内容
- 掌握和运用制造费用核算设置的账户

能力目标

- 能正确进行制造费用的归集
- 能熟练掌握制造费用分配的各种分配法下费用分配率的计算
- 能进行制造费用分配表的编制，并正确进行账务处理

【引导案例】

2016 年 6 月 30 日，浙江环球股份有限责任公司（增值税一般纳税人）基本生产车间在分配结转前，“制造费用——基本生产车间”账户归集的本月制造费用为 58 000 元。成本核算员将本月基本生产车间生产的甲、乙、丙三种产品的生产工时进行了汇总，编制出产品生产工时汇总表(见表 6—1)，着手进行制造费用的分配。公司对制造费用采用生产工时比例分配法进行分配。

表 6—1　　产品生产工时汇总表

产品名称	生产工时（小时）
甲产品	4 000
乙产品	10 000
丙产品	6 000
合计	20 000

制造费用的归集

※ 任务描述※

本任务的工作思路如图 6—1 所示。通过本任务的学习，学生能够正确理解制造费用的性质与内容，掌握制造费用归集的方法。

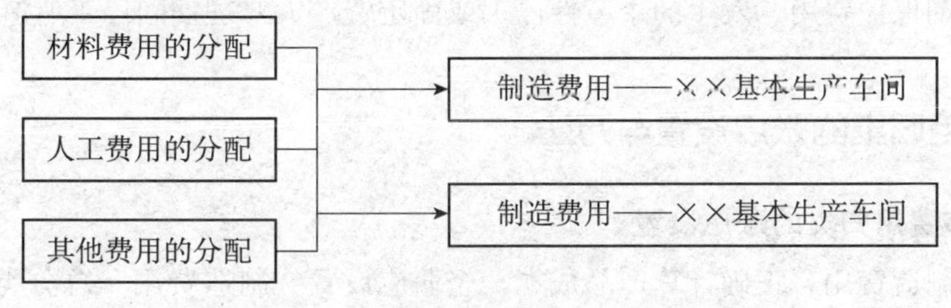

图 6—1　制造费用的归集工作思路图

※基本知识与技能※

一、制造费用概述

（一）制造费用的界定

制造费用是生产单位（包括车间和分厂）为生产产品而发生的除直接材料和直接人工以外的各项生产费用。

（二）制造费用的性质

产品成本项目中的直接材料费用和直接人工费用是单一性费用，而制造费用属于间接费用，包含的内容较多，属于综合费用项目。制造费用中大部分为一般费用，但也有些属于基本费用，如机器设备的折旧费、修理费等。制造费用项目中有些与产品产量的变动有关，但多为固定费用。因此，制造费用一般不按业务量制定定额，而是按会计期间（月度、季度、半年度、年度）制定预算，控制制造费用总额。

（三）制造费用的内容

制造费用范围广、内容多、情况比较复杂，主要包括生产部门为组织和管理产品生产而发生的费用、直接用于产品生产而未专设成本项目的费用和间接用于产品生产而未专设成本项目的费用三类。

(1) 生产部门为组织和管理产品生产而发生的费用。这是车间或分厂管理机构及人员在日常管理过程中发生的费用，主要包括：车间或分厂管理人员的职工薪酬，车间或分厂管理用房屋和设备的折旧费、修理费、租赁费和保险费，车间或分厂管理用的低值易耗品摊销费，车间或分厂管理用的照明费、水电费、取暖费、差旅费和办公费等。

(2) 直接用于产品生产而未专设成本项目的费用。这些属于在管理上不要求或核算上不便于单独核算，因而未专设成本项目的费用，主要包括：生产用机器设备的折旧费、修理费、租赁费和保险费，生产低值易耗品的摊销费，设计制图费和试验检验费，以及未专设成本项目的生产工艺用动力费等。

(3) 间接用于产品生产而未专设成本项目的费用。这是企业的生产部门在生产过程中经常发生的费用，内容比较多。主要包括：机物料消耗，车间和分厂生产用房屋及建筑物的折旧费、修理费、租赁费和保险费，车间的照明费、取暖费、降温费、通风费、除尘费等费用，工人的劳动保护费用，发生的季节性停工或固定资产大修理期间停工所造成的损失等。

二、制造费用归集的账户设置与方法

(一) 制造费用归集的账户设置

为了归集制造费用，正确计算产品成本，企业应设置“制造费用”总分类账户。制造费用应该按照费用的发生地点进行归集，因此在“制造费用”总分类账户下，按照生产单位设置明细账。在制造费用明细账中设置职工薪酬、折旧费、保险费、租赁费、低值易耗品摊销、水电费、取暖费、运输费、差旅费、办公费、机物料消耗、劳动保护费、设计制图费、试验检验费、在产品损耗、停工损失等专栏组织制造费用的明细核算。

“制造费用”属于集合分配账户，其借方归集某会计期间生产单位为生产产品和提供劳务而发生的各项间接费用，贷方登记在会计期末分配转入各产品成本计算对象的制造费用，结转后一般无余额。制造费用明细账的具体格式见表 6—2。

表 6—2 制造费用明细账

生产车间：××车间

年		凭证号码	摘要	借方项目										合计	转出	余额
月	日			机物料消耗	工资	福利费	折旧费	办公费	水电费	差旅费	保险费	修理费	其他			

（二）制造费用归集的方法

制造费用的归集是通过登记“制造费用”账户进行的，其登记的依据是有关的付款凭证、转账凭证和前述的各种费用分配表。由于各类制造费用在发生的时候已经通过前面各项目要素费用的分配归集到了“制造费用——××车间”账户，因此关于制造费用归集的具体方法在这里不再赘述。

※思考活动※

企业为什么要设置“制造费用”账户？它与辅助生产费用有什么不同？制造费用的归集是通过什么实现的？

制造费用的分配

※ 任务描述※

本任务的工作思路如图 6—2 所示。通过本任务的学习，学生能够正确理解制造费用分配的四种方法，掌握每种方法的优缺点及其适用范围，掌握每种方法的计算方法及其分配表的编制，掌握每种方法下的账务处理程序。

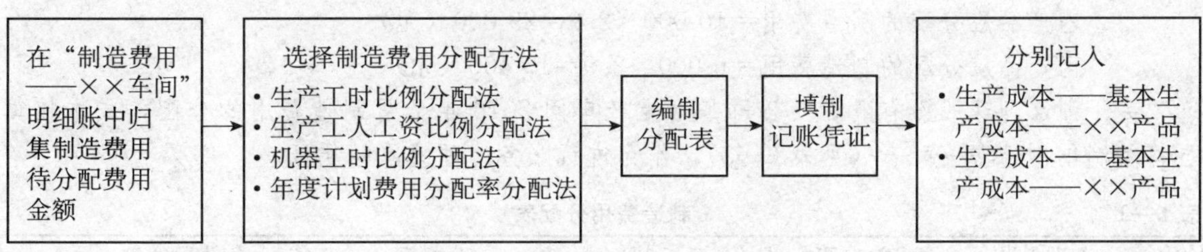

图 6—2　制造费用的分配工作思路图

※基本知识与技能※

一、制造费用的分配概述

制造费用的分配是指将生产单位某一会计期间制造费用明细账上所归集的费用，采用一定的方法分配到有关产品成本中的过程。由于各个生产单位制造费用水平不同，因此制造费用应该按照各个车间分别进行分配，而不能将各车间的制造费用统一起来在整个企业范围内统一分配。分配的原则是：在基本生产部门只生产一种产品的情况下，其归集的制造费用是直接计入费用，应直接计入该种产品的成本；在生产多种产品的情况下，则为间接计入费用，应采用适当的分配方法分配计入各种产品的成本。分配的方法有很多，但通常采用的有生产工时比例分配法、生产工人工资比例分配法、机器工时比例分配法、年度计划费用分配率分配法。

二、制造费用分配的方法

（一）生产工时比例分配法

生产工时比例分配法是以各种产品所耗用的生产工人工时为标准分配制造费用的一种方法。其工时可以是实际工时，也可以是定额工时。其基本思路是一种产品所耗用的生产工时越多则应分配越多的制造费用，耗用的生产工时越少则应分配越少的制造费用。

按生产工时比例分配制造费用能将企业提高劳动生产率的诉求与产品负担费用的多少联系起来，即如果提高劳动生产率，则单位产品生产工时减少，所负担的制造费用也就降低，使分配结果比较合理，因此它是一种比较好的分配方法，在实际工作中比较常用。但必须正确组织产品生产工时的核算，做好生产工时的记录和核算工作，以确保生产工时的正确、可靠。其计算公式如下：

$$\text{制造费用分配率} = \frac{\text{某生产车间的制造费用总额}}{\text{该生产车间的各种产品生产工时总额}}$$

某种产品应分配的制造费用 = 该产品的生产工时数 × 制造费用分配率

【例 6—1】 核算资料如引导案例所示，公司对制造费用采用生产工时比例分配法进行分配。

制造费用分配率＝58 000/20 000＝2.9（元/小时）

甲产品应分配的制造费用＝4 000×2.9＝11 600（元）

乙产品应分配的制造费用＝10 000×2.9＝29 000（元）

丙产品应分配的制造费用＝6 000×2.9＝17 400（元）

关于浙江环球股份有限责任公司基本生产车间 2016 年 7 月制造费用的分配，成本核算员将编制出制造费分配表（见表 6—3），作为进行账务处理的原始凭证。

表 6—3　　制造费用分配表

产品名称	分配标准（生产工时）	分配率	分配金额（元）
甲产品	4 000	2.9	11 600
乙产品	10 000	2.9	29 000
丙产品	6 000	2.9	17 400
合计	20 000	—	58 000

根据制造费用分配表，编制会计分录如下：

借：生产成本——基本生产成本——甲产品　　11 600

——乙产品　　29 000

——丙产品　　17 400

贷：制造费用——基本生产车间　　58 000

（二）生产工人工资比例分配法

生产工人工资比例分配法是以计入各种产品成本的生产工人实际工资作为标准分配制造费用的一种方法。其基本思路是一种产品所耗用的生产工人工资越多则应分配越多的制造费用，耗用的生产工人工资越少则应分配越少的制造费用。

由于生产工人工资的资料很容易获得，因而这种分配方法比较简便，但当制造费用当中使用机器设备发生的相关费用（如机械设备的折旧费、租赁费等）所占比重较大时，这部分费用与生产工人工资的关联度较低，甚至呈负相关。例如：同一车间里各种产品生产的机械化程度不同，采用这种分配方法，会使机械化水平低、用工多的产品，因其工资费用多而多分配制造费用；反之，会使机械化水平高、用工少的产品，因其工资费用少而少分配制造费用。这显然不合理。因此，采用这种分配方法的前提是各种产品的机械化水平大致相同。此外，还要说明的是，如果生产工人工资是按照生产工时比例分配计入各种产品成本的，那么按照生产工人工资比例分配制造费用，实际上也就是按照生产工时比例分配制造费用。其计算公式如下：

$$制造费用分配率=\frac{某生产车间的制造费用总额}{该生产车间的各种产品生产工人工资总额}$$

某种产品应分配的制造费用＝该产品生产工人工资×制造费用分配率

【例6—2】A公司基本生产车间为生产甲、乙两种产品本月共发生制造费用440 000元。假设生产工人的工资分别为：甲产品120 000元，乙产品80 000元。公司对制造费用采用生产工人工资比例分配法进行分配。

制造费用分配率＝440 000/200 000＝2.2（元/小时）

甲产品应分配的制造费用＝120 000×2.2＝264 000（元）

乙产品应分配的制造费用＝80 000×2.2＝176 000（元）

关于A公司基本生产车间本月制造费用的分配，成本核算员将编制出制造费用分配表（见表6—4），作为进行账务处理的原始凭证。

表6—4　　　　制造费用分配表

产品名称	分配标准（生产工人工资）	分配率	分配金额（元）
甲产品	120 000	2.2	264 000
乙产品	80 000	2.2	176 000
合计	200 000	—	440 000

根据制造费用分配表，编制会计分录如下：

借：生产成本——基本生产成本——甲产品　　264 000

　　　　　　　　　　　　　——乙产品　　176 000

　贷：制造费用——基本生产车间　　440 000

（三）机器工时比例分配法

机器工时比例分配法是按照各种产品所用机器设备运转时间的比例分配制造费用的一种方法。机器工时比例分配法适用于在机械化程度较高的车间，因为在这种车间中，折旧费用的多少与机器设备的运转时间有着密切联系。采用这种分配方法，更符合费用的发生情况，但必须正确组织各种产品所耗用机器工时的记录工作，以确保机器工时的准确性。其计算公式如下：

$$\text{制造费用分配率}=\frac{\text{某生产车间的制造费用总额}}{\text{该生产车间的各种产品生机器工时总额}}$$

$$\text{某种产品应分配的制造费用}=\text{该产品机器工时}\times\text{制造费用分配率}$$

需要说明的是，当生产单位生产同一产品或不同产品所用机器设备差别较大时，则不同机器设备在同一运转时间内的折旧费用和修理费用差别也会较大，那么被加工产品在高级精密或大型机器设备上加工一小时所应负担的费用，与在较小型机器设备上加工一小时所应负担的费用，应当有所区别，即产品在不同机器设备上的实际机器运转工时是不能简单相加的，而应该将实际的机器工时换算为标准机器工时再进行相加。换算时应将机器设备按单位工时费用发生的多少合理分类，确定各类机器设备的工时换算系数。标准机器工时的计算公式如下：

$$\text{某种产品的标准机器工时}=\text{该产品实际机器工时}\times\text{机器设备的工时换算系数}$$

【例 6—3】 B 公司基本生产车间生产甲、乙两种产品，本月该车间制造费用总额为 32 318元。两种产品均可以采用 A、B 两类设备进行生产。据统计，A 类设备本月共运转 7 200小时，其中甲产品 4 000 小时、乙产品 3 200 小时；B 类设备本月共运转 3 600 小时，其中甲产品 2 000 小时、乙产品 1 600 小时。在该车间，A 类设备为一般设备，工时系数被定为 1；B 类设备为高级精密大型设备，按照设备使用和维修费用发生情况与 A 类设备比较后，工时系数被定为 1.5。根据上述资料，采用机器工时比例分配法分配该车间的制造费用，编制制造费用分配表，见表 6—5。

表 6—5　　制造费用分配表

产品名称	标准机器工时（小时）				费用分配率	分配金额（元）
	A 类（系数为 1）	B 类（系数为 1.5）		合计		
	实际工时（即标准工时）	实际工时	标准工时	标准工时		
甲产品	4 000	2 000	3 000	7 000		15 820
乙产品	3 400	2 600	3 900	7 300	2.26	16 498
合计	7 400	4 600	6 900	14 300		32 318

在本例中，甲、乙两种产品所使用的实际机器工时均为 6 000 小时，但经过分配所承担的制造费用却不同，乙产品多承担了 678 元的费用，主要是因为乙产品在 B 类设备上加工的工时比较多，这样的分配结果就更为合理一些。

（四）年度计划费用分配率分配法

年度计划费用分配率分配法是根据企业正常生产经营条件下年初确定的计划费用分配率分配制造费用的一种分配方法。年度计划费用分配率是根据年度制造费用预算数和计划产量的定额标准（定额工时、预计工人工资等）计算得出，不管各月实际发生的制造费用是多少，每月各种产品负担的制造费用都按年度计划费用分配率分配，对于本月实际发生的制造费用与按年度计划费用分配率分配的制造费用之间的差额月末不予调整，而是在年末采用一定的方法进行处理。

采用这种分配方法由于不用每月根据实际发生的费用计算分配率来分配制造费用，因而核算工作比较简便并且比较及时，通过差额有利于产品成本和制造费用的日常控制。特别适用于季节性生产的车间，因为它不受淡季与旺季月产量悬殊的影响，不会使各月单位产品成本中制造费用忽高忽低，便于进行成本分析。但这种分配方法要求计划管理工作水平较高，否则将会影响产品成本计算的准确性。这种分配方法的基本步骤是：

1. 计算年度计划费用分配率

具体计算公式为：

$$年度计划费用分配率=\frac{年度制造费用预算总额}{该生产车间年度各种产品计划产量下的定额标准}$$

公式中年度各种产品计划产量下的定额标准可以是预计产量的生产工人工时，也可以是直接生产工人的工资，还可以是机器工时数，等等。

2. 每月月末，按年度计划费用分配率分配制造费用

具体计算公式为：

某种产品应分配的制造费用＝该产品实际产量下的定额标准数×年度计划费用分配率

月末，对于本月实际发生的制造费用与按年度计划费用分配率分配的制造费用之间的差额不予调整，而是逐月累计。因此，“制造费用”账户一般都有余额，可能是借方余额，也可能是贷方余额。借方余额表示实际发生的制造费用大于按计划分配的费用，贷方余额表示实际发生的制造费用小于按计划分配的费用。

3. 年末，计算并处理全年制造费用差异

具体计算公式为：

全年差异＝全年实际发生的制造费用

　　　　－全年按年度计划费用分配率分配的制造费用

$$差异分配率=\frac{全年差异}{各产品全年按年度计划费用分配率分配的制造费用之和}$$

公式中各产品全年按年度计划费用分配率分配的制造费用之和，也可以换为各产品累计实际工时之和，由于只调整12月份的产品成本，还可以换为12月份各产品按年度计划费用分配率分配的制造费用之和或12月份各产品实际工时之和。

“制造费用”账户如有年末余额，就是全年制造费用的实际发生额与计划分配额的差额，应采用一定的方法进行追加调整分配，一次计入12月份生产的各种产品成本中。实际发生额大于计划分配额，借记“生产成本——基本生产成本——××产品”账户，贷记“制造费用”账户；实际发生额小于计划分配额，则用红字冲减，或借记“制造费用”账户，贷记“生产成本——基本生产成本——××产品”账户。但是，在年度内如果发现全年的制造费用实际数和按实际产量与年度计划费用分配率分配的计划数发生较大的差额，则应及时调整年度计划费用分配率，以确保分配费用的准确性。

【例6—4】 C企业第一车间全年制造费用预算额为180 000元，各种产品全年定额工时为200 000小时。12月份甲产品实际产量下的定额工时为13 000小时，乙产品实际产量下的定额工时为5 500小时。年末核算时，该车间全年实际发生制造费用189 000元，1—11月按预算分配率分配的制造费用：甲产品为122 400元，乙产品为53 550元。根据上述资料采用年度计划费用分配率分配法计算甲、乙两种产品应承担的制造费用，并作出相关的会计处理。

(1) 年度计划费用分配率＝180 000/200 000＝0.90（元/小时）

(2) 12 月份甲产品分配的制造费用＝13 000×0.90＝11 700（元）

12 月份乙产品分配的制造费用＝5 500×0.90＝4 950（元）

借：生产成本——基本生产成本——甲产品　　11 700

——乙产品　　4 950

贷：制造费用——基本生产车间　　16 650

(3) 全年差异额＝189 000－（122 400＋11 700＋53 550＋4 950）＝－3 600（元）

差异分配率＝－3 600/（122 400＋11 700＋53 550＋4 950）＝－0.018 69

甲产品应分配的差异额＝（122 400＋11 700）×（－0.018 69）＝－2 506（元）

乙产品应分配的差异额＝（53 550＋4 950）×（－0.018 69）＝－1 094（元）

借：生产成本——基本生产成本——甲产品　　[2 506]

——乙产品　　[1 094]

贷：制造费用——基本生产车间　　[3 600]

需要说明的是，由于制造费用是综合性的费用，包括各种性质和用途的费用，为增加分配结果的合理性，也可以将制造费用加以适当的分类，例如分为与机器设备有关的费用和与生产的组织和管理有关的费用两大类，分别选用机器工时比例分配法和生产工时比例分配法进行分配。企业可以根据自身实际情况合理选用制造费用分配方法，在条件没有变化的情况下不应随便改变。如需变更，应在会计报表附注中予以说明。

※思考活动※

制造费用分配的最终目的是将制造费用全部结转出去吗？分配结转之后这些费用都到哪里去了呢？年度计划费用分配率分配法有什么特殊之处？

【项目小结】

企业某生产车间发生的制造费用是间接用于产品生产的费用，制造费用的归集和分配通过“制造费用”账户进行。制造费用的分配方法有：生产工时比例分配法、生产工人工资比例分配法、机器工时比例分配法和年度计划费用分配率分配法。除了年度计划费用分配率分配法属于计划分配率方式，其余三种都属于实际分配率方式。需要准确统计本车间本月的分配标准（即本车间各种产品的生产工时、本车间各种产品的生产工人工资、本车间各种产品的机器工时），从而计算出制造费用分配率，利用分配率将制造费用在各种产品之间进行分配。而对于年度计划费用分配率分配法来讲，由于采用计划分配率进行分配，从而形成制造费用的计划分配额与实际发生额之间存在差异，差异在年内的每月月底是不处理的，而到了年底则需要在各产品之间进行分配，即将“制造费用”年末余额处理为零。对于每一种方法都应掌握该种方法的基本思路、计算公式、优缺点和适用性。

【项目训练】

一、单项选择题

1.“制造费用”账户应按（　　）设置明细账。

A. 产品品种　　B. 产品批别

C. 车间部门　　D. 生产步骤

2. 适用于季节性生产企业分配制造费用的方法是（　　）。

A. 生产工人工资比例分配法　　B. 生产工时比例分配法

C. 机器工时比例分配法　　D. 年度计划费用分配率分配法

3. 下列关于年度计划费用分配率分配法的论述，不正确的是（　　）。

A. 特别适用于季节性生产的企业

B. 每月各种产品中的制造费用都是该产品应分担的制造费用计划额

C.“制造费用”账户在年初的余额由上年末转来，属待摊或预提费用

D.“制造费用”账户在2—12月各月初的余额由上月末转来，如果是借方余额，属待摊费用，如果是贷方余额，属预提费用

4. 某车间采用按年度计划费用分配率分配法进行制造费用分配，年度计划分配率为5元。6月初“制造费用”账户贷方余额为1 000元，6月份实际发生的制造费用为10 000元，实际产量的定额工时为1 500小时。该车间6月份分配的制造费用为（　　）元。

A. 7 500　　B. 9 000　　C. 10 000　　D. 11 000

5. 按年度计划费用分配率分配制造费用时，如果“制造费用”账户年末有贷方余额，应将余额（　　）。

A. 用红字借记“基本生产成本”账户，贷记“制造费用”账户

B. 用蓝字借记“制造费用”账户，贷记“基本生产成本”账户

C. 用红字借记“制造费用”账户，贷记“基本生产成本”账户

D. 结转下一年度

二、多项选择题

1. 基本生产车间发生的下列费用，（　　）应记入“制造费用”账户。

A. 车间管理人员工资　　B. 机器设备折旧费

C. 车间机物料消耗　　D. 劳动保护费

2. 下列项目中，属于制造费用所属项目的有（　　）。

A. 税金　　B. 试验检验费

C. 机物料消耗　　D. 保险费

E. 低值易耗品摊销

3. 制造费用（　　）。

A. 属于间接费用　　B. 一般为间接计入费用

C. 属于综合性费用项目　　D. 属于基本费用

4. 按年度计划费用分配率分配法分配制造费用后，“制造费用”账户月末（　　）。

A. 可能有借方余额　　B. 只能有借方余额

C. 可能有贷方余额　　　　D. 只能有贷方余额

5. 制造费用的分配方法有（　　）。

A. 生产工时比例分配法　　　　B. 机器工时比例分配法

C. 生产工人工资比例分配法　　　　D. 年度计划费用分配率分配法

三、判断题

1. 无论是基本生产车间还是辅助生产车间，都必须设置“制造费用”账户核算制造费用。（　　）

2. 采用按生产工人工资比例分配法分配制造费用，最适用于季节性生产的企业车间。（　　）

3. 采用按年度计划分配率分配法分配制造费用，在一般的月份，“制造费用”账户会有余额。（　　）

4. 在进行制造费用核算时，对于辅助生产车间可根据具体情况决定是否设置“制造费用”账户。（　　）

5. 对机械化、自动化程度较高的车间，其制造费用可以按生产工时比例分配法进行分配。（　　）

四、计算分析题

1. 某企业在生产甲、乙、丙三种产品时，发生制造费用 56 000 元。根据资料统计提供的生产工时：甲产品生产工时 20 000 小时，乙产品生产工时 14 000 小时，丙产品生产工时 30 000 小时。

要求：

（1）按生产工时比例分配制造费用。

（2）编制结转制造费用的会计分录（列示明细账户）。

2. 某企业基本生产车间全年计划制造费用为 163 200 元；全年各产品的计划产量：甲产品 24 000 件，乙产品 18 000 件。单件产品工时定额：甲产品 4 小时，乙产品 6 小时。1 月份的实际产量：甲产品 1 800 件，乙产品 1 500 件。1 月份实际发生制造费用 13 000 元。11 月份，月初“制造费用”账户贷方余额为 150 元。11 月份实际产量：甲产品 1 200 件，乙产品 1 000件。11 月份实际制造费用为 9 100 元。12 月份实际产量：甲产品 900 件，乙产品 800 件。12 月份实际制造费用为 6 200 元。

要求：

（1）计算制造费用年度计划分配率。

（2）计算并结转 1 月份应分配转出的制造费用。

（3）计算并结转 11 月份应分配转出的制造费用。

（4）计算并结转 12 月份应分配转出的制造费用，对计划制造费用与实际制造费用的差额进行调整。

3. 假设某工业企业有一个基本生产车间和一个辅助生产车间，前者生产甲、乙两种产品，后者提供一种劳务。某月份发生的有关经济业务如下：

（1）生产耗用原材料 13 590 元，其中：直接用于甲产品生产 4 500 元，用于乙产品生产 3 200元，用作基本生产车间机物料 1 210 元；直接用于辅助生产 2 700 元，用作辅助生产车间机物料 930 元；用于企业行政管理部门 1 050 元。

(2) 发生工资费用 7 800 元。其中：基本生产车间生产工人工资 3 400 元，管理人员工资 1 300 元；辅助生产车间生产工人工资 1 100 元，管理人员工资 500 元；企业行政管理人员工资 1 500 元。

(3) 按工资总额的 14%计提职工福利费。

(4) 计提固定资产折旧费 6 430 元。其中：基本生产车间 2 740 元，辅助生产车间 1 530 元，行政管理部门 2 160 元。

(5) 用银行存款支付其他费用 5 900 元。其中：基本生产车间 2 600 元，辅助生产车间 1 400元，行政管理部门 1 900 元。

该企业辅助生产的制造费用通过“制造费用”账户核算。基本生产车间的制造费用按产品机器工时比例分配。其机器工时为：甲产品 1 670 小时，乙产品 1 685 小时。辅助生产车间提供的劳务采用直接分配法分配，其中应由行政管理部门负担 3 140 元。

要求：根据以上资料编制会计分录，计算和分配基本生产车间的制造费用（列示明细账户）。

生产损失的核算

任务一　生产损失核算概述　/ 103
任务二　废品损失的核算　/ 104
任务三　停工损失的核算　/ 112

【学习目标】

知识目标

- 理解并掌握生产损失的含义和内容
- 理解并掌握停工损失及其内容

能力目标

- 掌握和运用废品损失核算的账户
- 能进行不可修复废品损失和可修复废品损失及停工损失的成本计算
- 能进行废品损失计算表的编制，并正确进行会计处理

【引导案例】

浙江环球股份有限责任公司（增值税一般纳税人）的产品品种繁多，工艺技术相对比较复杂。2016 年 6 月 30 日，在甲产品的生产过程中出现了不合格产品，检验部门对不合格产品签发了正式的废品通知单，会计部门应对其进行废品损失核算。成本核算员张盛根据有关资料确认了如下问题：

(1) 甲产品是否为可修复的？

(2) 在修复的过程中发生了多少料工费？

(3) 是否有废料残值以及责任人的赔偿？

张盛很快计算出了废品损失，编制并完成了废品损失计算单。这里涉及废品损失的确认方法和核算方法，本项目将为你提供明确的思路。

生产损失核算概述

※ 任务描述※

本任务的工作思路如图 7—1 所示。通过本任务的学习，学生能够正确理解生产损失的含义、内容和核算的意义。

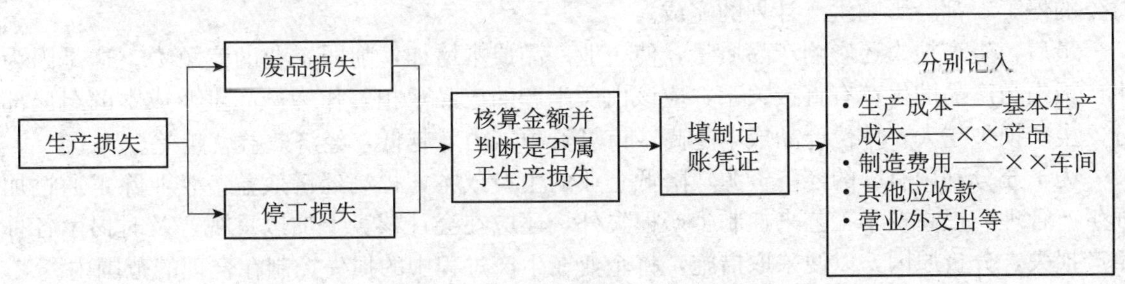

图 7—1　生产损失核算工作思路图

※基本知识与技能※

一、生产损失的含义

生产损失是指企业在产品生产过程中因生产原因而造成的损失。从一般意义上说，造成生产损失的原因有很多，包括：(1) 因制造了不合格产品而造成的报废损失和修复费用；(2) 因管理不善造成的在产品盘亏、毁损损失；(3) 因生产设备发生故障被迫停工而造成的停工损失；(4) 因原材料收缩、损耗或工艺原因，使得生产过程中的材料、人工超常消耗而造成的损失等。在不同的企业，由于产品性质、工艺技术、工艺流程以及管理水平的不同，生产损失发生的频繁程度、数额大小及类型也不同，对产品造成的影响程度也不尽相同。

二、生产损失的内容

生产损失包括废品损失和停工损失。废品损失是指企业在生产过程中产生了废品而造成的损失。在废品较多或者废品损失在产品成本中所占的比重较大，需要单独加以核算的企业，可以设置“废品损失”账户组织核算。停工是指企业因材料供应不足、电力中断、机器大修理、计划减产，或非常灾害等所引起的生产中断。企业可以设置“停工损失”账户进行核算。停工损失的费用一般都应计入产品成本。

三、生产损失核算的意义

企业在生产经营过程中难免会发生各种各样的损失，从理论上说，这些损失不形成价值，不应计入产品成本。但在实际应用时，企业发生的生产损失会给企业带来一定的负面影响，降低企业的经济效益。企业发生的生产损失给企业带来的不利影响主要有以下几个方面：

首先，生产损失会造成企业人力、物力和财力的浪费。产生废品，发生在产品的短缺、毁损、变质都是企业生产中的一种无效劳动，花费在这些产品上的人力、物力和财力都会白白浪费。

其次，生产损失会影响企业生产计划的完成，妨碍企业的正常生产秩序。大量的废品、意外的停工，都会影响生产计划的完成。

最后，生产损失还影响产品质量，使企业产品成本增加，削弱企业的竞争力。这是因为生产损失与产品的生产有直接关系，应该由所生产的产品承担，作为产品生产成本的组成部分。生产损失越大，单位产品成本越高，市场竞争能力就越低，经济效益就越差。

为了充分利用有限的经济资源，降低企业的生产成本，提高经济效益，企业除了通过加强生产管理、提高技术工艺来控制生产损失外，还应在会计核算上加以重视，及时揭示各种生产损失，分析原因，以便采取措施，将企业在生产过程中的损失控制在合理的范围内。

因此，加强生产责任管理和产品质量管理，正确反映和控制废品损失，防止停工发生，对降低产品成本、减少损失、增强企业竞争力、提高经济效益和社会效益都具有重要意义。

※思考活动※

生产损失的核算对产品成本计算的影响是什么？

废品损失的核算

※ 任务描述※

本任务的工作思路如图 7—2 所示。通过本任务的学习，学生能够正确理解掌握废品损失的内容和核算程序，掌握可修复及不可修复废品的核算方法。

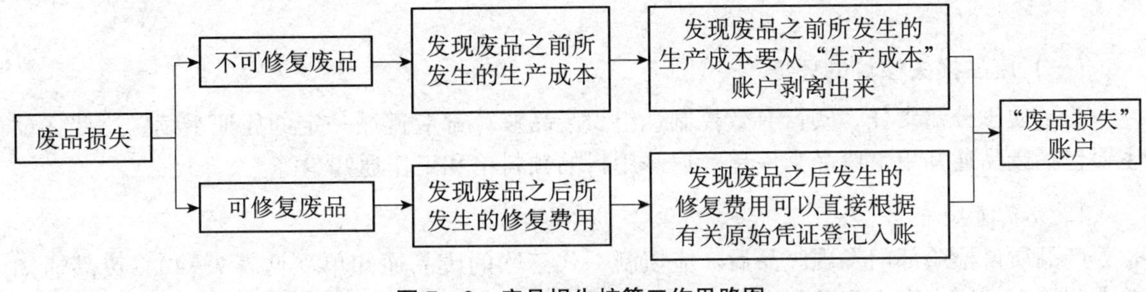

图 7—2　废品损失核算工作思路图

※基本知识与技能※

一、废品损失的内容

（一）废品概述

废品是指不符合规定的技术标准，不能按其原定用途加以使用，或者需要加工修复后才能按原定用途使用的产成品、在制品、半成品等。废品的产生客观上增加了完工产品的成本，也降低了企业资源利用的效率和效果。废品可以按不同的标准进行分类。按废品产生的原因可以分为料废和工废两种。料废是指由于材料质量、规格、性能不符合要求而产生的废品，工废是指在产品生产过程中，由于加工工艺技术、工人操作方法、技术水平等方面的缺陷而产生的废品。分清废品是由料废还是工废造成的，有利于查明废品产生的责任。废品按其修复的技术可能性和修复费用的经济合理性，分为可修复废品和不可修复废品两种。可修复废品是指在技术上可以修复，而且所耗修复费用在经济上是合算的废品（两个条件必须同时具备）。不可修复废品是指在技术上不能修复，或者技术上可以修复但所耗修复费用在经济上是不合算的废品（两个条件只需具备其一）。

（二）废品损失及其内容

废品损失是因生产原因造成的废品而发生的损失，包括在生产过程中发现的可修复废品的修复费用和不可修复废品的净损失。值得注意的是：经质检部门检验鉴定不需要返修而可以降级降价出售的次品、等外品等不合格品，因降价带来的损失不作为废品损失，其成本与合格品相同；产品入库后由于保管不善、运输不当等原因而损坏、变质的损失，不计入废品损失，作为管理费用处理；实行“三包”（包修、包换、包退）的企业，在产品售出后发现的废品，从理论上来说，其修理费、退回调换产品的运杂费、退回废品的成本减残值后的净损失等“三包”损失，都应属于废品损失，但在实际工作中，为了简化核算，“三包”损失发生时，直接记入“管理费用”账户，若余额较大，也可通过“预计负债”账户核算。

二、废品损失的核算

废品损失的核算是指对发生的废品损失，进行归集、结转和分配的核算，包括可修复废品损失的核算和不可修复废品损失的核算。

(一) 废品损失核算的凭证

为了便于分清责任，实行有效控制，组织废品核算都应遵循一定的凭证手续。这些凭证主要包括废品通知单、废品交库单、返修用料的领料单和工作通知单等。

1. 废品通知单

产品质量检验部门发现废品后，应填制一式三联的废品通知单（见表 7—1）。废品通知单由质检人员或由产生废品的车间、班组填制。废品通知单内应填明废品的名称、数量、发生废品的原因和过失人等。废品通知单一联由生产车间保存；另两联交质检部门和财务部门，财务人员和质检人员会同审核废品通知单上所列的各项目。只有经审核无误的废品通知单才可作为废品损失核算的依据。

表 7—1

废品通知单

班组：　　20××年××月　　字第　号

工号		图号	工序	
废品名称	单位	数量	单位工时	总工时
A产品				
合计				
废品原因		检查决定		

质量检验员：　　组长：　　生产工人（责任者）：

2. 废品交库单

对于送交仓库的不可修复废品，应另填废品交库单。废品交库单上须注明废品的残料价值，作为核算残料入库的依据。

3. 返修用料的领料单、工作通知单

对于可修复废品，须送回车间继续加工予以修复，在返修过程中所领用的各种材料及所耗工时，应另填领料单、工作通知单及其他有关凭证，并在单上应注明“返修废品用”标记，作为核算修复费用的依据，以便对可修复废品的损失进行归集。

(二) 废品损失核算的账户设置

管理上要求单独核算废品损失的企业，为了反映废品损失的情况，一般应设置“废品损失”账户，用于归集和分配基本生产车间所发生的废品损失。设置的“废品损失”账户可作为一级（总分类）账户，也可将其作为“生产成本——基本生产成本”的明细账户。该账户应按车间分产品设立明细账，账内按成本项目设专栏进行核算。其格式见表 7—2。该账户的借方登记不可修复废品的生产成本（应根据不可修复废品损失计算表登记）和可修复废品的修复费用（应根据修复过程中所耗费费用的分配表登记）；贷方登记废品残料回收的价值和应收的赔偿款；余额在借方，即借方发生额大于贷方发生额的废品净损失。企业在设置“废品损失”账户的同时，“生产成本——基本生产成本”明细账则应增设“废品损失”成本项目。期末“废品损失”账户的借方余额从该账户的贷方直接或分配转入“生产成本——基本生产成本”总账及其所属明细账。结转后的“废品损失”账户应无余额。

表 7—2　　废品损失明细账

车间：第一车间

年		摘要	产品名称及废品损失金额		合计
月	日		A产品	B产品	
		可修复废品费用			
		直接材料			
		直接人工			
		制造费用			
		小计			
		不可修复废品费用			
		直接材料			
		直接人工			
		制造费用			
		小计			
		合计			
		减：废品残值			
		责任人赔偿款			
		废品净损失			

管理上不要求进行单独核算废品损失的，也可不设“废品损失”账户，而将废品损失直接在“生产成本——基本生产成本”总账及其所属明细账的“废品损失”成本项目核算。对于不可修复废品，是将其成本从“生产成本——基本生产成本”账户的其他各成本项目分别转入“生产成本——基本生产成本”账户的“废品损失”成本项目，而收回的残料价值和应收赔偿款则贷记“生产成本——基本生产成本”账户，从“废品损失”成本项目中减除；对于可修复废品的修复费用，则直接归集于“生产成本——基本生产成本”账户的“废品损失”成本项目。

（三）废品损失的核算程序

废品损失的核算即废品损失的归集与分配，其账务处理程序如图 7—3 所示。

可修复废品损失和不可修复废品损失，其含义不同，核算的方法亦有所区别。

三、不可修复废品损失的核算

不可修复废品损失是指不可修复废品的生产成本扣除废品残值和赔偿款后的净损失。进行不可修复废品损失的核算，首先应计算截至报废时已经发生的不可修复废品的生产成本，然后扣除废品收回残料价值和应收赔偿款，计算出废品净损失，再计入合格产品的成本。不可修复废品的生产成本，可按废品所耗实际费用计算，也可按废品所耗定额成本计算。

（一）按废品所耗实际费用计算废品损失的核算

在采用按废品所耗实际费用计算废品损失时，是按成本项目将费用在合格品和废品之间进行分配。原材料是在生产开始时一次投入的，材料费用可按合格品与废品的数量比例进行分配；如果不是在生产开始时一次投入的，则可采用适当的方法，将废品折合成合格品的数

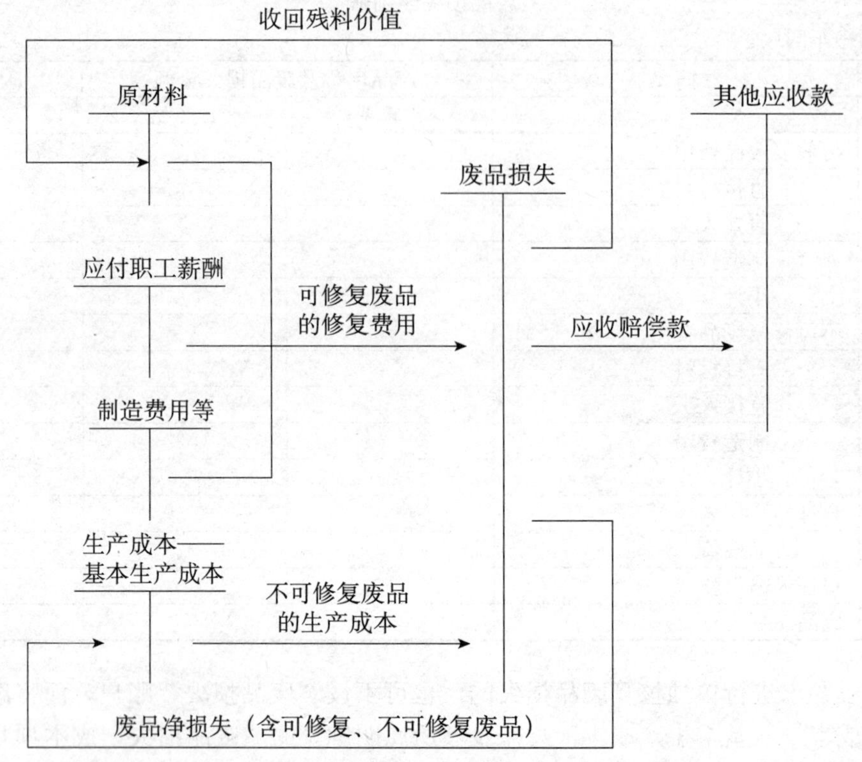

图 7—3　设置“废品损失”账户的账务处理程序图

量进行分配。其余各成本项目可按合格品和废品的工时比例进行分配。其计算公式如下：

$$材料费用分配率=\frac{材料费用总额}{合格品数量+废品数量}$$

$$废品的材料费用=废品数量\times材料费用分配率$$

$$其他费用分配率=\frac{某项其他费用总额}{合格品工时+废品工时}$$

$$废品的其他费用=废品工时\times其他费用分配率$$

由于废品发现以前发生的各项费用是与合格品一起归集在“生产成本——基本生产成本”账户中的，不能直接从“生产成本——基本生产成本”账户中直接确定该废品的损失是多少，因此，应先计算出不可修复废品耗费的实际成本，再计算废品净损失。其计算公式如下：

$$不可修复废品的生产成本=废品的材料费用+废品的其他费用$$

$$不可修复废品的净损失=不可修复废品的生产成本-残值-应收过失人赔偿$$

关于不可修复废品应负担的生产成本，应采用适当的方法，从“生产成本——基本生产成本”总账及其所属明细账归集的各项费用中分离出来，从“生产成本——基本生产成本”总账及其所属明细账转入“废品损失”账户及其明细账，或直接转入“生产成本——基本生产成本”总账及其所属明细账的“废品损失”成本项目。在生产过程中发生的废品，可以按废品所耗的原材料费用和合格品所耗的原材料费用比例分配归集在“生产成本——基本生产成本”总账及其所属明细账的原材料费用，按废品所耗的生产工时和合格品所耗的生产工时比例分配归集在“生产成本——基本生产成本”总账及其所属明细账的工资及福利费、制造费用等加工费。

【例 7—1】某企业第一车间本月生产 A 产品 500 件，其中合格品 490 件，生产过程中发现不可修复废品 10 件。A 产品“生产成本——基本生产成本”明细账所列生产费用合计为：原材料 32 000 元，工资及福利费 15 000 元，制造费用 18 000 元，合计 65 000 元。原材料在生产开始时一次投入。生产工时为 3 000 小时，其中废品生产工时 30 小时。废品回收的残料计价 140 元，应收赔偿款 120 元。10 件不可修复的废品的成本计算如下：

原材料分配率＝32 000÷（490＋10）＝64

废品应负担的原材料费用＝10×64＝640（元）

工资及福利费分配率＝15 000÷3 000＝5

废品应负担的工资及福利费＝30×5＝150（元）

制造费用分配率＝18 000÷3 000＝6

废品应负担的制造费用＝30×6＝180（元）

根据以上资料编制不可修复废品损失计算表，见表 7—3。

表 7—3　不可修复废品损失计算表

车间：第一车间　　2016 年 5 月　　产品：A 产品

项目	数量（件）	原材料（元）	生产工时（小时）	工资及福利费（元）	制造费用（元）	合计（元）
生产费用合计	500	32 000	3 000	15 000	18 000	65 000
费用分配表		64		5	6	
废品实际成本	10	640	30	150	180	970
减：残料价值		140				
废品报废损失		500		150	180	830
减：应收赔偿						120
废品净损失						710

根据不可修复废品损失计算表编制会计分录，登记有关账户。

结转不可修复废品成本：

借：废品损失——A 产品　　970

　贷：生产成本——基本生产成本——A 产品（直接材料）　　640

　　　　　　　　　　　　　　　——A 产品（直接人工）　　150

　　　　　　　　　　　　　　　——A 产品（制造费用）　　180

回收废品残料价值：

借：原材料　　140

　贷：废品损失——A 产品　　140

登记应收赔偿款：

借：其他应收款　　120

　贷：废品损失——A 产品　　120

将废品净损失计入产品成本：

借：生产成本——基本生产成本——A 产品（废品损失）　　710

　贷：废品损失——A 产品　　710

如果企业不设“废品损失”账户，只在“生产成本——基本生产成本”账户专设“废品损失”成本项目，则其会计分录如下：

结转不可修复废品成本：

借：生产成本——基本生产成本——A 产品（废品损失） 970

贷：生产成本——基本生产成本——A 产品（直接材料） 640

——A 产品（直接人工） 150

——A 产品（制造费用） 180

在实际工作中，这一结转不可修复废品成本的分录可不编制，而直接在“生产成本——基本生产成本”明细账上“原材料”“工资及福利费”“制造费用”成本项目中减除，并记入“废品损失”成本项目。

回收废品残料价值：

借：原材料 140

贷：生产成本——基本生产成本——A 产品（废品损失） 140

登记应收赔偿款：

借：其他应收款 120

贷：生产成本——基本生产成本——A 产品（废品损失） 120

不需编制结转废品净损失的分录。

需要注意的是：

（1）例 7—1 中，假设的前提为废品是在生产的最终阶段发现的，这时每一废品所应负担的费用与每一完工合格品所应负担的费用是相同的，分配所有成本项目的费用都不需将废品数量折算，直接按废品数量和合格品数量比例分配；如果废品是在加工到一定程度时发现的，则各成本项目分配时均应将废品折算为约当产量，才能进行分配和计算。

（2）例 7—1 中，假设原材料是生产开始时一次投入的，可直接按废品数量和合格品数量比例分配原材料费用。但如果原材料是陆续投入的，废品的原材料费用则不能按 100%计算，需要按其投料程度，将废品数量折算为约当产量再进行分配。

（3）工资和福利费以及制造费用应按完工程度折算为约当产量进行分配。另外，如果产品生产费用中原材料费用占的比重很大，为简化核算，废品也可只计算应负担的原材料费用。关于约当产量的折算方法可参看项目八的约当产量比例法等相关内容。

（二）按废品所耗定额成本计算废品损失的核算

不可修复废品成本按实际费用计算和分配废品损失，符合实际，比较准确。但核算的工作量较大，且必须等到会计期末“生产成本——基本生产成本”实际生产费用汇总完以后才能计算、分配结转废品实际成本，在生产过程中不能随时了解废品的成本情况。在采用按废品所耗定额成本计算的方法时，废品的生产成本是按废品的数量、工时定额和各项费用定额计算的，而不考虑废品实际发生的生产费用。其计算公式如下：

$$\text{不可修复废品定额成本} = \sum(\text{废品数量} \times \text{各成本项目费用定额})$$

$$\text{不可修复废品的净损失} = \text{不可修复废品的定额成本} - \text{残值} - \text{应收过失人赔偿}$$

【例 7—2】某企业第一车间在生产 B 产品过程中，发现不可修复废品 8 件，其原材料费用定额为 80 元，废品已完成定额工时 58 小时。每小时费用定额（即费用定额分配率）为：工资及福利费 2 元，制造费用 3 元。废品回收的残料计价 180 元。废品净损失计算如下：

废品定额成本＝8×80＋58×2＋58×3＝930（元）

废品净损失＝930－180＝750（元）

根据以上资料编制不可修复废品损失计算表，见表 7—4。

表 7—4　　　　**不可修复废品损失计算表**

车间：第一车间　　　　2016 年 6 月　　　　产品：B

项目	数量（件）	原材料（元）	工时（小时）	工资及福利费（元）	制造费用（元）	合计（元）
费用定额		80		2	3	
单位定额成本	8	640	58	116	174	930
减：废品残值		180				
废品损失		460		116	174	750

根据不可修复废品损失计算表编制会计分录，登记有关账户。其方法与按实际成本计算的相同。

不可修复废品成本按定额成本计算，因费用定额事先确定，所以计算工作比较简便、及时，而且可使计入产品成本的废品损失不受实际费用水平高低的影响，有利于废品损失的分析和考核。但是，采用这一方法须具备齐全而较准确的消耗定额和费用定额资料，符合此条件的企业，可以按定额费用计算废品成本。通过上述介绍，废品损失已归集至“生产成本——基本生产成本”总账及其所属明细账中的“废品损失”成本项目。这些废品损失通常只计入本月完工产品成本，而在产品、自制半成品一般不负担。

四、可修复废品损失的核算

可修复废品损失是指废品在修复过程中所发生的各种修复费用，包括修复废品所耗用的原材料、燃料与动力、工资及福利费和应负担的制造费用等。需要注意的是，可修复废品返修以前发生的生产费用，不是废品损失，不必计算其生产成本转出，仍保留在“生产成本——基本生产成本”总账及其所属明细账中（生产过程中发现）或保留在“库存商品”账户中（入库以后发现）。

企业单独设置“废品损失”一级或二级账户的，可修复废品在返修中发生的各种修复费用，应根据注明“返修废品用”的领料单、工作通知单等凭证，编制各种费用分配表。然后根据各种费用分配表将修复费用归集于“废品损失”及其所属明细账的各成本项目。如果有残料收回和应收赔偿款，则根据废料交库单和结算凭证将残料价值和应收赔偿款从“废品损失”账户分别转入“原材料”和“其他应收款”账户。最后，归集在“废品损失”账户借方的修理费用减去账户贷方的收回残料价值和应收赔偿款后的净损失，应从“废品损失”账户贷方转入“生产成本——基本生产成本”总账及其所属明细账的“废品损失”成本项目。

【例 7—3】某企业在本月生产 A 产品的过程中发现 15 件为可修复废品。在修复过程中，耗用原材料 3 000 元，工资为 1 200 元，发放的福利费为 168 元，其他制造费用为 800 元。经查，责任人已赔偿 200 元。有关账务处理如下：

发生各种修复费用：

借：废品损失—— A 产品　　　　5 168

贷：原材料　3 000

应付职工薪酬——应付工资　1 200

——应付福利费　168

制造费用　800

确定赔偿费用：

借：其他应收款　200

贷：废品损失——A 产品　200

结转废品净损失，计入产品成本：

借：生产成本——基本生产成本——A 产品（废品损失）　4 968

贷：废品损失——A 产品　4 968

如果企业不设“废品损失”账户，仅在“生产成本——基本生产成本”专设“废品损失”成本项目，那么，对修复费用的归集和残料价值收回及应收赔偿款的核算，应是分别借记和贷记“生产成本——基本生产成本”总账及其所属明细账“废品损失”成本项目，而不是“废品损失”账户。而最后一步净损失的结转则不需要做，因其已直接在“废品损失”成本项目中反映出来。

※思考活动※

可修复废品与不可修复废品的损失点是否一样？如果不一样，哪一个核算起来更加复杂？

停工损失的核算

※ 任务描述※

本任务的工作思路如图 7—4 所示。通过本任务的学习，学生能够正确理解并掌握停工损失的内容和核算程序，掌握停工损失的核算方法。

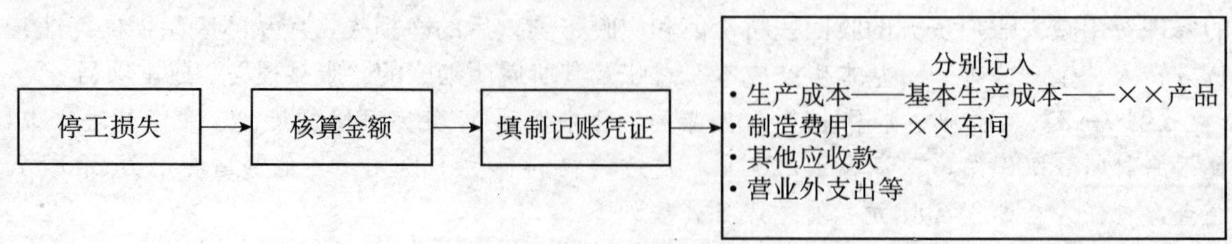

图 7—4　停工损失工作思路图

※基本知识与技能※

一、停工损失的内容

停工损失是指企业生产车间因停工而发生的各种费用，包括停工期间支付的生产工人工资和计提的应付福利费，以及应负担的制造费用等。

企业发生停工的原因很多，可分为计划内停工和计划外停工两种。计划内停工，如因计划减产、季节性和固定资产计划性大修理造成的停工；计划外停工主要是指发生各种事故，如材料供应不足、停电、机器设备故障和自然灾害等造成的停工。但从企业的会计核算上，没有必要对所有的停工进行损失的核算，停工只有在超过一定时间和范围时，才单独核算，作为“停工损失”项目计入产品成本。否则，不单独作为产品成本的项目。

例如：辅助生产车间发生的停工损失，可直接计入辅助生产成本；季节性、修理期间的停工损失，以及全车间或一个班组停工不满一个工作日的损失，可计入制造费用；计划减产造成全厂连续停产 10 天以上或主要生产车间连续停产 1 个月以上所发生的停工损失，以及自然灾害造成的停工损失，计入营业外支出。可见，作为生产成本“停工损失”项目的是基本生产车间由于计划减产（计入营业外支出的除外），或由于材料、停电、机器设备故障而停工所发生的停工损失。

二、停工损失核算的凭证、账户设置与程序

停工损失的核算是指对发生的停工损失进行归集、结转和分配的核算。

（一）停工损失核算的凭证

停工损失核算的主要原始凭证是停工报告单。发生停工，应由车间填制停工报告单，单内列明停工地点、停工时间、停工原因及过失人、停工期间应计的工人工资等。其格式见表 7—5。停工报告单的工资支付率由劳动工资部门核定，会计部门应对停工报告单所列各项内容进行审核，计算停工工资。只有经审核后的停工报告单，方可作为停工损失核算的依据。

表 7—5　　**停工报告单**

填制日期：　　　　字第　号

<table>
<tr><td colspan="2">车间</td><td></td><td colspan="2">工段</td><td></td><td>班组</td><td colspan="2"></td><td>设备</td></tr>
<tr><td colspan="3">工人</td><td colspan="3">停工时间</td><td colspan="3">工资结算</td><td rowspan="2">责任者签章：</td></tr>
<tr><td>姓名</td><td>工号</td><td>级别</td><td>开始</td><td>终结</td><td>延续</td><td>工资率</td><td>支付比例</td><td>金额</td></tr>
<tr><td></td><td></td><td></td><td></td><td></td><td></td><td></td><td></td><td></td><td rowspan="5">停工原因：</td></tr>
<tr><td></td><td></td><td></td><td></td><td></td><td></td><td></td><td></td><td></td></tr>
<tr><td></td><td></td><td></td><td></td><td></td><td></td><td></td><td></td><td></td></tr>
<tr><td colspan="9">工人从事其他工作记录：</td></tr>
<tr><td colspan="9">备注：</td></tr>
</table>

负责人：　　　　制表：

（二）停工损失核算的账户设置

为反映停工损失的情况，应设置“停工损失”总账户，而“生产成本——基本生产成本”明细账则设“停工损失”成本项目。“停工损失”总账应按车间设置明细账，账内按成本项目设专栏。该账户的借方归集停工期间发生的应计入停工损失的各种费用，而贷方登记应收过失责任人（或单位）赔偿款，以及结转计入产品成本、支出等的停工净损失。结转后该账户一般无余额。但如果是跨月继续停工，则停工损失本月可不结转，待下月停工结束后再结转，这样“停工损失”账户就会有借方余额。

停工损失的核算，也可不设“停工损失”总账，而在“生产成本——基本生产成本”总账下设“停工损失”明细账，明细账内仍按成本项目设专栏。

（三）停工损失核算的程序

停工期间发生应计入停工损失的各项费用，应首先根据停工报告单等凭证编制各种费用分配表。然后，根据各种费用分配表将计入停工损失的各种费用归集于“停工损失”账户及其相应的成本项目。如果有应收赔偿款，应根据结算凭证将其从“停工损失”账户转入“其他应收款”账户。最后，根据停工原因，将“停工损失”账户借方归集的费用减去贷方登记的应收赔偿款后的净损失，直接转入“营业外支出”“制造费用”账户或直接分配转入“生产成本——基本生产成本”总账及其所属明细账的“停工损失”成本项目。分配转入是指一个车间如果同时生产多种产品，则停工损失需按生产工时或产品产量等标准分配计入各种产品成本。停工损失的核算即停工损失的归集和分配，其账务处理程序如图 7—5 所示。

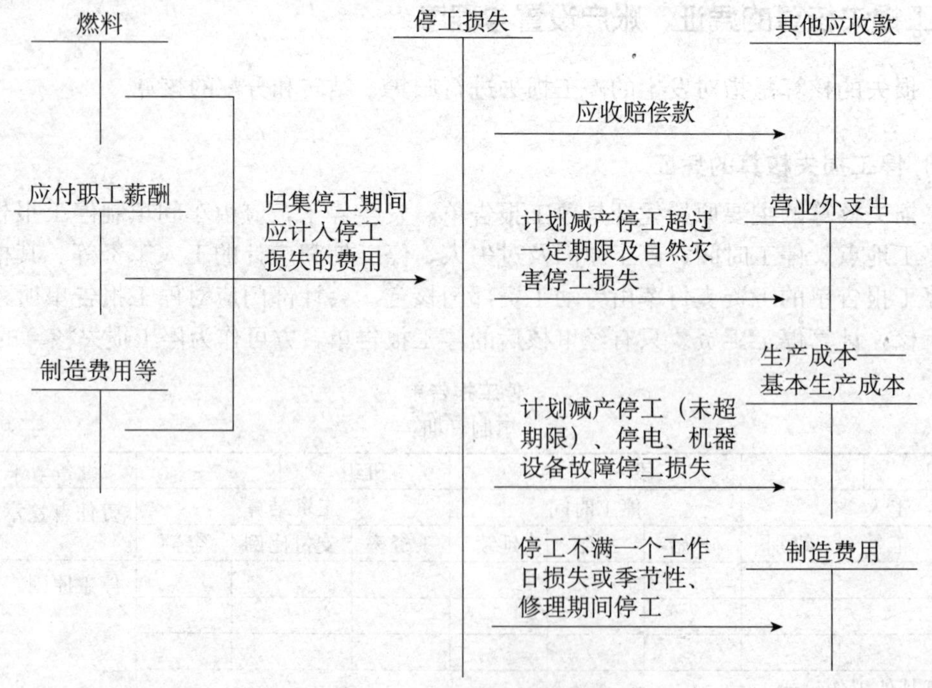

图 7—5 停工损失核算账务处理程序图

图 7—5 中记入“制造费用”账户的停工损失可不通过“停工损失”账户，而直接由

“燃料”“应付职工薪酬”等账户与“制造费用”账户对应。企业发生停工损失，应根据不同情况作如下处理：

（1）企业设置“停工损失”总账的会计处理。

根据停工报告单、各种费用分配表归集计入停工损失的费用：

借：停工损失——××车间

　贷：燃料

　　　应付职工薪酬

　　　制造费用等

对停工损失的处理：

借：其他应收款

　　营业外支出

　　制造费用

　　生产成本——基本生产成本

　贷：停工损失——××车间

（2）企业不设置“停工损失”总账的会计处理。

借：生产成本——基本生产成本——××产品（停工损失）

　贷：应付职工薪酬

　　　制造费用等

借：其他应收款

　　营业外支出等

　贷：生产成本——基本生产成本——××产品（停工损失）

※思考活动※

企业是否需要对所有的停工都进行核算？对停工损失进行核算时需要注意哪些问题？

【项目小结】

企业在生产经营过程中难免会发生各种各样的损失，生产损失是指企业在产品生产过程中因生产原因造成的损失。发生生产损失的原因有很多，但因为生产损失与产品的生产有直接关系，应该由所生产的产品承担，所以说生产损失影响产品成本的核算，具有重要意义。生产损失分为废品损失和停工损失等。废品损失包括在生产过程中发现的可修复废品的修复费用和不可修复废品的净损失。可修复废品的修复费用，应根据注明“返修废品用”的领料单、工作通知单等凭证，编制各种费用分配表，通过“废品损失”账户进行。而对于不可修复废品的净损失核算，关键在于不可修复废品生产成本的计算。由于不可修复废品的成本与其合格品的成本是同时发生并归集在一起的，需要采用按废品所耗实际费用或按废品所耗定额成本计算的两种方法将不可修复废品的成本从其他产品的成本中分离出来。停工损失是指企业生产车间因停工而发生的各种费用，包括停工期间支付的人工费用、耗用的燃料和动力费以及应负担的制造费用等。停工期间发生应计入停工损失的各项费用，应根据停工报告单等凭证编制各种费用分配表。然后，根据各种费用分配表将计入停工损失的各种费用分配到相应的账户中去。

【项目训练】

一、单项选择题

1. 生产过程中或入库后发现的各种废品损失，不包括（　　）。

A. 修复废品的人工工资　　B. 修复废品领用的材料

C. 不可修复废品的报废损失　　D. 管理不善所造成的产品变质损失

2. 经过质量检验部门鉴定不需要返修、可以降价出售的不合格品，其降价损失应（　　）。

A. 作为废品损失处理　　B. 作为销售费用处理

C. 作为管理费用处理　　D. 在计算销售损益时体现

3. 下列各项中，属于可修复废品损失的是（　　）。

A. 返修以前发生的生产费用

B. 可修复废品的生产成本

C. 返修过程中发生的修复费用

D. 返修以前发生的生产费用加上返修时发生的修复费用

4. 计算不可修复废品的生产成本，可以按废品所耗的实际费用，也可以按废品所耗的（　　）。

A. 消耗定额　　B. 定额成本　　C. 定额消耗　　D. 费用定额

5. 产成品入库后，由于保管不善等原因，使产品不符合规定的技术标准，这种损失在财务上应作为（　　）处理。

A. 废品损失　　B. 制造费用

C. 管理费用　　D. 基本生产成本

二、多项选择题

1. 不形成产品价值，但应计入产品成本的有（　　）。

A. 废品损失　　B. 季节性停工损失

C. “三包”损失　　D. 非常损失

E. 固定资产修理期间的停工损失

2. 下列各项损失中，不属于废品损失的有（　）。

A. 产品入库以后发现的生产中的废品的损失

B. 产品入库以后发现的由于保管不善发生的废品的损失

C. 降价出售不合格品的降价损失

D. 产品销售后发现的废品由于包退发生的损失

E. 产品销售后发现的废品由于包换发生的损失

3. “废品损失”账户的借方应反映（　）项目。

A. 可修复废品的生产成本　　B. 不可修复废品的生产成本

C. 可修复废品的工资费用　　D. 可修复废品的动力费用

E. 回收废料的价值

4. 认定为可修复废品的必须同时具备的条件包括（ ）。

A. 经过修复可以使用

B. 经过修复仍不能使用

C. 所花费的修复费用在经济上合算

D. 可以修复，但在经济上不合算

5. 下列各项中，在计算废品损失时应扣除的是（ ）。

A. 回收的可修复废品的废料价值

B. 回收的不可修复废品的废料价值

C. 应收的赔款

D. 不可修复废品的生产成本

三、判断题

1. “废品损失”账户应按车间设立明细账，账内按产品品种分设专户，并按费用项目分设专栏或专行进行明细核算。（ ）

2. 凡是修复后可以正常使用的废品就是可修复废品。（ ）

3. 本期发生的废品损失应当全部由本期的完工产品负担。（ ）

4. 产品完工入库后发现的废品均属于废品损失的核算内容。（ ）

5. 某产品由于操作失误，均不符合生产要求，因此按次品处理，相关损失属于废品损失。（ ）

四、计算分析题

1. 某基本生产车间生产丙产品共 100 件，生产过程中发现不可修复废品 20 件，全部生产费用 10 000 元，其中：材料费用 5 000 元，人工费用 3 000 元，制造费用 2 000 元。全部生产工时 2 000 小时，其中：废品生产工时 200 小时。材料系开工一次投入，废品回收残料价值 50 元，过失人赔偿 100 元。

要求：

（1）计算 20 件不可修复废品的生产成本和净损失（列出算式）；

（2）编制有关会计分录。

2. 某工业企业生产 A 产品，本月发生可修复废品损失为：原材料 1 500 元，工资费用 350 元，制造费用 450 元。本月 A 产品投产 500 件，原材料在开始生产时一次投入，实际费用为：直接材料 62 500 元，直接人工 13 888 元，制造费用 15 376 元。A 产品合格品为 490 件，不可修复废品为 10 件，其加工程度为 60%，废品残料作价 300 元入库。

要求：根据上述资料结转可修复废品与不可修复废品损失，作相应的会计分录。

生产费用在完工产品与在产品之间的分配

任务一　完工产品与在产品　/ 121
任务二　生产费用在完工产品与在产品之间的分配方法　/ 123
任务三　完工产品成本的结转　/ 133

【学习目标】

知识目标

- 理解在产品的含义、完工产品的含义
- 掌握产品成本与完工产品成本的关系

能力目标

- 能正确进行在产品数量的控制
- 能熟练掌握生产费用在完工产品与在产品之间分配的各种方法
- 能进行产品成本计算单的编制，并正确进行账务处理

【引导案例】

浙江环球股份有限责任公司（增值税一般纳税人）基本生产车间甲产品的生产需经过三道工序连续加工完成，2016 年 6 月 30 日在分配结转前，甲产品的“生产成本——基本生产成本——甲产品”账户归集的成本资料见表 8—1。成本核算员将本月甲产品的工时定额和月末在产品数量进行了汇总，编制出工时定额与在产品数量表（见表 8—2），着手进行生产费用在完工产品和在产品之间的分配。所耗原材料在生产开始时一次投入，公司采用约当产量比例法进行分配。

表 8—1　产品生产成本明细账

产品名称：甲产品

项目	直接材料	直接人工	制造费用	合计
月初在产品成本	30 000	8 120	6 620	44 740
本月发生费用	120 000	45 400	24 600	190 000
合计	150 000	53 520	31 220	234 740

表 8—2　工时定额与在产品数量表

产品名称：甲产品

工序	工时定额（小时）	在产品数量（件）
1	20	200
2	30	400
3	50	400
合计	100	1 000

完工产品与在产品

※ 任务描述※

本任务的工作思路如图 8—1 所示。通过本任务的学习，学生能够正确理解完工产品与在产品的含义，掌握在产品数量管理的方法，掌握在产品成本与完工产品成本之间的关系。

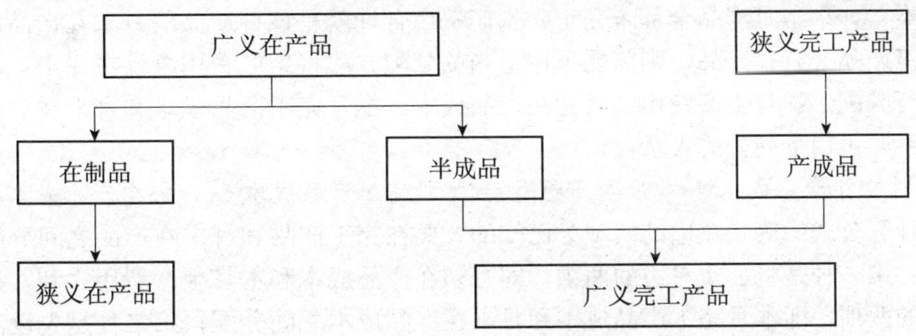

图 8—1　完工产品与在产品的关系

※基本知识与技能※

月末，产品生产成本明细账按照成本项目归集了相应的生产费用后，为确定完工产品总成本和单位成本，还应当将已经归集的产品成本在完工产品和月末在产品之间进行分配。要在期末将生产费用在完工产品与在产品之间进行分配，必须先明确完工产品和在产品的含义。

一、完工产品和在产品的含义

正确理解产品完工和在产品的两种不同含义，对于加强在产品管理和正确进行产品成本计算都是十分重要的。

在产品的含义根据其所包括的范围不同有狭义和广义之分。狭义的在产品是指停留在企业某个生产单位（或生产车间、生产步骤）正在进行加工制造的在制品，包括正在某生产单位返修的废品以及已完成本单位生产但尚未送验入库的在产品，不包括该生产单位已经完工结转的自制半成品；广义的在产品不仅包括狭义的在产品，而且包括已经完成部分加工阶段，已由中间仓库验收，但尚未完成全部生产过程的自制半成品。

完工产品也有狭义和广义之分。狭义的完工产品是指已经完成全部生产过程，随时可供销售的产品，即产成品；广义的完工产品不仅包括产成品，而且包括完成部分生产阶段，已由生产车间交中间仓库验收，但尚未完成全部生产过程，有待企业进一步加工制造的自制半成品。

在此讨论的完工产品与在产品成本的划分，是指广义完工产品与狭义在产品之间成本的划分。只有正确区分完工产品和在产品的含义，保证完工产品和在产品数量的正确性，将生产过程中发生的耗费在完工产品与期末在产品之间进行分配，才能正确地进行产品成本计算。

二、完工产品成本与在产品成本的关系

前面项目已将应计入本月各种产品成本的生产费用，按成本项目归集在“生产成本——基本生产成本”总账及其所属明细账的借方，本月发生的生产费用加上月初在产品成本为生产费用合计。如果本月产品全部完工，即没有期末在产品，生产费用合计就是该种产品的完工产品成本；如果本月产品全部未完工，生产费用合计就是该种产品的月末在产品成本；如果既有完工产品又有在产品，则需要采用适当的分配方法将生产费用合计在完工产品和在产品之间进行分配。本月生产费用、月初在产品成本、本月完工产品成本和月末在产品成本四要素的关系，可用下列公式表示：

月初在产品成本＋本月生产费用＝本月完工产品成本＋月末在产品成本

上述计算公式中等式左边的两项为已知的，要在完工产品和月末在产品之间分配费用有两种方法：第一种是将公式左边的两项，即月初在产品成本和本月生产费用之和，按一定比例在右边的两项，即本月完工产品成本和月末在产品成本之间分配；第二种是先设法确定月末在产品成本，然后再计算出完工产品成本。

完工产品与在产品成本的划分是保证产品成本计算正确的最后一关，除了要求合理、正确地分配和归集生产耗费以外，正确的完工产品和在产品数量资料也是必不可少的，因此，必须正确组织和加强在产品收发存的核算，取得期末在产品结存数量的资料。

三、在产品数量的核算

在产品数量是核算在产品成本的基础，在产品成本与完工产品成本之和就是产品的生产费用总额。将已经归集的产品成本在完工产品和月末在产品之间进行分配，需要取得完工产品和在产品收发存的数量资料。

为了确定在产品结存的数量，企业需要做好两方面工作：一是在产品收发存的日常核算，二是产品的清查。车间在产品收发存的日常核算，通常通过在产品收发存账进行。在产品清查工作应定期进行，也可以不定期轮流清查，车间没有建立在产品收发存日常核算的，应当每月月末清查一次在产品，以取得在产品的实际盘存资料，用来计算产品成本。对于清查结果，在产品发生盘盈的，按盘盈在产品成本（一般按定额成本计算），借记“生产成本——基本生产成本”账户，贷记“待处理财产损溢——待处理流动资产损溢”账户，经批准后转入“制造费用”账户；在产品发生盘亏和毁损的，借记“待处理财产损溢——待处理流动资产损溢”账户，贷记“生产成本——基本生产成本”账户，取得的残料，应借记“原材料”等账户，贷记“待处理财产损溢——待处理流动资产损溢”账户，经批准处理时，应

分别转入相应账户，其中由于车间管理不善造成的损失，转入“制造费用”账户。因此，在产品盘存盈亏处理的核算，应在制造费用结账前进行。

※思考活动※

广义在产品与狭义在产品的主要区别在哪里？一般情况下，在产品是指哪一种？生产费用的归集是通过什么来体现的？

生产费用在完工产品与在产品之间的分配方法

※ 任务描述※

本任务的工作思路如图 8—2 所示。通过本任务的学习，学生能够正确理解完工产品成本核算过程，掌握生产费用在完工产品与在产品之间分配的七种方法。

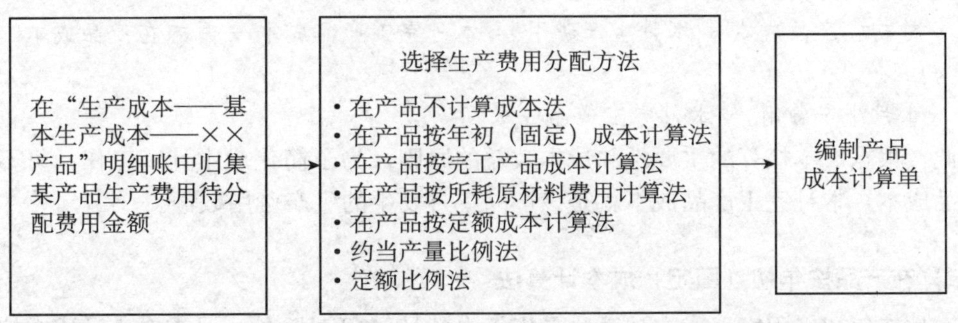

图 8—2　生产费用在完工产品与在产品之间的分配方法工作思路图

※基本知识与技能※

一、生产费用在完工产品与在产品之间分配的方法概述

每月月末，当月生产成本明细账中按照成本项目归集了本月生产成本以后，这些成本就是本月发生的生产成本，但并不是本月完工产品的成本。计算本月完工产品成本，还需要将本月发生的生产成本，加上月初在产品成本，然后再将其在本月完工产品和月末在产品之间进行分配，以求得本月完工产品成本。选择完工产品与在产品成本分配方法，应当遵循合理正确、简便易行的原则。企业可根据月末结存在产品数量的多少、各月月末在产品结存数量

的变化程度、月末结存在产品价值的大小、各成本项目在总成本中所占的比重，以及企业定额管理水平的好坏等具体条件，选择适当的分配方法。

完工产品与在产品成本的分配，可以先确定在产品成本，即先对在产品计价，然后将总的生产费用减去在产品成本，求得完工产品成本。常用的分配方法有：在产品不计算成本法、在产品按年初（固定）成本计算法、在产品按定额成本计算法等。也可以先确定完工产品和在产品成本划分的分配标准，求得分配率，然后根据分配标准和分配率同时计算出完工产品和在产品各自的成本。常用的分配方法有：约当产量比例法、定额比例法等。另外，企业还可以根据各成本项目的比重大小和成本核算的重要性原则，对所占成本比重较大的主要成本项目，在完工产品与在产品之间按一定的比例进行分配，其余成本项目全部由完工产品承担。常用的分配方法有：在产品按所耗原材料费用计算法等。

二、生产费用在完工产品与在产品之间分配的具体方法

（一）在产品不计算成本法

在产品不计算成本法是指虽然月末有在产品，但不计算在产品成本，将总的生产耗费都作为完工产品成本的方法。这一方法适用于月末在产品数量很少、价值很低，且各月月末在产品数量相差不大的产品。例如自来水生产企业、采煤企业、发电企业。如果月初、月末在产品成本很少，那么月初在产品成本与月末在产品成本的差额就更小，计算各月在产品成本与否对完工产品成本影响都不大。在这种方法下的计算公式如下：

月初在产品成本＋本月生产费用＝本月完工产品成本＋月末在产品成本

变为：

本月生产费用＝本月完工产品成本

因此，根据成本核算的重要性和成本效益的原则，为了简化成本计算工作，可不计算月末在产品成本，本月完工产品成本就是该产品本月发生的生产费用数额。

（二）在产品按年初（固定）成本计算法

在产品按年初（固定）成本计算法是指年内各月（12月除外）月末在产品成本按年初在产品成本计价，即在产品按固定不变的成本计算的方法。这一方法适用于各月月末在产品结存数量较少、价值较大，或者在产品结存数量虽然较多，但各月月末在产品结存数量稳定、变化不大的产品。例如利用高炉、化学反应装置和管道生产的冶炼、化工企业。在月末在产品结存数量较少、价值较大，或者月末在产品结存数量较多的情况下，如果不计算月末在产品成本，成本计算会不准确，反映出来的在产品资金占用不实，会造成较大的账外财产，使会计反映失实。但如果在产品结存数量较少，或者在产品结存数量较多，但各月月末在产品结存数量稳定，月初在产品成本与月末在产品成本的差额很小，计算此差额与否对完工产品成本影响不大。在这种方法下的计算公式如下：

月初在产品成本＋本月生产费用＝本月完工产品成本＋月末在产品成本

变为：

本月生产费用＝本月完工产品成本

因此，为了简化产品成本的核算工作，对各月月末在产品可以按固定（即年初）在产品

成本计算。但对每年年终的月末在产品则不能按年初（固定）成本计算，需根据实际盘存的资料，采用其他计价方法具体计算出年末在产品成本，并将计算出的年末在产品成本作为下一年度年初的在产品成本，即为下一年度各月计算在产品成本所用。同时，这种做法还可以避免在产品以固定不变的成本计价时间过长，使在产品成本与实际出入太大而影响产品成本计算的准确性和存货反映的失实。但需要注意的是，若物价波动较大，应慎用此方法，因为年初（固定）在产品成本可能会失真。

（三）在产品按完工产品成本计算法

在产品按完工产品成本计算法是指月末在产品的成本完全按照完工产品的成本计算，将月末在产品视同完工产品的方法。这种方法适用于月末在产品已经完成大部分加工过程，或已经完成全部加工过程，只是没有经过检验的情况。在这种方法下，月末在产品可以视同完工产品，按照与完工产品同样的比例分配各项成本项目，即可以直接按照在产品和完工产品的数量比例分配生产费用，计算产品成本。

（四）在产品按所耗原材料费用计算法

在产品按所耗原材料费用计算法是指月末在产品成本只计算其所耗用的原材料费用，在产品不承担工资及福利费、制造费用等费用的方法。这种方法适用于各月月末在产品结存数量较多、数量不稳定，而且原材料费用在产品成本中所占的比重相当大的产品。一般如纺织、酿酒、造纸等企业，因其原材料费用所占比重较大，可采用这种方法。如果各月月末在产品结存数量较大，数量变化也较大，不计算在产品成本，或按年初在产品成本进行计价，产品成本计算都会不准确，因此必须具体计算出每月的在产品成本。在原材料费用在产品成本中所占的比重相当大的情况下，为简化产品成本的计算工作，只将原材料费用在完工产品与在产品之间进行划分，其余的生产费用不再划分，完全由完工产品承担，这样做对产品成本的影响不大，所以在产品只承担原材料费用。采用在产品按所耗原材料费用计算法，应先采用一定的分配方法将原材料费用在完工产品与在产品之间进行分配，然后将“生产成本——基本生产成本”账户中归集的所有生产费用减去按原材料费用计算的在产品成本，就是该产品的完工产品成本。

【例 8—1】某企业生产甲产品的成本中，原材料费用占产品成本的比重较大，该企业对甲产品的月末在产品只计算所耗的原材料费用。5 月初，在产品成本（在产品原材料费用）为 4 824 元，本月发生的生产费用为 34 976 元。其中，原材料费用为 30 176 元，工资及福利费为 2 350 元，制造费用为 2 450 元。原材料是生产开始时一次投入的。本月完工产品 620 件，月末在产品 80 件。由于原材料是生产开始时一次投入的，因此，单位完工产品和单位在产品所耗原材料费用相同，原材料费用可以直接用完工产品和在产品的数量分配。

根据上述资料，完工产品和在产品成本的分配计算如下：

原材料费用分配率＝（4 824＋30 176）÷（620＋80）＝ 50（元/件）

月末在产品应负担的原材料费用（月末在产品成本）＝ 80×50 ＝ 4 000（元）

完工产品应负担的原材料费用＝620×50 ＝ 31 000（元）

完工产品成本＝31 000＋2 350＋2 450 ＝ 35 800（元）

或　　　　　　＝（4 824＋34 976）－4 000 ＝ 35 800（元）

(五)在产品按定额成本计算法

在产品按定额成本计算法是指根据月末在产品数量、投料程度和加工程度，以及单位产品定额（包括材料消耗定额、工时定额、加工费用定额等）成本资料计算月末在产品成本的方法。这一方法适用于定额管理基础较好，各项消耗定额或费用定额比较准确、稳定，各月月末在产品数量变动不大的企业。在这种方法下，先按定额成本确定月末在产品成本，然后将本月全部生产费用减去在产品定额成本，计算出完工产品成本。其计算公式如下：

在产品直接材料定额成本＝在产品数量×在产品单位材料定额成本
＝在产品数量×单位材料消耗定额×材料计划单价

在产品人工定额成本＝在产品数量×单位工时定额工资
＝在产品数量×单位工时定额×单位工时定额工资

在产品制造费用定额成本＝在产品数量×单位工时定额制造费用分配率
＝在产品数量×单位工时定额
×单位工时定额制造费用分配率

产品定额成本＝在产品材料定额成本＋在产品人工定额成本
＋在产品制造费用定额成本

完工产品成本＝月初在产品定额成本＋本月生产费用－月末在产品定额成本

【例 8—2】立兴工厂生产乙产品，月初在产品成本为 32 000 元，其中直接材料为 18 000 元，直接人工为 8 000 元，制造费用为 6 000 元。2016 年 10 月发生生产费用 98 000 元，其中直接材料为 54 000 元，直接人工为 28 000 元，制造费用为 16 000 元。该月共生产完工乙产品 1 000 件，月末在产品 200 件，其定额工时为 300 小时。乙产品所耗直接材料是在加工开始时一次投入的。乙产品直接材料费用定额成本为 60 元；每定额工时的直接工资为 12 元，每定额工时的制造费用为 6 元。则根据以上资料编制产品成本计算单，见表 8—3。

表 8—3　　产品成本计算单

产品名称：乙产品　　2016 年 10 月　　产量：1 000 件　　单位：元

成本项目	直接材料	直接人工	制造费用	合计
1. 月初在产品成本	18 000	8 000	6 000	32 000
2. 本月发生生产耗费	54 000	28 000	16 000	98 000
3. 生产费用合计	72 000	36 000	22 000	130 000
4. 在产品单位成本定额	60	12	6	
5. 在产品数量（定额工时）	200 件	300 小时	300 小时	
6. 在产品成本（定额成本）	12 000	3 600	1 800	17 400
7. 完工产品成本	60 000	32 400	20 200	112 600
8. 完工产品单位成本	60	32.40	20.20	112.60

需要注意的是，在这种方法下，月末在产品将实际生产费用脱离定额的差异全部计入完工产品成本。首先，如果在产品的定额资料比较客观、正确，则在产品脱离定额的差异就很小，不会影响产品成本的计算；如果定额管理基础工作不够好，各项消耗定额不够准确，实际费用脱离定额成本的差异就较大，就会影响产品成本计算的准确性，也不利于完工产品成本的考核和分析。其次，如果各项定额成本不够稳定，也会影响成本的核算和分析。这是因为，如果经常修改消耗定额，在修改定额的月份，不仅将实际费用与新定额之间的差异计入

了完工产品成本，而且将月末在产品的新定额与旧定额之间的差异也计入了完工产品成本。最后，如果定额较客观、准确、稳定，但各月月末在产品数量变动较大，亦会影响产品成本计算的正确性。这是因为，如果各月月末在产品结存数量不稳定，月初在产品成本脱离定额的差异总额与月末在产品脱离定额差异总额的差额相差较大，不能相互冲抵，对完工产品成本计算的准确性影响就很大。因此，在产品按定额成本计算法适用于定额管理基础工作比较扎实，各项消耗定额比较准确、稳定，各月月末在产品结存数量也比较稳定的产品。

（六）约当产量比例法

约当产量比例法是指按照完工产品数量与月末在产品约当产量的比例分配计算完工产品成本与月末在产品成本的一种方法。其实就是根据产量分配费用，但由于在产品所耗费的料工费与完工产品是不同的，因此在产品的产量与完工产品的产量不能够简单地进行相加用以分配，而应该将在产品的产量进行折算。所谓约当产量，是指将月末在产品数量按其投料程度和加工程度折算为相当于完工产品的产量。折算后就可以将在产品的约当产量与完工产品产量求和，称之为约当总产量，进而分配计算完工产品成本和月末在产品成本。其计算公式如下：

月末在产品约当产量＝月末在产品数量×在产品投料(或加工)程度

$$某项费用分配率=\frac{月初在产品成本+本月生产费用}{完工产品产量+月末在产品约当产量}$$

完工产品应分配的该项费用＝完工产品产量×该项费用分配率

在产品应分配的该项费用＝月末在产品约当产量×该项费用分配率

通过以上公式可以看出，采用约当产量比例法，在产品完工程度的测定对于费用分配的正确性有很大影响。由于在产品各种费用的投入程度不同，因此需要按照直接材料、直接人工和制造费用等成本项目分别计算在产品的约当产量。下面需要对在产品的折算系数进行进一步的理解。

1. 分配直接人工和制造费用时，在产品加工程度的计算

分配直接人工和制造费用时我们将其折算系数理解为加工程度，即月末在产品加工时间上的投入程度。一般情况下，有以下三种情况计算在产品加工程度。

（1）如果产品生产是单工序的，则可直接根据月末在产品已加工时间占完工产品加工时间比例计算（也可用定额工时）。

【例8—3】某产品月末在产品有240件，已加工时间占完工产品加工时间的40%，即加工程度为40%。

在产品约当产量＝240×40%＝96（件）

（2）按50%计算。如果企业生产进度比较均衡，各工序在产品数量和单位产品在各工序的加工量都相差不多，后面各工序在产品多加工的程度可以抵补前面各工序少加工的程度，则全部在产品的加工程度均可以按照50%平均计算。

（3）按工序分别计算。如果月末在产品各工序加工数量不均衡，则需要根据各工序在产品的累计工时定额占完工产品工时定额的比例分别计算出各工序在产品的加工程度。其计算公式如下：

$$某道工序在产品加工程度=\frac{前面各工序工时定额之和+本工序工时定额\times 50\%}{产品工时定额}$$

由于本工序中每件在产品的加工程度不同，为简化起见，对本道工序的加工程度一般不逐一测定，而平均按50%计算。在产品从上一道工序转入下一道工序时，由于上一道工序已经完工，因而前面各道工序的工时定额应按100%计算。

当各工序的加工程度确定以后，每月计算产品成本时，根据各工序的月末在产品数量和确定的加工程度，就可以计算出各工序月末在产品的约当产量及其总数，据以分配生产费用。

【例 8—4】某企业生产某产品经三道工序制成。该产品的工时定额为 10 小时，其中第一道工序 6 小时，第二道工序 2 小时，第三道工序 2 小时。该产品的月末在产品为 200 件，其中第一道工序 120 件，第二道工序 50 件，第三道工序 30 件。

第一道工序在产品加工程度＝6×50%÷10×100%＝30%

第二道工序在产品加工程度＝（6＋2×50%）÷10×100%＝70%

第三道工序在产品加工程度＝（6＋2＋2×50%）÷10×100%＝90%

月末在产品约当产量＝30%×120＋70%×50＋90%×30＝98（件）

2. 分配直接材料时，在产品投料程度的计算

分配直接材料时我们应将其折算系数理解为投料程度，即月末在产品所耗直接材料的投入程度。在实际工作中，需要根据具体情况分别计算投料程度。一般有以下四种情况：

（1）原材料在生产开始时一次性投入，不管产品生产是单工序还是多工序，每件在产品与完工产品消耗的原材料相同，即投料程度为100%，不论在产品的加工程度如何，直接材料成本项目都不需要计算在产品的约当产量，可直接将在产品的实际数量与完工产品数量相加用以分配直接材料费用。

（2）原材料随生产加工程度陆续投入，投料程度与加工程度一致或基本一致，用于分配原材料的月末在产品约当产量，与用于分配直接人工、制造费用等成本项目的月末在产品约当产量相同。计算方法同前面关于直接人工、制造费用项目的加工程度的计算。

（3）原材料随生产加工程度陆续投入，但投料程度与加工程度不一致，即不是随着加工程度陆续投入，则必须单独计算出投料程度用以分配直接材料费用。当产品生产是单工序时，按照实际的投料程度来计算约当产量。

【例 8—5】某企业生产某产品，直接材料是分三次投入的：生产开始时投料 50%，在产品加工到 60%时投入 30%，在产品加工到 80%时再投入 20%。月末在产品为 500 件，加工程度为 70%。这时实际上已投料两次。

投料程度＝50%＋30% ＝ 80%

月末分配直接材料费用时在产品的约当产量＝500×80% ＝ 400（件）

但当产品生产是多工序时，则应根据各工序累计直接材料费用定额占完工产品费用定额的比率计算各工序投料程度，再计算各工序在产品约当产量。投料程度的计算公式如下：

$$\text{某道工序在产品投料程度} = \frac{\text{前各道工序累计材料费用定额}+\text{本工序材料费用定额}\times 50\%}{\text{完工产品材料费用定额}}$$

$$\text{某道工序在产品约当产量} = \sum(\text{各工序在产品数量}\times\text{各工序投料程度})$$

【例 8—6】某企业生产某产品要经过两道工序，各工序材料费用定额、在产品数量，以及投料程度和约当产量计算见表 8—4。

表 8—4　　月末在产品约当产量计算表

工序	本工序原材料费用定额	投料程度计算	月末在产品数量（件）	月末在产品约当产量
1	60	（60×50%）÷100×100%＝30%	80	24
2	40	（60＋40×50%）÷100×100%＝80%	50	40
合计	100		130	64

（4）原材料分工序投入，并且在每道工序开始时一次性投入，其投料程度应按每道工序的原材料消耗定额计算，但在同一工序所有在产品的消耗定额均为该工序的消耗定额，不应该按 50%计算，最后一道工序所有在产品的消耗定额就是该种完工产品的消耗定额，其投料程度为 100%。投料程度的计算公式为：

某道工序在产品的投料程度＝到本道工序为止的累计材料消耗定额之和÷产品材料消耗定额×100%

【例 8—7】仍用例 8—6 中的材料费用定额和在产品数量资料，计算在这种情况下的投料程度和约当产量，见表 8—5。

表 8—5　　月末在产品约当产量计算表

工序	本工序原材料费用定额	投料程度计算	月末在产品数量（件）	月末在产品约当产量
1	60	60÷100×100%＝60%	80	48
2	40	（60＋40）÷100×100%＝100%	50	50
合计	100		130	98

3. 约当产量比例法下费用的分配

确定月末在产品的约当产量后，加上本月完工产品产量，称为约当总产量。有了约当总产量，就可以分配本月生产费用总额，计算完工产品和在产品成本。其计算公式如下：

$$某成本项目费用分配率=\frac{月初在产品该项费用+本月该项生产费用}{完工产品产量+月末在产品约当产量}$$

完工产品某成本项目费用 ＝ 完工产品产量 × 该成本项目费用分配率

月末在产品某成本项目费用 ＝ 月末在产品约当产量 × 该成本项目费用分配率

【例 8—8】立兴工厂生产丙产品，2016 年 10 月初，结存在产品数量 100 件，加工程度为 70%；本月投产数量 1 000 件，本月完工产量 1 000 件；月末结存在产品数量 100 件，加工程度为 40%。原材料投入情况如下：开始生产时投入为 60%；当产品加工程度达 50%时，再投入 20%；当加工程度达 80%时，再投入 20%。月初在产品成本和本月发生生产费用的资料见表 8—6。

表 8—6　　生产费用资料表　　单位：元

成本项目	直接材料	直接人工	制造费用
月初在产品	3 460	1 520	1 040
本月生产费用	12 440	4 720	3 120

（1）用于分配直接材料的月末在产品约当产量＝100×60% ＝ 60（件）

原材料分配率＝（3 460＋12 440）÷（1 000＋60）＝15

完工产品原材料费用＝1 000×15 ＝ 15 000（元）

月末在产品原材料费用＝60×15 ＝ 900（元）

（2）用于分配直接人工的月末在产品约当产量＝100×40％ ＝ 40（件）

直接人工分配率＝（1 520＋4 720）÷（1 000＋40）＝ 6

完工产品工资及福利费＝1 000×6＝6 000（元）

月末在产品工资及福利费＝40×6＝240（元）

（3）用于分配制造费用的月末在产品约当产量为 100×40％＝40（件）

制造费用分配率＝（1 040＋3 120）÷（1 000＋40）＝4

完工产品制造费用＝1 000×4＝4 000（元）

月末在产品制造费用＝40×4＝160（元）

根据以上计算结果编制产品成本计算单，见表 8—7。

表 8—7　　　　　　　　　　　　　　产品成本计算单

产品名称：丙产品　　　　　　　　　　2016 年 10 月

成本项目		直接材料	直接人工	制造费用	合计
月初在产品成本（元）		3 460	1 520	1 040	6 020
本月生产费用（元）		12 440	4 720	3 120	20 280
生产费用合计（元）		15 900	6 240	4 160	26 300
约当产量分配率		15	6	4	
完工产品	产量（件）	1 000	1 000	1 000	
	成本（元）	15 000	6 000	4 000	25 000
月末在产品	产量（件）	60	40	40	
	成本（元）	900	240	160	1 300

【例 8—9】立兴工厂生产丁产品按顺序经过两道工序加工完成。第一道工序的定额工时为 30 小时，第二道工序的定额工时为 20 小时。2016 年 10 月，完工丁产品为 500 件，月末在产品为 100 件，其中第一道工序 40 件，第二道工序 60 件。每道工序结存在产品在本道工序的加工程度均假定为 50％。月初在产品和本月生产费用合计为 83 800 元，其中直接材料 39 000 元，直接人工 20 720 元，制造费用 24 080 元。材料是在生产开始时一次投入的，所以用于分配直接材料费用的月末在产品的约当产量就是在产品数量。

（1）材料费用分配率＝39 000÷（500 ＋ 100）＝65

完工产品原材料费用＝500×65＝32 500（元）

月末在产品原材料费用＝100×65＝6 500（元）

（2）用于分配人工费用、制造费用的月末在产品约当产量分别为：

第一道工序在产品约当产量＝（30×50％）÷50×40＝12（件）

第二道工序在产品约当产量＝（30＋20×50％）÷50×60 ＝48（件）

月末在产品约当产量＝12＋48＝60（件）

（3）人工费用分配率＝20 720÷（500＋60）＝37

完工产品人工费用＝500×37＝18 500（元）

月末在产品人工费用＝60×37＝2 220（元）

（4）制造费用分配率＝24 080÷（500＋60）＝43

完工产品制造费用＝500×43＝21 500（元）

月末在产品制造费用＝60×43＝2 580（元）

根据以上计算结果编制产品成本计算单，见表 8—8。

表 8—8　　**产品成本计算单**

产品名称：丁产品　　2016 年 10 月　　产量：500 件

成本项目	直接材料	直接人工	制造费用	合计
生产费用合计（元）	39 000	20 720	24 080	83 800
约当总产量（件）	600	560	560	
分配率	65	37	43	
完工产品成本（元）	32 500	18 500	21 500	72 500
月末在产品成本（元）	6 500	2 220	2 580	11 300

约当产量比例法的应用范围比较广泛，因为只要企业能正确统计月末在产品数量和正确估计月末在产品的完工程度，就能比较客观、准确地确定完工产品成本与月末在产品成本。当月末在产品数量较大，各月末在产品数量变动也较大时，每月按固定成本核算在产品的费用就不合理，必须按照在产品的实际数量具体计算。当产品成本中的原材料费用、人工费用、制造费用所占比重相差不多时，计算月末在产品的成本就应全面计算各项费用，而不能只计算原材料费用。因此，该方法特别适用于月末在产品数量较多而且各月末在产品数量变化也较大，产品成本中原材料费用和人工费用等各成本项目所占比重相差不多的产品。在计算约当产量时，可以采取先进先出法，也可以采用加权平均法。另外需要特别关注加工程度与费用高低的关联度。如果费用的高低与加工程度关联度不大的话，就不能使用该方法。

（七）定额比例法

定额比例法是按照完工产品和月末在产品的定额消耗量或定额费用比例分配生产费用的一种方法。对于“直接材料”成本项目，可以按直接材料的定额消耗量或定额费用比例分配。对于“直接人工”和“制造费用”等成本项目，可以按各项定额费用比例分配，也可以按定额工时比例分配。这种方法适用于各项消耗定额或成本定额比较准确、稳定，但各月末在产品数量变动较大的产品。其计算公式如下（以按定额费用比例分配为例）：

$$\text{直接材料费用分配率}=\frac{\text{月初在产品实际材料费用}+\text{本月投入的实际材料费用}}{\text{完工产品定额材料费用}+\text{月末在产品定额材料费用}}$$

完工产品应负担的直接材料费用＝完工产品定额材料费用×直接材料费用分配率

月末在产品应负担的直接材料费用＝月末在产品定额材料费用×直接材料费用分配率

$$\text{直接人工费用分配率}=\frac{\text{月初在产品实际人工费用}+\text{本月投入的实际人工费用}}{\text{完工产品定额工时}+\text{月末在产品定额工时}}$$

完工产品应负担的直接人工费用＝完工产品定额工时×直接人工费用分配率

月末在产品应负担的直接人工费用＝月末在产品定额工时×直接人工费用分配率

$$\text{制造费用分配率}=\frac{\text{月初在产品实际制造费用}+\text{本月投入的实际制造费用}}{\text{完工产品定额工时}+\text{月末在产品定额工时}}$$

完工产品应负担的制造费用＝完工产品定额工时×制造费用分配率

月末在产品应负担的制造费用＝月末在产品定额工时×制造费用分配率

【例 8—10】假定立兴工厂生产甲产品，2016 年 10 月共生产完工产品 400 件，月末在产品 80 件，加工程度为 50%。该产品直接材料于生产开始时一次投入。单位产品直接材料定额成本为70元，单位产品工时消耗定额为10小时。该月月初在产品成本和本月发生的生产费用资料见表8—9。

表8—9

成本费用资料表

成本项目	直接材料	直接人工	制造费用	合计
月初在产品成本	5 760	2 893	3 247	11 900
本月生产费用	27 168	8 107	10 833	46 108

根据以上资料，按定额比例法计算如下：

(1) 直接材料费用分配率＝（5 760＋27 168）÷（400×70＋80×70）＝0.98

完工产品直接材料费用＝400×70×0.98＝27 440（元）

月末在产品直接材料费用＝80×70×0.98＝5 488（元）

(2) 完工产品定额工时＝400×10＝4 000（小时）

月末在产品定额工时＝80×10×50%＝400（小时）

人工费用分配率＝（2 893＋8 107）÷（4 000＋400）＝2.5

完工产品直接人工费用＝4 000×2.5＝10 000（元）

月末在产品直接人工费用＝400×2.5＝1 000（元）

(3) 制造费用分配率＝（3 247＋10 833）÷（4 000＋400）＝3.2

完工产品制造费用＝4 000×3.2＝12 800（元）

月末在产品制造费用＝400×3.2＝1 280（元）

以上计算可直接在产品成本计算单或产品成本明细账中进行，见表8—10。

表8—10

产品成本计算单

产品名称：甲产品　　2016年10月　　产量：400件

成本项目	直接材料	直接人工	制造费用	合计
月初在产品成本	5 760	2 893	3 247	11 900
本月生产费用	27 168	8 107	10 833	46 108
生产费用合计	32 928	11 000	14 080	58 008
完工产品定额	28 000	4 000小时	4 000小时	
月末在产品定额	5 600	400小时	400小时	
小计	33 600	4 400小时	4 400小时	
分配率	0.98	2.5	3.2	
完工产品成本	27 440	10 000	12 800	50 240
月末在产品成本	5 488	1 000	1 280	7 768

需要注意的是，定额比例法计算过程中所计算出来的分配率，不仅可以用来进行完工产品与在产品成本的分配计算，而且可以利用其比较分析实际费用与定额费用，考核定额费用执行情况。“直接材料”成本项目以定额费用为分配标准计算的分配率直接表示直接材料的实际成本是超支还是节约，分配率小于1为节约，如在例8—10中，分配率为0.98，表示实际的直接材料成本是定额成本的98%，节约了2%；分配率如大于1，则为超支。直接人工、制造费用项目以定额工时计算的分配率可与计划工资率、计划制造费用分配率进行比较，以分析“直接人工”和“制造费用”成本项目的超支或节约情况。如果节约或超支的百分比太大，一方面可能是实际成本的控制存在一定问题，应及时查明原因，采取相应的措施控制费

用的实际开支，力求降低产品的生产成本；另一方面也有可能是原来制定的有关定额消耗量或定额成本不够准确，脱离实际消耗的水平，应及时修正差距。如果在产品的种类和生产工序繁多，这种方法的计算工作就相当繁重，如果消耗定额不稳定，经常修订调整消耗定额，必然会进一步加大核算工作量。因此，这种方法适用于定额管理基础较好，各项消耗定额或费用定额比较准确、稳定，各月末在产品数量变动较大的产品。这样，月初与月末在产品脱离定额的差异也要在完工产品与月末在产品之间按比例分配，从而提高了产品成本计算的准确性。该方法是加强成本控制和管理的一种非常有效的方法，它可以及时控制成本，发现问题。该方法如果与标准成本结合，会产生极佳的效果。

※思考活动※

生产费用在完工产品与在产品之间进行分配的七种方法应如何进行选择？每种方法的适用性在哪里？

完工产品成本的结转

※ 任务描述※

本任务的工作思路如图8—3所示。通过本任务的学习，学生能够正确理解完工产品生产成本结转的账务处理程序和方法。

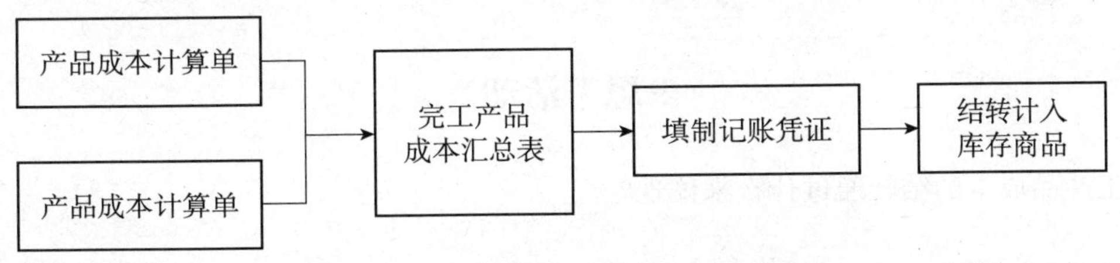

图8—3　完工产品成本的结转工作思路图

※基本知识与技能※

制造企业生产产品发生的各项生产费用，在各种产品之间进行了分配，在此基础上，又在同种产品的完工产品与月末在产品之间进行了分配，然后就可以计算出各种完工产品的实际总成本和单位成本了。

制造企业的完工产品经产成品仓库验收入库后，其成本应从“生产成本——基本生产成本”总账及其所属产品成本明细账的贷方转出，转入“库存商品”账户的借方。“生产成本——基本生产成本”账户的月末余额，就是基本生产尚未加工完成的各种在产品的成本，也就是在基本生产过程中占用的生产资金，应与所属各种产品成本明细账中月末在产品成本之和核对相符。

【例 8—11】 根据前面的例 8—2、例 8—8、例 8—9、例 8—10 中的产品成本计算单（见表 8—3、表 8—7、表 8—8、表 8—10）中所记录的完工产品和产量资料，汇总编制完工产品成本汇总表，详见表 8—11。编制的相应会计分录如下：

借：库存商品——甲产品　　50 240
　　　　　　——乙产品　　112 600
　　　　　　——丙产品　　25 000
　　　　　　——丁产品　　72 500
　贷：生产成本——基本生产成本——甲产品　　50 240
　　　　　　　　　　　　　　　——乙产品　　112 600
　　　　　　　　　　　　　　　——丙产品　　25 000
　　　　　　　　　　　　　　　——丁产品　　72 500

表 8—11 **完工产品成本汇总表**

立兴工厂　　2016 年 10 月　　单位：元

应借账户	产品名称	产量	成本	直接材料	直接人工	制造费用	成本合计
库存商品	甲产品	400 件	总成本	27 440	10 000	12 800	50 240
			单位成本	68.6	25	32	125.6
	乙产品	1 000 件	总成本	60 000	32 400	20 200	112 600
			单位成本	60	32.40	20.20	112.60
	丙产品	1 000 件	总成本	15 000	6 000	4 000	25 000
			单位成本	15	6	4	25
	丁产品	500 件	总成本	32 500	18 500	21 500	72 500
			单位成本	65	37	43	145
总成本合计				134 940	66 900	58 500	260 340

※思考活动※

完工产品成本的结转通过什么来体现?

【项目小结】

在产品的含义有广义和狭义之分，完工产品的含义也有广义和狭义之分，只有准确理解和运用在产品与完工产品的含义，才能准确地计算出月末完工产品与在产品的成本。经过前面项目内容的阐述完成了将本月发生的生产费用在不同产品之间的分配，我们可以将企业在生产过程中发生的应计入本月各种产品成本的生产费用，经过在各种产品之间进行分配和归集以后，准确地集中反映在“生产成本——基本生产成本”总账及其所属各种成本明细账中。为了计算产品成本，最重要的则是要将各产品的月初在产品成本加上本月生产费用之和，即各产品的本月生产费用合计，采用适当的方法，在各产品的完工产品和期末在产品之间进行分配，以便计算出本月产成品成本和期末在产品成本。

分配的方法有在产品不计算成本法、在产品按年初（固定）成本计算法、在产品按完工产品成本计算法、在产品按所耗原材料费用计算法、在产品按定额成本计算法、约当产量比例法、定额比例法七种方法。

其中约当产量比例法和定额比例法的计算相对较为复杂。约当产量比例法是指将月末结存的在产品数量按其完工程度折算为相当于完工产品的数量（即约当产量），然后按照完工产品产量（也就是完工程度为100%的约当产量）与月末在产品约当产量的比例分配该产品应负担的生产费用总额，计算完工产品成本和月末在产品成本的方法。采用约当产量比例法分配生产费用，关键在于约当产量的计算。在产品的约当产量是指按照月末在产品的盘存数量和完工程度折算为完工产品的数量。定额比例法是指以完工产品与在产品的定额耗用量（或定额成本）作为分配标准，求得单位定额耗用量（或定额成本）的实际分配率，然后根据分配率将生产费用在完工产品和在产品之间分配的方法。采用定额比例法分配生产费用，关键在于定额耗用量（或定额成本）的计算。由于直接材料与直接工资、制造费用的定额耗用量（或定额成本）的标准不同，因此，需按成本项目分别计算分配。

【项目训练】

一、单项选择题

1. 如果某种产品所耗原材料费用在产品成本中所占比重很大，则在产品成本的确定可使用的方法是（　　）。

A. 约当产量比例法　　B. 在产品按年初（固定）成本计算法
C. 在产品按所耗原材料费用计算法　　D. 在产品按完工产品成本计算法

2. 不计算在产品成本的方法，适用于（　　）。

A. 能制定比较准确的消耗定额的情况　　B. 月末在产品数量变动不大的情况
C. 原材料费用在产品成本中所占比重较大的情况　　D. 月末在产品数量很小的情况

3. 在产品按定额成本计算法下，每月生产费用脱离定额的节约差异或超支差异（　　）。

A. 当月在完工产品与在产品之间分配　　B. 全部计入月末在产品成本
C. 全部计入当月完工产品成本　　D. 全部计入管理费用

4. 某工业企业甲产品本月完工250件，月末在产品160件，在产品完工程度测定为40%；月初和本月发生的原材料费用共为56 520元，原材料随着加工程度陆续投入，则完工产品和月末在产品的原材料费用分别为（　　）。

A. 45 000元和11 250元　　B. 45 000元和11 520元
C. 34 298元和21 952元　　D. 40 000元和16 250元

5. 某种产品经两道工序加工完成。第一道工序的月末在产品数量为100件，完工程度为20%；第二道工序的月末在产品数量为200件，完工程度为70%。据此计算的月末在产品的约当产量是（　　）。

A. 20件　　B. 135件　　C. 140件　　D. 160件

二、多项选择题

1. 在确定生产费用在完工产品与在产品之间分配的方法时，应考虑的因素有（　　）。

A. 各月在产品数量变化的大小
B. 在产品数量的多少
C. 定额管理基础的好坏
D. 各项费用比重的大小
E. 在产品是否接近完工

2. 广义在产品包括（　　）。

A. 正在各个车间加工的在制品
B. 已经完成一个或几个生产步骤，但还需要继续加工的自制半成品
C. 外购的半成品
D. 已经完工但尚未验收入库的产成品

3. 分配计算完工产品和月末在产品的费用时，采用在产品按定额成本计算法所应具备的条件是（　　）。

A. 各月末在产品数量变化较大
B. 产品的消耗定额比较稳定
C. 各月末在产品数量变化较小
D. 产品的消耗定额比较准确
E. 定额管理基础较好

4. 采用在产品按年初（固定）成本计算法时应具备的条件是（　　）。

A. 月末在产品数量大，但较稳定
B. 月末在产品数量大且不稳定
C. 月末在产品数量较小
D. 月末在产品数量大
E. 月初、月末在产品数量变化不大

5. 生产费用在完工产品和月末在产品之间分配的方法有（　　）。

A. 定额比例法
B. 在产品按定额成本计算法
C. 约当产量比例法
D. 计划成本分配法
E. 不计在产品成本法

三、判断题

1. 按定额成本计算在产品成本法下，本期完工产品成本中包含月末在产品实际成本与定额成本之间的差异。（　　）

2. 虽然企业的定额管理水平较高，但如果月末在产品数量较多，也不宜采用在产品按定额成本计算法来计算月末在产品成本。（　　）

3. 采用在产品按年初（固定）成本计算法时，某种产品本月发生的生产费用就是本月完工产品的成本。（　　）

4. 企业最常用的在产品成本计算法是约当产量比例法。（　　）

5. 约当产量比例法下，在完工产品和在产品之间分配直接材料时，应区分开始时一次性投料和陆续投料的情况。（　　）

四、计算分析题

1. 某企业生产B产品，生产工艺过程具有一次大量投入原材料加工制造的特点。本月完工产品为400件，月末在产品为200件，其完工程度约为50%。假设产品成本计算单列示期初在产品成本和本月发生的费用总额是10 0000元，其中：直接材料48 000元，直接人工和制造费用合计52 000元。

要求：按约当产量比例法计算分配完工产品和月末在产品的成本。

2. 某工业企业生产乙产品。6月初在产品费用为：原材料费用1 400元，工资和福利费3 000元，制造费用1 000元。完工产品为4 000件，单件原材料费用定额为2元，单件工时

定额为 1.25 小时。月末在产品为 1 000 件，单件原材料费用定额为 2 元，工时定额为 1 小时。

要求：采用定额比例法分配计算完工产品与月末在产品费用。

3. 某企业生产 A 产品，生产工艺过程具有逐步投入原材料加工制造的特点。本月完工产品为 200 件，月末在产品为 100 件，其完工程度约为 50%。假设产品成本计算单列示期初在产品成本和本月发生的费用总额为 50 000 元，其中：直接材料 24 000 元，直接人工和制造费用合计 26 000 元。

要求：按约当产量比例法计算分配完工产品和月末在产品的成本。

4. 某产品由两道工序制成。原材料随生产进度分工序投入，在每道工序开始时一次投料。第一道工序投入原材料定额为 280 千克，月末在产品数量为 3 200 件；第二道工序投入原材料定额为 220 千克，月末在产品数量为 2 400 件。完工产品为 8 400 件，月初在产品和本月发生的实际原材料费用累计 528 864 元。

要求：

(1) 分别计算两道工序按原材料消耗程度表示的在产品完工率。

(2) 分别计算两道工序按原材料消耗程度表示的在产品的约当产量。

(3) 按约当产量比例法分配完工产品与月末在产品的原材料费用。

产品成本计算方法

任务一　产品成本计算方法概述　/ 141
任务二　产品成本计算方法的选择　/ 144
任务三　品种法　/ 149

【学习目标】

知识目标

- 理解企业生产特点、分类及其对产品成本计算方法的影响
- 掌握企业生产的组织方式、分类及其对产品成本计算方法的影响
- 掌握管理要求及其对产品成本计算方法的影响

能力目标

- 掌握产品成本计算的基本方法的种类、特点并可以进行比较
- 掌握产品成本计算的品种法的特点、适用范围及核算程序

【引导案例】

生产饼干、面包的食品厂与生产成衣的服装厂都要计算产品成本，但食品的生产一般是在一条流水线上连续进行的，服装则一般是由几个分先后顺序的步骤逐渐加工而成的。这两类经过不同工艺过程、不同生产组织形式生产的产品，能采用相同的成本计算方法确定产品成本吗？计算这些产品成本时应考虑哪些因素呢？

产品成本计算方法概述

※ 任务描述※

本任务的工作思路如图 9—1 所示。通过本任务的学习，学生能够正确理解产品成本计算方法及其构成要素，掌握产品成本计算三种基本方法的含义、特点及其适用性，掌握产品成本计算辅助方法的含义、特点及其适用性。

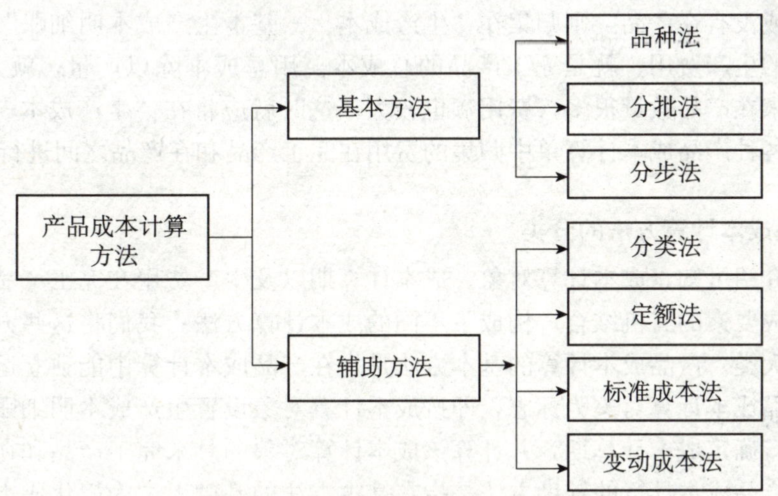

图 9—1　产品成本计算方法工作思路图

※基本知识与技能※

一、产品成本计算方法的概念、主要构成要素与分类

（一）产品成本计算方法的概念

产品成本计算方法是以一定的成本计算对象为依据，分配和归集生产费用并计算其总成本和单位成本的方法，包括产品成本计算的基本方法和辅助方法。

（二）产品成本计算方法的主要构成要素

每一种产品成本计算方法都有所不同，各具特色，但不管哪种方法都应具备以下三个主要构成要素，即成本计算对象、成本计算期、生产费用在完工产品与在产品之间的分配。

1. 成本计算对象

成本计算对象是指企业为了计算产品成本而确定的归集和分配生产费用的各个对象，即成本费用的承担者。企业在进行成本计算时，首先应确定成本计算对象，按照确定的成本计算对象设置“生产成本——基本生产成本明细账”（或产品成本计算单），据以归集和分配每一成本计算对象所发生的费用。

2. 成本计算期

成本计算期是指计算产品成本的期间。计算产品成本的期间并不完全与产品的生产周期或会计结算期一致。有时，产品成本计算期与会计结算期相一致，有时并不一致，而与产品的生产周期一致。影响成本计算期的主要因素是企业生产类型。

3. 生产费用在完工产品与在产品之间的分配

企业生产产品过程中发生的全部生产费用，经过生产费用要素的归集和分配后，最终都集中在“生产成本——基本生产成本明细账”和各个产品成本计算单中。若该种产品期末在产品数量很少或没有在产品，则归集在“生产成本——基本生产成本明细账”和产品成本计算单中的所有的生产费用，就是完工产品的总成本。用总成本除以产量，就是产成品成本。若该种产品期末在产品数量很多，费用额也较大，这时就应将在“生产成本——基本生产成本明细账”和各种产品成本计算单中归集的费用在完工产品和在产品之间进行分配。

（三）产品成本计算方法的分类

由前面的介绍可知，成本计算对象、成本计算期以及生产费用在完工产品与在产品之间的分配三个构成要素的有机结合，构成了不同的成本计算方法。我们将这些方法分基本方法和辅助方法两大类。产品成本计算的基本方法是指在产品成本计算中能独立运用的成本计算方法，它以产品成本计算对象为标志，即按成本计算对象设置生产成本明细账，按成本项目归集生产费用，确定成本计算期，并计算该成本计算对象的月末完工产品和在产品的总成本和单位成本；产品成本计算的辅助方法是指在基本方法的基础上，为简化成本计算工作或为成本管理的特定需要而采用的成本计算方法，由于这些成本计算方法都不是独立的，必须与三种成本计算的基本方法结合起来才能使用，因而被称为产品成本计算的辅助方法。

二、产品成本计算的基本方法

产品成本计算的基本方法是以一定的成本计算对象为依据，分配和归集生产费用并计算其总成本和单位成本的过程，成本计算对象是产品成本计算方法的核心。在实际工作中，以产品成本计算对象命名，形成了三种产品成本计算的基本方法，即品种法、分批法和分步法。

（一）品种法

品种法是以产品的品种作为成本计算对象，归集生产费用，计算产品成本的方法。在品种法下，由于成本计算对象是产品品种，不可能等全部产品完工后才计算产品成本，故成本计算期不一定与生产周期一致，只能与会计报告期（月）一致。在月末有在产品时，需要将生产费用在本月完工产品与月末在产品之间进行分配。

（二）分批法

分批法是以产品的批别作为成本计算对象，归集生产费用，计算产品成本的方法。在分批法下，由于成本计算对象是产品的批别，只有在该批产品全部完工后，才能计算出其单位成本和总成本，故分批法的成本计算期是不定期的，而与生产周期一致，月末也就不需要将生产费用在本月完工产品与月末在产品之间进行分配。

（三）分步法

分步法是以产品的品种及生产步骤作为成本计算对象，归集生产费用，计算产品成本的方法。在分步法下，与品种法相同，不可能等全部产品完工后才计算产品成本，成本计算期不一定与生产周期一致，而与会计报告期一致。在月末有在产品时，需要将生产费用在本月完工产品与月末在产品之间进行分配。

以上三种产品成本计算基本方法的特点见表9—1。

表9—1　　成本计算方法的比较

成本计算方法	成本计算对象	成本计算期	生产费用在完工产品与在产品之间的分配
品种法	产品的品种	定期于月末计算	通常有在产品，需要进行分配
分批法	产品的批别	不定期计算	一般不需要分配
分步法	产品的品种及生产步骤	定期于月末计算	通常有在产品，需要进行分配

三、产品成本计算的辅助方法

在实际工作中，除了采用上述三种基本的成本计算方法外，为了解决成本计算或成本管理过程中某一方面的需要，还可采用其他几种成本计算方法。产品成本计算的辅助方法主要有分类法、定额法、标准成本法、变动成本法等。

（一）分类法

分类法是以产品的类别作为成本计算对象来归集生产费用，计算各类产品成本，然后再按照一定的标准在类内各种产品之间进行分配，从而计算出各种产品成本的一种方法。对于产品品种、规格繁多，但每类产品的结构、所用原材料、生产工艺过程基本相同的制造企业，为减少成本计算的工作量，简化成本计算的手续，可以采用分类法。

（二）定额法

定额法是以产品的定额为基础，加上（或减去）脱离定额的差异和定额变动差异来计算产品实际成本的一种方法。对于定额管理基础较好、定额制度比较健全、产品生产定型、消耗定额制定得合理且稳定的企业，为了更有效地控制生产费用的发生，降低产品成本，进行成本分析和成本核算，可以采用定额法。

（三）标准成本法

标准成本法是一种成本控制的方法，也可以认为是一种特殊的成本计算方法。标准成本法与定额法不同，它只计算产品的标准成本，不计算产品的实际成本，实际成本脱离标准成本的差异直接计入当期损益。这种方法的目的在于加强企业内部成本控制，便于产品成本分析。

（四）变动成本法

变动成本法是只将变动成本计入产品成本，固定成本全部作为期间费用直接计入当期损益的一种成本计算方法。这种方法的目的在于更好地为企业的生产经营决策特别是短期经营决策提供有用的数据。

以上几种方法中，由于标准成本法和变动成本法都没有计算出产品的实际制造成本，因此在我国一般将其作为管理会计的组成部分。

※思考活动※

产品成本计算的辅助方法与基本方法的主要区别在哪里？三种基本方法主要在哪些方面存在差异？

产品成本计算方法的选择

※ 任务描述※

本任务的工作思路如图 9—2 所示。通过本任务的学习，学生能够正确理解企业生产的工艺特点和生产组织方式，掌握企业生产的工艺特点和生产组织方式及管理要求对产品成本计算方法的影响。

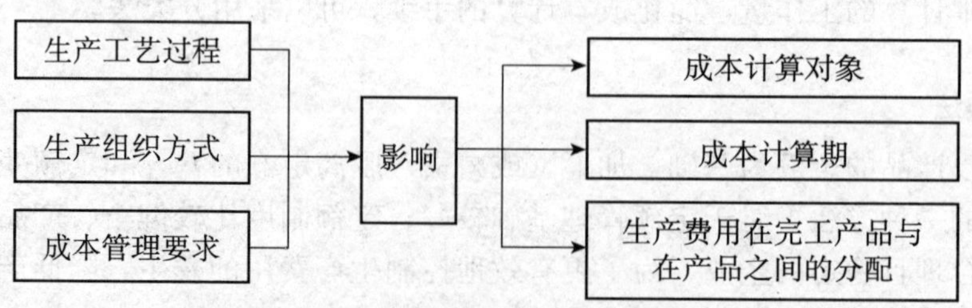

图 9—2　产品成本计算方法的选择工作思路图

※基本知识与技能※

一、影响产品成本计算方法选择的因素

由上一任务所述可知，产品成本计算方法有多种，企业要根据自身需要选择合理而适用的方法，以加强成本管理，提供准确可靠的成本核算资料，满足有关各方了解企业生产消耗和成本水平的需要。制造企业选择产品成本计算方法时要考虑的因素主要有企业生产工艺过程的特点、企业生产组织方式的特点及企业成本管理的要求三个方面。

（一）企业生产工艺过程的特点

企业生产工艺过程是指产品从投料到完工的生产工艺、加工制造的过程。按工艺过程的特点划分，可分为单步骤生产和多步骤生产两种类型。

单步骤生产是指生产工艺过程不能间断、不能分散在不同工作地点进行的，只需经过一个加工步骤即可完成的生产。属于单步骤生产的企业，其产品的生产周期一般比较短，通常没有自制半成品或其他中间产品。由于产品生产工艺过程的特点决定了只能由一个企业独立完成，而不能由几个企业协作进行生产，因此这种类型的生产一般也称为简单生产。例如发电、采掘、化肥生产等企业，就是单步骤生产的典型企业。

多步骤生产是指生产工艺过程是由可以间断的若干生产步骤所组成的生产，它既可以在一个企业或车间内独立进行，也可以由几个企业或车间在不同的工作地点协作进行生产。生产类型为复杂生产的企业，其产品的生产周期一般较长，产品品种不是单一的，有半成品或中间产品，而且可以由几个企业或车间协作进行生产。这种类型的生产，也称为复杂生产。多步骤生产按产品生产过程加工方式的不同，又可分为连续式多步骤生产和装配式多步骤生产两类。连续式多步骤生产是指从原材料投入生产以后，需经过许多相互联系且有前后顺序的加工步骤才能最后生产出产成品。属于这种连续式多步骤生产的典型企业有造纸、钢铁、纺织企业等。装配式多步骤生产是指将原材料投入生产后，在各个步骤进行平行加工，制造出产成品所需要的各种零件和部件，最后，再将各生产步骤的零部件组装成为产成品。属于这种装配式多步骤生产的典型企业有手表、电器、汽车企业等。

（二）企业生产组织方式的特点

企业生产组织方式是指企业生产的专业化程度，具体是指在一定时期内生产产品品种的多少、同类产品的数量以及生产的重复程度。制造企业的生产按生产组织方式的特点划分，可分为大量生产、成批生产和单件生产三种类型。

大量生产是指不断地重复生产一种或几种相同产品的生产。这种类型生产的主要特点是：企业生产的产品品种较少，各种产品的产量较大且比较稳定，一般是采用专业设备重复进行生产，专业化水平较高。例如，纺织、采掘、冶金等企业，就是大量生产的典型企业。

成批生产是指按照预先确定的产品批别和数量进行的生产。在这种生产类型的企业或车间中产品的品种比较多，各种产品的生产往往成批地重复进行，生产具有一定的重复性。成批生

产按照产品批量的大小，又可以划分为大批生产和小批生产。大批生产类似于大量生产，小批生产类似于单件生产。例如，制鞋、服装、机械制造等企业，就是成批生产的典型企业。

单件生产是指根据购货单位的要求，生产具有某种规格、型号、性能等特定产品的生产。这种类型生产的主要特点是：品种多，每一种产品的数量较少，生产周期长，一般不重复生产，即使重复也是不定期重复生产，专业化程度不高。例如，专用设备、造船、重型机械等生产企业，就是单件生产的典型企业。

上述企业生产的分类方法之间有着密切的联系。在一般情况下，简单生产大多都是大量生产，连续式多步骤生产一般属于大量大批生产，装配式多步骤生产可以是大量生产、成批生产或是单件生产。

（三）企业成本管理的要求

一个企业选择适合于本企业的成本计算方法，除了受生产类型的特点影响外，还受企业成本管理要求的制约。例如，在大量大批多步骤生产的企业里，一般以每种产品及其所经过的加工步骤作为成本计算对象，采用分步法来计算产品成本。但是，如果企业规模较小，成本管理上不要求计算产品经过加工步骤的成本，只要求计算出每种产品的成本，这时，也可采用品种法计算产品成本。因此，企业选择什么样的成本计算方法，除了要考虑生产类型的特点外，还要考虑成本管理的要求。

二、生产特点和管理要求对产品成本计算方法的影响

生产特点和管理要求对产品成本计算方法的影响，主要表现在三个方面，即对成本计算对象、成本计算期、生产费用在完工产品与在产品之间分配的影响。

（一）对成本计算对象的影响

计算产品成本，首先要确定成本计算对象。所谓成本计算对象，就是成本的承担者，也就是为计算产品而确定的归集和分配生产费用的对象。生产特点和管理要求对产品成本计算方法的影响，主要表现在成本计算对象的确定上。确定成本计算对象，是设置产品生产成本明细账、计算产品成本的前提。一般而言，成本计算的最终对象是各种产品，但由于产品生产特点和管理要求不同，成本计算对象也不相同，既可以按照产品品种计算成本，也可以按照产品生产的批别或产品生产的各个加工步骤计算成本。例如，在单件或成批生产的情况下，由于产品生产是按照客户的订单或批别组织的，因此要求计算各订单或各批别产品的总成本和单位成本，具体的成本计算对象就应是产品的订单或批别；在加工装配式大量生产的情况下，由于完工产品是由各零部件装配而成的，而且有个别零部件直接对外销售，因此既要计算各种零部件的成本，还要计算完工产品的成本，具体的成本计算对象就确定为零部件及完工产品；在连续加工式大量大批生产的情况下，如各步骤有半成品需要单独计算成本，则具体成本就确定为各加工步骤的每一种产品。

成本计算对象的确定还要适应成本管理的要求，如对连续加工式大量大批生产的情况，如果管理上因自制半成品不对外销售而不要求计算半成品成本，就可以直接将各种产品作为成本计算对象，对某些规格不同但生产工艺过程、耗用的原材料、性能结构基本相同的产

品，可以合并为一类，作为一个具体的成本计算对象来归集生产费用。

（二）对成本计算期的影响

成本计算期是指每次计算产成品成本的期间，也就是对生产费用计入产品成本所规定的起止日期。企业生产特点和管理要求的不同对成本计算期的确定同样有不同的影响。例如：在单件小批生产的情况下，由于产品品种多、批量小，一批产品往往同时投产同时完工，且各批产品的生产周期不同，其产品成本一般要等到某件或某批产品完工以后才能计算，因此成本计算是不定期的，一般与生产周期一致，与会计报告期不一致；但在大量大批生产的情况下，由于生产活动连续不断地进行，即不断地投入材料，不断地生产出产品，月内一般都有大量的完工产品，因此不可能等生产过程终止后再计算产品成本，所以产品成本要定期在每月月末进行计算，成本计算期则与生产周期不一致，而与会计报告期一致。

（三）对生产费用在完工产品与在产品之间分配的影响

企业生产的特点还影响月末是否需要在完工产品与在产品之间分配生产费用，即是否需要计算在产品成本。在单步骤大量生产单一产品的情况下，生产过程不能中断，生产周期也很短，一般没有在产品，或者在产品数量很少，是否计算在产品成本对完工产品成本影响不大，因此也就不需要将生产费用在完工产品与月末在产品之间进行分配。在多步骤大量大批生产的情况下，由于生产连续不断地进行，产品的生产周期都较长，月末有在产品存在，并且在产品数量较多，同时管理上也要求分步骤计算产品成本，因此必须采用适当的方法，将生产费用在完工产品与月末在产品之间进行分配。在单件小批生产的情况下，由于是以批别或订单为成本计算对象的，成本计算期与产品生产周期相一致，在产品尚未完工时，该批（或件）产品成本明细账中所归集的生产费用就是在产品的成本，当产品全部完工时，该批（或件）产品成本明细账中所归集的生产费用就是完工产成品的成本，因此，不需要将生产费用在完工产品与在产品之间进行分配。但是在同批产品分期完工分别对外销售时，就有必要计算在产品成本，以便反映完工产成品成本。

生产特点和管理要求对上述三方面的影响是相互联系的，不同的成本计算对象、不同的成本计算期以及生产费用在完工产品与在产品之间的分配方法决定了成本核算采用不同的方法。其中成本计算对象的影响是主要的，成本计算对象的不同决定了成本计算方法也不相同，因此，正确确定产品成本计算对象是正确计算产品成本的前提，而成本计算对象也是区别各种成本计算方法的主要标志。综上所述，为了适应各种类型生产的特点和管理要求，产品成本计算中有三种不同的成本计算对象，以及以产品成本计算对象为标志的三种不同的产品成本计算的基本方法。生产特点和管理要求与产品成本计算对象和基本方法的关系如表9—2所示。

表 9—2　　生产特点和管理要求与产品成本计算对象和基本方法的关系

成本计算方法	生产工艺过程	生产组织方式	管理要求
品种法	单步骤生产	大量大批生产	管理上不要求分步骤计算成本
	多步骤生产		
分批法	单步骤生产	单件小批生产	管理上不要求分步骤计算成本
	多步骤生产		
分步法	多步骤生产	大量大批生产	管理上要求分步骤计算成本

三、各种产品成本计算方法的灵活应用

实际工作中，在同一个企业里或同一个车间里，由于其生产特点和管理要求并不完全相同，这样就有可能在同一个企业或同一个车间里同时采用几种成本计算方法进行成本计算；有时在生产一种产品时，在该产品的各个生产步骤以及各种半成品、各成本项目之间的结转，其生产特点和管理要求也不一样，这样，在生产同一种产品时，就有可能同时采用几种成本计算方法来计算产品的成本。企业需根据自身的生产类型及其特点和管理要求，合理选择、灵活运用各种产品成本计算方法。

（一）同时使用几种成本计算方法计算成本

由于企业生产的产品种类可能很多，生产车间也可能不止一个，这样就有可能出现几种成本计算方法同时使用的情况。有的企业生产的产品不止一种，而这些产品的特点也可能不同，其生产类型也可能不一样，这样就应采用不同的成本计算方法计算产品成本。例如，在重型机械厂，一般采用分批法计算产品成本。但如果其有传统产品，产品已经定型，属大量生产，则可采用品种法或分步法计算产品成本。

在企业里，一般都设有基本生产车间和辅助生产车间，基本生产车间和辅助生产车间的生产特点和管理要求是不一样的，应采用不同的成本计算方法进行计算。例如，在钢铁企业里，其基本生产车间是炼铁、炼钢和轧钢，属于大量大批多步骤生产，根据其生产特点和管理要求，可采用分步法计算产品成本。但企业内部的供电、修理、供气等辅助生产车间，则属于大量大批单步骤生产类型的生产，根据其特点，应采用品种法计算成本。

一个企业可采用不同的成本计算方法计算成本，我们所说某类型的企业采用什么成本计算方法，主要是就其基本生产车间而言的，并不是表明该企业就采用一种方法计算成本，而可以是多种成本计算方法同时使用。

（二）结合使用几种成本计算方法计算成本

由于企业生产产品的特点不同，对产品生产所经过的加工步骤的管理要求不同，因此所采用的成本计算方法也就可能不一样，可同时结合使用几种成本计算方法。如在小型机械厂，一般应采用分批法计算产品成本，但由于企业设置有不同的生产车间，如铸造、加工、装配等，各车间的生产特点不同，管理要求也不同，因而应采用不同的成本计算方法。铸造车间应采用品种法计算铸铁件的成本，加工车间、装配车间应采用分批法计算成本，而铸造车间将其铸铁件转入加工车间和装配车间时，则应采用分步法进行结转。这样，在一个企业里，就结合使用了品种法、分步法和分批法三种成本计算方法。

企业应采用什么方法来计算产品成本，应根据企业的生产特点和管理要求来确定，灵活掌握，不能生搬书本上的理论。应本着主要产品从细、次要产品从简的原则即重要性原则，合理地加以确定。在确定成本计算方法时，应注意使成本计算方法与成本计划方法的口径一致，注意与同行业其他企业的成本计算方法相一致，保持相对稳定，即遵循可比性原则，以便正确地计算产品的总成本和单位成本，考核企业成本计划的完成情况，进行成本分析和成本考核，不断降低产品成本，提高企业的经济效益。产品成本计算方法确定后，应遵循一贯

性原则，不能随意变更。

当然，在一个企业里，所采用的成本计算方法并不是一成不变的，应根据生产的发展和企业管理水平的提高，修改成本计算方法，适应新的需要。特别是随着我国经济体制改革的深入发展，企业生产类型可能变动，由过去的单件生产转变为大量大批生产或由过去的简单生产转变为复杂生产，以及成本管理要求提供更多的成本资料，出现这些情况时，都要对原有的成本计算方法进行调整，以适应生产发展的要求。

※思考活动※

企业选择哪种产品成本计算方法取决于什么因素？产品计算的三种基本方法能否结合使用？

品种法

※ 任务描述※

本任务的工作思路如图 9—3 所示。通过本任务的学习，学生能够正确理解品种法的特点和成本计算程序，从整体的角度掌握品种法的产品成本计算方法。

※基本知识与技能※

一、品种法概述

（一）品种法的意义及适用范围

品种法是以产品的品种作为成本计算对象，归集生产费用，计算产品成本的一种成本计算方法。品种法主要适用于大量大批单步骤生产的企业，如发电、采掘、供水等企业。对于大量大批多步骤生产的企业，如果规模较小，或者按流水线组织生产，或者生产的全过程是集中封闭式生产，而且在成本管理上又不要求提供各步骤成本的，也可采用品种法计算产品成本，如水泥厂、制砖厂、糖果厂、饼干厂等。此外，对于企业内部的辅助生产车间提供的劳务等成本，也可采用品种法进行成本计算。

当在大量大批单步骤生产类型的企业里采用品种法进行成本计算时，由于其产品品种单一，一般不需计算在产品成本，因而其成本计算程序相对来说比较简单，故称为简单品种法；在不要求按步骤计算成本的某些小型的大量大批多步骤生产的企业里采用品种法计算成

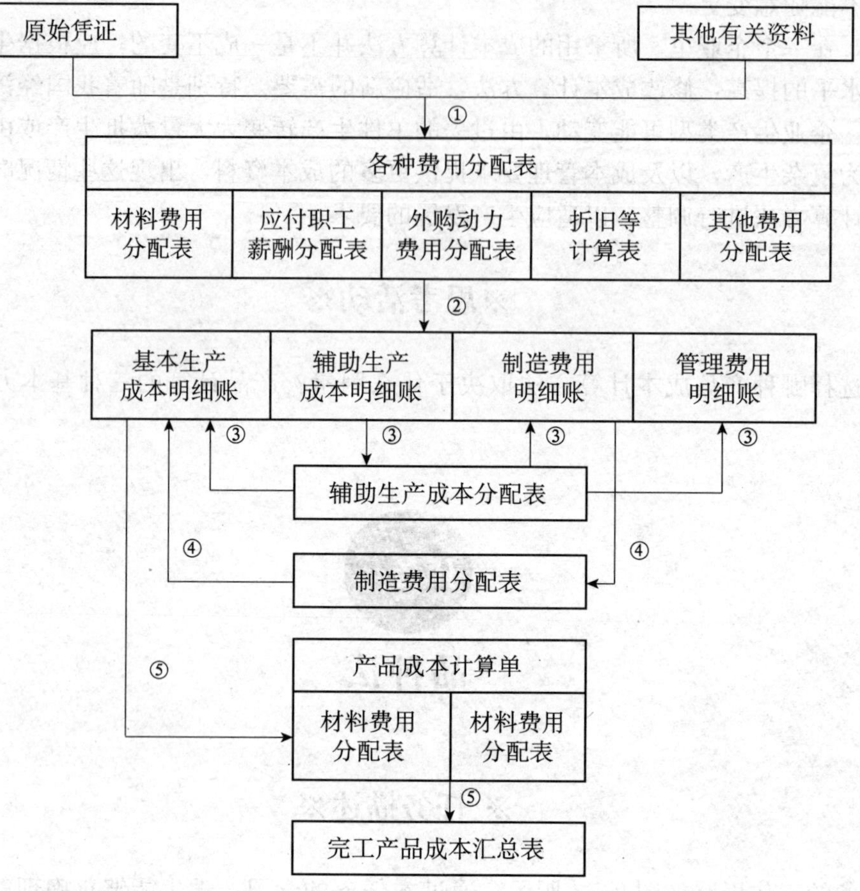

注：①编制各项要素费用分配表；
②登记有关成本费用账户；
③分配辅助生产费用；
④分配制造费用；
⑤计算结转完工产品成本。

图 9—3 品种法的工作思路图

本时，其成本计算要复杂一些，它要按不同品种产品设置产品成本计算单并计算每种产品的完工产品成本和月末在产品成本，因而它是具有与简单品种法不同特点的品种法，也可称为典型品种法。

按照产品品种计算产品成本，是成本计算最基本的要求。不论什么类型的生产企业，也不论其成本管理的要求如何，所有制造企业产品成本的计算，最终都必须按照所生产的各种产品的品种计算出各种产品的成本。从这个角度讲，品种法是成本计算最基本的方法。

（二）品种法的特点

1. 品种法以产品品种作为成本计算对象

采用品种法进行成本计算时，需要为每一种产品设置一张产品成本计算单，以归集生产过程中发生的费用。如果企业只生产一种产品，则只设置一张产品成本计算单，单中按成本项目设置专栏（或称产品成本明细账）。这时，本月所发生的费用都是直接费用，应全部列入该种产品成本计算单的有关成本项目中，不存在将生产费用在各种产品之间进行分配的问题；如果企业生产多种产品，就需要按每种产品分别设置产品成本计算单，对于生产过程中发生的费用，凡能分清应由哪种产品负担的，则应直接记入该种产品的成本计算单中。凡是几种产品共同耗用而又分不清应由哪种产品负担多少数额的费用，则应采用适当的方法，在各种产品之间进行分配，再记入各种产品成本计算单中。

2. 品种法一般在每月月末定期进行成本计算

采用品种法计算产品成本的企业，其特点是连续不断地重复生产一种或几种产品，企业不可能随时计算完工产品成本，也不可能在产品全部制造完工后再计算产品成本，因而只能定期地在月末计算产品成本。因此，品种法下的成本计算期是固定的，它与会计结算期一致，与产品的生产周期则往往不一致。

3. 月末要根据在产品数量与占用费用情况将生产费用在完工产品与在产品之间进行分配

月末计算产品成本时，如果没有在产品或在产品数量很少，在产品成本数额也不多，就不需要计算在产品成本，成本计算单上所登记的全部生产费用，就是该产品的完工产品总成本，用总成本除以产量，即为单位成本；如果月末在产品数量较多，占用的费用也较大，还需要将成本计算单上所归集的费用（包括月初在产品成本和本月发生的费用等），在完工产品与月末在产品之间采用一定的方法进行分配，从而计算出完工产品成本和月末在产品成本。

二、品种法成本计算程序

（一）品种法成本计算程序概述

成本计算程序是根据企业会计制度的规定，对企业生产过程中发生的各项生产费用进行审核、归集和分配，最终计算出完工产品成本的过程。作为成本计算的基本方法，品种法下成本计算的基本程序如下：

1. 按照产品的品种设置成本计算单或生产成本明细账

在账内按成本项目（直接材料、直接人工、制造费用等）设置专栏，对于有月初在产品成本的产品还应在账内登记月初在产品的成本。

2. 归集和分配各项要素费用

根据生产过程中发生的各项费用的原始凭证和有关资料，编制各种费用分配表，根据各种费用分配表登记所设置的“生产成本——基本生产成本”明细账、产品成本计算单、“生产成本——辅助生产成本”明细账、“制造费用”明细账等。

3. 分配辅助生产费用

将“生产成本——辅助生产成本”明细账上所归集的费用，按各种产品和各单位的耗用量，编制辅助生产费用分配表，分配辅助生产费用。

4. 分配制造费用

将“制造费用”明细账上所归集的费用，采用一定的方法，在生产的各种产品之间进行分配，编制制造费用分配表，并登记到设置的“生产成本——基本生产成本”明细账和它所属的各种产品成本计算单上。

5. 计算结转生产损失

根据各项生产要素分配表，可以归集生产过程中发生的可修复废品的修复费用；计算出不可修复废品的成本，并登记在“废品损失”明细账中，编制废品损失分配表，将废品损失记入“生产成本——基本生产成本”明细账中，由生产的同种合格产品成本来负担。

6. 计算结转完工产品成本

月末采用一定的方法，将生产费用在完工产品与月末在产品之间进行分配，从而计算出完工产品成本，在产品成本计算单中结转，汇总编制完工产品成本汇总计算表，计算出完工产品的总成本和单位成本，并在“生产成本——基本生产成本”明细账中进行结转。

（二）品种法应用举例

1. 简单品种法举例

超山发电厂属于单步骤的大量生产企业，只生产电力一种产品，设有燃料、锅炉、汽机、电机四个基本生产车间和一个辅助生产车间（修理车间）。根据企业的具体情况，设置“燃料费”“水费”“材料费”“工资及福利费”“折旧费”“低值易耗品摊销”“其他费用”等成本项目。该企业在成本计算过程中设置“生产成本”总账，并相应设置“生产成本”明细账和电力产品成本计算单。发电厂 2016 年 6 月发生的经济业务及成本计算程序如下：

（1）根据本月份使用燃料的各种领料单等凭证编制的燃料费用分配表，见表 9—3。

表 9—3　　燃料费用分配表

燃料名称	计量单位	数量	单价（元）	金额（元）
大同原煤	吨	500	300	150 000
阳泉原煤	吨	600	200	120 000
合计				270 000

根据燃料费用分配表，编制会计分录如下：

借：生产成本——燃料费　　270 000

　贷：燃料　　270 000

（2）根据各种领料凭证或领料凭证汇总表，编制材料费用分配表，见表 9—4。

表 9—4　　材料费用分配表

部门	材料名称	数量（吨）	单价（元）	金额（元）
燃料车间	A 材料	200	50	10 000
锅炉车间	B 材料	150	30	4 500
汽机车间	C 材料	280	40	11 200
电机车间	D 材料	370	60	22 200
修理车间	E 材料	210	20	4 200
合计				52 100

根据材料费用分配表，编制会计分录如下：

借：生产成本——材料费　　52 100

　贷：原材料　　52 100

（3）根据各车间、各部门工资结算凭证汇总编制工资及福利费分配表，见表 9—5。

表 9—5　　工资及福利费分配表　　单位：元

部门	工资	福利费	合计
燃料车间	20 000	2 800	22 800
锅炉车间	40 000	5 600	45 600
汽机车间	32 000	4 480	36 480
电机车间	21 000	2 940	23 940
修理车间	10 000	1 400	11 400
合计	123 000	17 220	140 220

根据工资及福利费分配表，编制会计分录如下：

借：生产成本——工资及福利费　140 220

　贷：应付职工薪酬——应付工资　123 000

　　　　　　　　——应付福利费　17 220

（4）根据其他费用凭证编制其他费用分配表，见表 9—6。

表 9—6　　其他费用分配表　　单位：元

部门	水费	折旧费	低值易耗品	其他费用	合计
燃料车间	300	2 000	100	1 800	4 200
锅炉车间	22 000	1 500	200	2 700	26 400
汽机车间	1 000	1 800	120	2 200	5 120
电机车间	800	1 100	90	2 200	4 190
修理车间	600	3 000	150	1 620	5 370
合计	24 700	9 400	660	10 520	45 280

根据其他费用分配表，编制会计分录如下（假定除折旧费与低值易耗品，其余费用都以银行存款支付）：

借：生产成本——水费、折旧费等　45 280

　贷：累计折旧　9 400

　　　周转材料——低值易耗品　660

　　　银行存款　35 220

（5）根据各种费用分配表及相应的会计分录，分别登记生产成本明细账的各相应项目，见表 9—7。

表 9—7　　生产成本明细账　　单位：元

摘要	燃料费	材料费	工资及福利费	水费	折旧费	低值易耗品	其他费用	合计
分配燃料费	270 000							270 000
分配材料费		52 100						52 100
分配工资及福利费			140 220					140 220
分配水费				24 700				24 700
分配折旧费					9 400			9 400
分配低值易耗品						660		660

续前表

摘要	燃料费	材料费	工资及福利费	水费	折旧费	低值易耗品	其他费用	合计
分配其他费用							10 520	10 520
合计	270 000	52 100	140 220	24 700	9 400	660	10 520	507 600
本月转出	270 000	52 100	140 220	24 700	9 400	660	10 520	507 600

(6) 根据生产成本明细账和有关产量记录，编制电力产品成本计算单，见表 9—8。

表 9—8　　电力产品成本计算单

成本项目	生产量（千度）	总成本（元）	单位成本（元）
燃料费		270 000	
水费		24 700	
材料费		52 100	
工资及福利费		140 220	
折旧费		9 400	
低值易耗品		660	
其他费用		10 520	
合计	3 820	507 600	
生产量			
其中：厂用电量	820		
厂供电量	3 000		
产品单位成本			169.20

2. 典型品种法举例

某企业生产甲、乙两种产品，设有一个基本生产车间和供电、供气两个辅助生产车间。该企业实行厂部一级成本核算体制，成本核算程序如下：

(1) 设置产品成本计算单。企业应按照产品的品种设置产品成本计算单，在单内按照成本项目设置专栏，按成本项目归集费用，并将月初在产品成本抄入产品成本计算单内（设置的产品成本计算单见表 9—19 和表 9—20）。

(2) 归集和分配各项要素费用。根据本月份各项要素费用的发生额，编制要素费用分配表。按照要素费用的分配原则，分别记入所设置的“生产成本——基本生产成本”明细账和产品成本计算单中，并汇总记入有关的总账中。企业编制的各种要素费用分配表如下：

1) 材料费用分配表。根据各车间、部门领料凭证中所登记的领料数量、金额和具体用途，编制材料费用分配表，见表 9—9。

表 9—9　　材料费用分配表　　单位：元

部门 \ 材料分类		原料及主要材料（差异率 2%）		辅助材料（差异率－1%）		燃料（差异率－2%）		合计
		计划成本	差异	计划成本	差异	计划成本	差异	
基本生产车间	甲产品	30 000	600	1 200	－12	20 000	－400	51 388
	乙产品	24 000	480	1 500	－15	18 000	－360	43 605
	小计	54 000	1 080	2 700	－27	38 000	－760	94 993
	一般消耗	3 600	72	800	－8			4 464

续前表

部门＼材料分类		原料及主要材料（差异率2%）计划成本	差异	辅助材料（差异率－1%）计划成本	差异	燃料（差异率－2%）计划成本	差异	合计
辅助生产车间	供电车间	1 200	24	700	－7	90 000	－1 800	90 117
	供气车间	3 000	60	300	－3	6 000	－120	9 237
	小计	4 200	84	1 000	－10	96 000	－1 920	99 354
合计		61 800	1 236	4 500	－45	134 000	－2 680	198 811

根据材料费用分配表中材料的计划成本，编制会计分录如下：

借：生产成本——基本生产成本——甲产品　　51 388
　　　　　　　　　　　　　　——乙产品　　43 605
　　　　　　——辅助生产成本——供电车间　　90 117
　　　　　　　　　　　　　　——供气车间　　9 237
　　制造费用　　4 464
　贷：原材料　　200 300
　　材料成本差异　　1 489

2）工资及职工福利费分配表。根据各车间、部门职工工资与工资的用途，以及职工工资福利费计提标准，编制工资及职工福利费分配表，见表9—10。

表9—10　　工资及职工福利费分配表　　单位：元

部门		应付工资	应付福利费	合计
基本生产车间	甲产品生产工人	89 600	12 544	102 144
	乙产品生产工人	43 200	6 048	49 248
	小计	132 800	18 592	151 392
	车间管理人员	8 800	1 232	10 032
辅助生产车间	供电车间人员	6 400	896	7 296
	供气车间人员	7 500	1 050	8 550
	小计	13 900	1 946	15 846
	合计	155 500	21 770	177 270

根据工资及职工福利费分配表中的应付工资数，编制会计分录如下：

借：生产成本——基本生产成本——甲产品　　102 144
　　　　　　　　　　　　　　——乙产品　　49 248
　　　　　　——辅助生产成本——供电车间　　7 296
　　　　　　　　　　　　　　——供气车间　　8 550
　　制造费用　　10 032
　贷：应付职工薪酬——应付工资　　155 500
　　　　　　　　——应付福利费　　21 770

3）固定资产折旧计算表。根据各车间、部门的固定资产使用情况，编制固定资产折旧计算表，见表9—11。

表 9—11　　固定资产折旧计算表　　单位：元

部门		上月折旧额	上月增加固定资产原价	上月减少固定资产原价	应增应减折旧额	本月折旧额
基本生产车间		20 000	30 000	20 000	80	20 080
辅助生产车间	供电车间	8 900		50 000	−200	8 700
	供气车间	2 400				2 400
	小计	11 300		50 000	−200	11 100
合计		31 300	30 000	70 000	−120	31 180

根据固定资产折旧计算表，编制会计分录如下：

借：制造费用　　20 080

　　生产成本——辅助生产成本——供电车间　　8 700

　　　　　　　　　　　　　　——供气车间　　2 400

　贷：累计折旧　　31 180

4）其他费用分配表。根据各车间、部门本月所发生的其他费用，汇总编制其他费用分配明细表，见表 9—12。

表 9—12　　其他费用分配明细表　　单位：元

部门		办公费	机物料消耗	修理费	劳动保护费	其他支出	合计
基本生产车间		3 000	7 500	5 000	6 300	8 884	30 684
辅助生产车间	供电车间	1 500	1 200	4 100	2 100	1 400	10 300
	供气车间	5 000	45 000	3 000	500	1 053	54 553
	小计	6 500	46 200	7 100	2 600	2 453	64 853
合计		9 500	53 700	12 100	8 900	11 337	95 537

根据其他费用分配明细表，编制会计分录如下（假定其他费用均用银行存款支付）：

借：制造费用　　30 684

　　生产成本——辅助生产成本——供电车间　　10 300

　　　　　　　　　　　　　　——供气车间　　54 553

　贷：银行存款　　95 537

（3）分配辅助生产费用。月末时，应将“生产成本——辅助生产成本”明细账中所归集的费用，采用适当的方法进行分配。本例中企业采用直接分配法进行分配，按分配的结果编制辅助生产费用分配表，见表 9—13（供电车间生产成本明细账见表 9—14，供气车间生产成本明细账见表 9—15）。

表 9—13　　辅助生产费用分配表

车间	分配费用（元）	分配数量	分配率	分配金额					
				基本生产成本		制造费用		管理费用	
				数量	金额（元）	数量	金额（元）	数量	金额（元）
供电车间	116 613	466 452	0.25	300 000	75 000	150 000	37 500	16 452	4 113
供气车间	74 740	18 685	4	15 000	60 000	3 685	14 740		
合计	191 353				135 000		52 240		4 113

表 9—14　　　　**辅助生产成本明细账**

部门：供电车间　　　　单位：元

日期	摘要	材料费	燃料与动力	工资及福利费	折旧费	其他	合计
略	分配材料费用	1 917	88 200				90 117
	分配工资及福利费			7 296			7 296
	分配折旧费				8 700		8 700
	分配其他费用					10 500	10 500
	月计	1 917	88 200	7 296	8 700	10 500	116 613
	本月转出	1 917	88 200	7 296	8 700	10 500	116 613

表 9—15　　　　**辅助生产成本明细账**

部门：供气车间　　　　单位：元

日期	摘要	材料费	燃料与动力	工资及福利费	折旧费	其他	合计
略	分配材料费用	3 357	5 880				9 237
	分配工资及福利费			8 550			8 550
	分配折旧费				2 400		2 400
	分配其他费用					54 553	54 553
	月计	3 357	5 880	8 550	2 400	54 553	74 740
	本月转出	3 357	5 880	8 550	2 400	54 553	74 740

分配给基本生产车间的辅助生产费用，还应在其所生产的各种产品之间采用适当的方法进行分配。据此编制的动力费用分配表见表 9—16（该企业的动力费用按工时比例进行分配）。

表 9—16　　　　**动力费用分配表**

产品名称	分配标准（实际工时）（小时）	分配率	分配金额（元）
甲产品	160 000		80 000
乙产品	110 000		55 000
合计	270 000	0.50	135 000

根据辅助生产费用分配表及动力费用分配表，编制会计分录如下：

借：生产成本——基本生产成本——甲产品　　80 000
　　　　　　　　　　　　　　——乙产品　　55 000
　　制造费用　　52 240
　　管理费用　　4 113
　贷：生产成本——辅助生产成本——供电车间　　116 613
　　　　　　　　　　　　　　——供气车间　　74 740

（4）分配制造费用。月末，将归集在制造费用明细账（见表 9—17）中的制造费用予以归集，按照实际工时的比例在甲、乙两种产品中进行分配，编制制造费用分配表，见表 9—18。

表 9—17　　制造费用明细账　　单位：元

日期	摘要	材料费	燃料与动力	劳动保护费	工资及福利费	折旧费	办公费	机物料消耗	修理费	其他	合计
略	分配材料费	4 464									4 464
	分配人工费用				10 032						10 032
	分配折旧费					20 080					20 080
	分配其他费用			6 300			3 000	7 500	5 000	8 884	30 684
	分配待摊费用									4 000	4 000
	分配动力费用		52 240								52 240
	本月转出	4 464	52 240	6 300	10 032	20 080	3 000	7 500	5 000	12 884	121 500
	月末余额										

表 9—18　　制造费用分配表

分配对象	分配标准（实际工时）（小时）	分配率	分配金额（元）
甲产品	160 000		72 000
乙产品	110 000		49 500
合计	270 000	0.45	121 500

根据制造费用分配表，编制会计分录如下：

借：生产成本——基本生产成本——甲产品　　72 000

　　　　　　　　　　　　　　——乙产品　　49 500

　贷：制造费用　　121 500

（5）计算完工产品和在产品成本。

1）计算甲产品成本。产品耗用的原材料在生产开始时一次投入，在产品按约当产量比例法计算，在产品完工程度为50%，本月完工 100 件，在产品 40 件，计算结果见表 9—19。

表 9—19　　产品成本计算单

甲产品：完工 100 件　　单位：元

日期	摘要	直接材料	燃料与动力	直接人工	制造费用	合计
略	月初在产品成本	1 812	2 400	1 056	2 400	7 668
	分配材料费用	31 788	19 600			51 388
	分配工资及福利费			102 144		102 144
	分配燃料与动力费用		80 000			80 000
	分配制造费用				72 000	72 000
	月计	31 788	99 600	102 144	72 000	305 532
	累计	33 600	102 000	103 200	74 400	313 200

续前表

日期	摘要		直接材料	燃料与动力	直接人工	制造费用	合计
	产品产量	完工产品数量	100	100	100	100	—
		在产品约当产量	40	20	20	20	—
		合计	140	120	120	120	—
	单位成本		240	850	860	620	2 570
	转出完工产品成本		24 000	85 000	86 000	62 000	257 000
	月末在产品成本		9 600	17 000	17 200	12 400	56 200

2）计算乙产品成本。乙产品的在产品成本按年初数固定计算，计算结果见表 9—20。

表 9—20　　产品成本计算单

乙产品：完工 200 件　　单位：元

日期	摘要	直接材料	燃料与动力	直接人工	制造费用	合计
略	月初在产品成本	3 000	1 350	4 200	3 100	11 650
	分配材料费用	25 965	17 640			43 605
	分配工资及福利费			49 248		49 248
	分配燃料与动力费用		55 000			55 000
	分配制造费用				49 500	49 500
	月计	25 965	72 640	49 248	49 500	197 353
	累计	28 965	73 990	53 448	52 600	209 003
	转出完工产品成本	25 965	72 640	49 248	49 500	197 353
	单位成本	129.82	363.20	246.24	247.50	986.76
	月末在产品成本	3 000	1 350	4 200	3 100	11 650

（6）编制完工产品成本汇总表。将甲、乙两种产品成本计算单中完工产品成本数字予以汇总，编制完工产品成本汇总表（见表 9—21），并从“生产成本——基本生产成本”明细账（见表 9—22）中转出。

表 9—21　　完工产品成本汇总表　　单位：元

产品名称	单位	产量	直接材料	燃料与动力	直接人工	制造费用	合计	单位成本
甲产品	件	100	24 000	85 000	86 000	62 000	257 000	2 570
乙产品	台	200	25 965	72 640	49 248	49 500	197 353	986.76
合计	—	—	49 965	157 640	135 248	111 500	454 353	—

表 9—22　　生产成本——基本生产成本明细账　　单位：元

日期	摘要	直接材料	燃料与动力	直接人工	制造费用	合计
略	月初余额	4 812	3 750	5 256	5 500	19 318
	分配材料费用	57 753	37 240			94 993
	分配工资及福利费			151 392		151 392
	分配动力费用		135 000			135 000
	分配制造费用				121 500	121 500
	月计	57 753	172 240	151 392	121 500	502 885
	累计	62 565	175 990	156 648	127 000	522 203
	转出完工产品成本	49 965	157 640	135 248	111 500	454 353
	月末余额	12 600	18 350	21 400	15 500	67 850

根据完工产品成本汇总表结转完工产品成本，编制会计分录如下：

借：库存商品——甲产品　　257 000

　　　　　　——乙产品　　197 353

　贷：生产成本——基本生产成本——甲产品　　257 000

　　　　　　　　　　　　　　　——乙产品　　197 353

※思考活动※

品种法的产品成本核算程序是怎样的？不同种类的产品成本能否归集在一起？如果不能，那应该如何处理？

【项目小结】

产品成本计算方法是以一定的成本计算对象为依据，分配和归集生产费用并计算其总成本和单位成本的方法，包括产品成本计算的基本方法和辅助方法。产品成本计算方法的主要构成要素有：成本计算对象、成本计算期、生产费用在完工产品与在产品之间的分配。三要素中成本计算对象是产品成本计算的核心，依据成本计算对象的不同，产品成本计算的基本方法分为品种法、分批法和分步法。另外，为了解决产品成本计算过程中的某一些具体的特定问题，在产品成本计算的基本方法运用过程中又产生了分类法、定额法等产品成本计算的辅助方法。

影响产品成本计算方法选择的因素主要是企业生产特点和管理要求，企业应根据自身生产特点和管理上的要求选择适合本企业的产品成本计算方法。在实际工作中，企业要根据自身的实际需要，灵活运用各种成本计算方法，在同一企业或同一个生产车间，可以同时或结合采用几种成本计算方法来计算出产品成本。

品种法是产品成本计算方法中最基本的方法。品种法是以产品的品种作为成本计算对象，归集生产费用，计算产品成本的一种成本计算方法。主要适用于大量大批单步骤生产的企业，如果生产规模较小、按照流水线组织生产、生产全过程是集中封闭式生产、企业内部的辅助生产车间进行的劳务生产均可以用品种法进行成本计算。品种法的特点是以产品品种为成本计算对象，一般在每月月末定期进行成本计算，月末要根据在产品数量与占用费用的情况决定生产费用是否需要在完工产品与在产品之间进行分配。品种法进行成本计算的基本程序包括：按照产品的品种设置成本计算单或生产成本明细账，归集和分配各项要素费用，分配辅助生产费用，分配制造费用，计算结转生产损失，计算结转完工产品成本。

【项目训练】

一、单项选择题

1. 产品成本计算的最基本的方法是（　　）。

A. 分类法　　B. 分步法　　C. 分批法　　D. 品种法

2. 决定成本计算对象的因素是生产特点和（　　）。

A. 成本计算实体　　B. 成本计算时期

C. 成本管理要求　　D. 成本计算方法

3. 成本计算期与生产周期一致的成本计算方法是（　　）。

A. 品种法　　B. 分批法　　C. 分步法　　D. 分类法

4. 产品成本计算的基本方法和辅助方法的划分标准是（　　）。

A. 成本计算是否及时　　B. 成本计算工作的繁简

C. 对成本管理作用的大小　　D. 对于计算产品实际成本是否必不可少

5. 区别各种产品成本计算方法的主要标志是（　　）。

A. 产品的生产特点　　B. 制造费用的分配方法

C. 正确确定产品成本计算对象　　D. 完工产品与在产品之间的费用分配方法

二、多项选择题

1. 下列方法中，属于产品成本计算的基本方法的有（　　）。

A. 品种法　　B. 分步法　　C. 分批法　　D. 定额法

E. 分类法

2. 品种法适用于（　　）。

A. 单件小批单步骤生产

B. 大量大批单步骤生产

C. 管理上不要求分步骤计算产品成本的单件小批多步骤生产

D. 管理上不要求分步骤计算产品成本的大量大批多步骤生产

E. 管理上要求分步骤计算产品成本的大量大批多步骤生产

3. 工业企业的生产，按其工艺过程可以分为（　　）。

A. 大量生产　　B. 多步骤生产　　C. 成批生产　　D. 单步骤生产

E. 单件生产

4. 成本计算方法应根据（　　）来确定。

A. 产品产量　　B. 生产组织的特点

C. 生产工艺的特点　　D. 成本管理要求

E. 生产规模大小

5. 采用定额法计算产品成本，应具备的条件有（　　）。

A. 定额管理制度比较健全　　B. 定额管理工作的基础比较好

C. 产品生产已经定性　　D. 消耗定额比较准确、稳定

E. 生产类型为大量大批生产

三、判断题

1. 不论什么制造企业，不论什么生产类型，也不论管理要求如何，最终都必须按照产品品种计算产品成本。（　　）

2. 在多步骤生产中，为了加强各生产步骤的成本管理，都应当按照生产步骤计算产品成本。（　　）

3. 品种法是按月定期计算产品成本的。（　　）

4. 品种法不需要在各种产品之间分配费用，也不需要在完工产品和月末在产品之间分配费用，所以也称简单品种法。（　　）

5. 从生产工艺过程看，品种法只适用于简单生产。（　　）

项目十

分批法

任务一　分批法概述　/ 165

任务二　简化分批法　/ 169

【学习目标】

知识目标

- 理解分批法的概念
- 掌握分批法计算产品成本的程序
- 掌握简化分批法的应用

能力目标

- 能够区分分批法的适用范围
- 掌握分批法的账务处理
- 掌握分批法的具体应用

【引导案例】

上海重型机器厂是中国目前三个拥有万吨级锻造水压机的大型重机厂之一，位于闵行区黄浦江畔，水陆交通便利，是中国华东地区最大的重型机械制造厂和铸锻中心，全厂占地面积 96.3 万平方米，建筑面积 33.4 万平方米。该厂设有上海重型机械研究所、上海大型铸锻件研究所和工艺处，有专门从事技术开发的人员 700 余名，并配备了一些先进的现代化测试仪器，从事新产品、新技术、新工艺、新材料的开发研制工作。该厂拥有冷、热加工齐全的先进大型生产设备，能为国内外用户提供冶炼、轧钢、电站、化工、锻压、矿山、水利和水泥建材等各类重型设备，以及各种优质大型铸锻件。

该厂在扩大国内市场的同时，不断开拓国际市场，历年来曾向美国、丹麦、日本、德国、法国、澳大利亚、新加坡等国的厂商提供了各类机械产品及大型铸锻件，获得了良好的声誉。该厂主要以签订合同的订单为成本计算对象。请根据该厂的实际情况，选择合适的成本计算方法。

分批法概述

※ 任务描述※

本任务的工作思路如图 10—1 所示。通过本任务的学习，学生能够理解分批法的含义和特点，掌握分批法的核算方式以及分批法的账务处理原则。

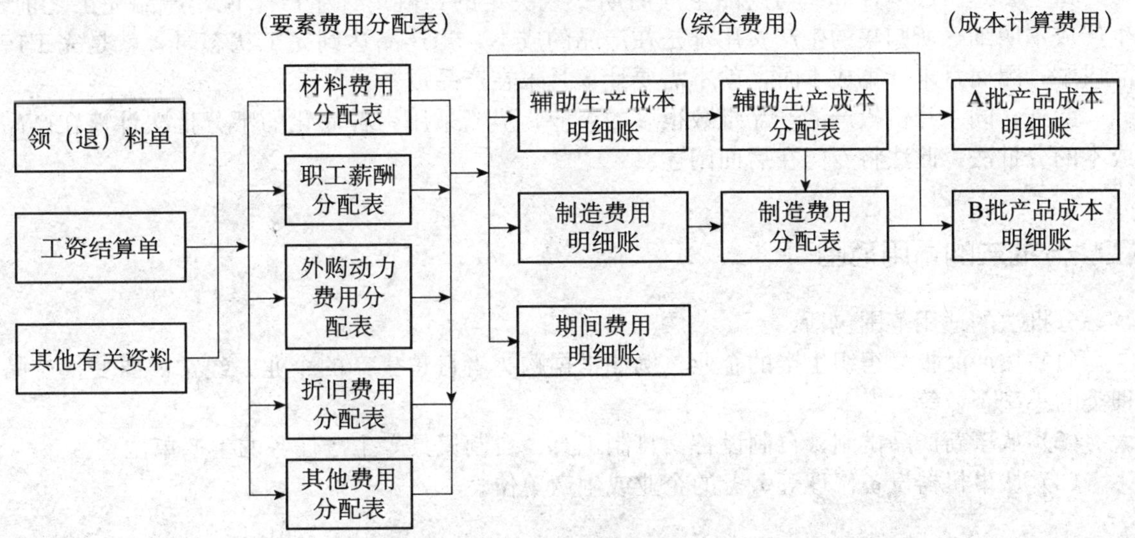

图 10—1 分批法工作思路图

※基本知识与技能※

一、分批法的概念及特点

分批法是以产品的批别或订单作为成本计算对象，归集生产费用，计算产品成本的一种方法。产品批别在成批组织产品生产的企业或车间中，是按照一定品种、一定批量产品划分的。因此，分批法也就是计算一定品种、一定批量的产品成本的方法。在实际工作中，产品的品种和每批产品的批量往往是根据客户的订单确定的，因而，按照产品批别计算产品成本，往往也就是按照订单计算产品成本，所以分批法亦称为订单法。分批法的特点为：

（一）产品的批别（订单或生产通知单等）为成本计算对象

一般情况下，企业根据订单开设生产通知单，车间则根据生产通知单组织生产，仓库要按生产通知单准备材料，会计部门根据生产通知单开设成本计算单或基本生产成本明细账归集其生产费用，计算产品成本。

（二）产品成本计算期与生产周期不一致

分批法下，由于是以产品的批别作为成本计算对象，因而一件产品只有全部完工后才能通过成本计算单将生产费用归集完整，这也就决定了成本计算期与产品生产周期同步，而与会计报告期不一致，即分批法的成本计算期是不固定的。

（三）一般不需要将生产费用在完工产品与在产品之间分配

这主要是由成本计算期与产品生产周期一致决定的。就单件生产来说，产品完工之前，生产成本明细账所归集的生产费用都是在产品的成本，当产品达到完工状态时，就是完工产品成本，因而月末计算成本时，就不需要计算月末在产品成本。

此外，同一月份投产的产品批数很多的企业，应当采用一种简化的不分批次计算在产品成本的分批法。此法将专门在后面阐述。

二、分批法的适用范围

分批法的适用范围包括：

（1）按产品批号组织生产的企业，例如根据购买者订单生产的企业、经常需要变换产品种类的小型企业等。

（2）从事新产品试制、自制设备、自制工具、自制模具等生产任务的生产单位。

（3）从事机器设备修理等劳务的企业或生产单位。

三、分批法的计算程序

分批法的计算程序包括：

（一）按产品批别设置基本生产成本明细账（产品成本计算单）

首先根据生产计划部门签发的生产任务通知单中所规定的产品批号，为每批产品开设基本生产成本明细账。在明细账页上既要注明批号，也要列明产品名称。

（二）编制各要素费用分配表（或汇总表），分配和归集各批次产品的生产费用

企业当月发生的生产费用，应当按照各批次产品的直接费用，直接汇总记入各批产品成本明细账内；而间接发生的费用按照一定的标准在各批次产品之间进行分配，分别记入有关批次的产品成本明细账。

（三）分配辅助生产费用

对于有辅助业务发生的生产单位，月末将汇集的辅助生产费用分配给各受益对象，记入

各批次产品的基本生产成本明细账、制造费用明细账和其他期间费用明细账。

（四）分配基本生产车间的制造费用

企业基本生产车间的制造费用，由该生产车间所生产的受益对象承担（各批次产品），月末需要将归集的制造费用分配给各批次产品，记入相应批次的生产成本明细账。

（五）计算完工产品成本

如果月末该批别产品全部完工，则产品成本明细账中所归集的生产费用都是完工产品成本；如果全部都未完工，则产品成本明细账内归集的生产费用都是月末在产品成本；如果月末有部分产品完工，还有部分未完工产品，则要采用合适的方法在完工产品与在产品之间分配费用，分别确定完工产品成本和月末在产品成本。

由于分批法下，同一批次内产品跨月陆续完工的情况不多，因此，在有陆续跨月完工的情况下，月末计算完工产品成本时，可采用计划成本、定额成本或最近的相同产品的实际成本对完工产品进行简易方法计价计算，然后将其从基本生产成本明细账中转出，余下的即为在产品成本。等到全部产品完工时，再计算该批全部产品实际的总成本和单位成本。

四、分批法举例

某厂根据客户的订单组织生产，采用分批法计算产品成本。

（1）该厂有两个生产车间，原材料在一车间生产开始时一次投入，2016 年 8 月的有关资料见表 10—1。

表 10—1　　　　**各批产品的生产情况**

产品批号	产品名称	开工日期	批量（台）	完工产量（台）		本月耗用工时（小时）	
				7 月	8 月	一车间	二车间
03	A 产品	7 月份	16	8	8	2 400	2 200
04	B 产品	8 月份	10		10	1 200	1 500
05	C 产品	8 月份	8			800	1 200

（2）03 批 A 产品 7 月份的有关资料：

直接材料为 8 500 元，直接人工为 16 900 元，制造费用为 7 050 元。

（3）8 月份 B 产品耗用材料 50 600 元，05 批 C 产品耗用材料 10 500 元。

（4）8 月份的直接人工费用资料见表 10—2。

表 10—2　　　　**直接人工费用表**

2016 年 8 月　　　　金额单位：元

	一车间	二车间
03 批 A 产品	7 900	3 500
04 批 B 产品	5 500	4 900
05 批 C 产品	3 400	3 600

（5）8 月份的制造费用资料：

一车间为 4 400 元，二车间为 5 880 元，制造费用按生产工时比例在各批产品之间分配。

（6）计算完工产品成本的要求：

该厂对订单内跨月陆续完工的产品，月末计算成本时，对完工产品按计划成本转出，待全部完工后再重新计算完工产品的实际总成本和单位成本。本例中03批A产品11月末完工10台，按计划单位成本结转，其中原材料计划单位成本为550元，职工薪酬计划单位成本为1 000元，制造费用计划单位成本为280元。

根据上述资料编制的制造费用分配表见表10—3，设置并登记的03批、04批、05批产品基本生产成本明细账及其成本计算见表10—4、表10—5和表10—6。

表10—3 **制造费用分配表**

2016年8月　　金额单位：元

产品批别	一车间			二车间			合计
	工时	分配率	金额	工时	分配率	金额	
03批	2 400		2 400	2 200		2 640	5 040
04批	1 200		1 200	1 500		1 800	3 000
05批	800		800	1 200		1 440	2 240
合计	4 400	1.00	4 400	4 900	1.2	5 880	10 280

表10—4 **基本生产成本明细账**

批号：03　　产品名称：A产品

开工日期：2016年7月　　完工日期：2016年8月　　金额单位：元

2016年		凭证号数	摘要	直接材料	直接人工	制造费用	合计
月	日						
7	31	略	7月份成本合计	8 500	16 900	7 050	32 450
	31	略	完工10台转出成本	4 400	8 000	2 240	14 640
	31	略	7月末在产品成本	4 100	8 900	4 810	17 810
8	31	略	一车间成本分配		7 900	2 400	10 300
	31	略	二车间成本分配		3 500	2 640	6 140
	31	略	8月份成本合计		11 400	5 040	16 440
	31	略	8月份完工10台转出成本	4 100	20 300	9 850	34 250
	31	略	20台产品累计总成本	8 500	28 300	12 090	48 890
	31	略	单位成本	531.25	1 768.75	755.625	3 055.625

表10—5 **基本生产成本明细账**

批号：04　　产品名称：B产品　　金额单位：元

开工日期：2016年8月　　完工日期：2016年8月　　完工数量：15台

2016年		凭证号数	摘要	直接材料	直接人工	制造费用	合计
月	日						
8	31	略	一车间费用分配	50 600	5 500	1 200	57 300
	31	略	二车间费用分配		4 900	1 800	6 700
			生产费用合计	50 600	10 400	3 000	64 000
	31	略	转出完工产品成本	50 600	10 400	3 000	64 000
			单位成本	5 060	1 040	300	6 400

表 10—6　　基本生产成本明细账

批号：05　　产品名称：C 产品

开工日期：2016 年 8 月　　完工日期：　　金额单位：元

2016 年		凭证号数	摘要	直接材料	直接人工	制造费用	合计
月	日						
8	31	略	一车间费用分配	10 500	3 400	800	14 700
	31	略	二车间费用分配		3 600	1 440	5 040
	31	略	8 月份累计成本	10 500	7 000	2 240	19 740

※思考活动※

分批法与品种法的主要区别在哪里？相同点又在哪里？分批法在核算产品成本时应注意哪些问题？

简化分批法

※ 任务描述※

本任务的工作思路如图 10—2 所示。通过本任务的学习，学生能够理解简化分批法的含义和特点，掌握简化分批法的核算方式以及账务处理原则。

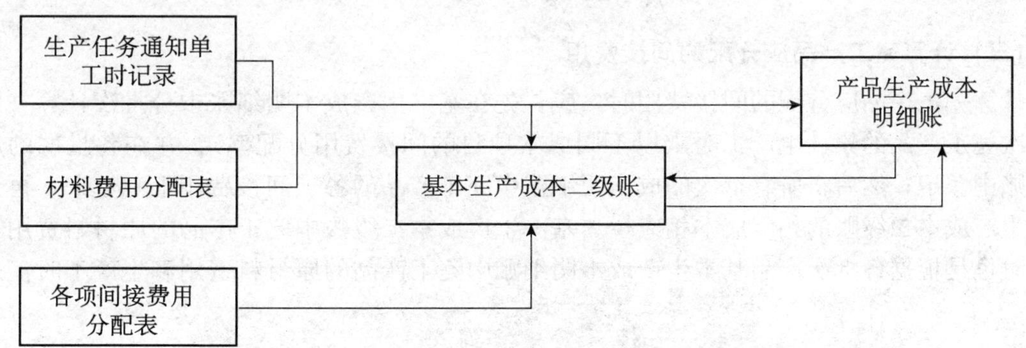

图 10—2　简化分批法工作思路图

※基本知识与技能※

小批或单件生产的企业，如果同一月份内投产的产品批数很多，则各种间接费用在各批产品之间按月分配的工作量将很大。在这种情况下可采用一种简化分批法。

一、简化分批法的特点

简化分批法的特点是，每月发生的人工费用和制造费用等间接费用不是按月在各批产品之间分配，而是累加起来，到产品完工的那个月份，再按照完工产品累计生产工时比例在各批完工产品之间进行分配。因此，这种方法也叫“间接费用累计分配法”，有的还称之为“不分批计算在产品成本分批法”。间接费用分配的计算公式如下：

$$\text{全部产品某项累计间接费用分配表}=\frac{\text{期初结存该项全部产品间接费用}+\text{本月发生该项全部产品间接费用}}{\text{期初结存全部在产品累计工时}+\text{本月发生全部工时数}}$$

$$\text{某批完工产品应负担的某项间接计入费用}=\text{该批完工产品累计生产工时}\times\text{全部产品该项累计间接费用分配率}$$

二、简化分批法的计算程序

（一）按产品批别设立基本生产成本明细账和基本生产成本二级账

按产品批别设立基本生产成本明细账，平时账内仅登记直接计入费用（原材料费用）和生产工时；另外，要设立基本生产成本二级账，归集企业投产的所有批次合计发生的各项费用以及累计的生产工时。

（二）计算间接费用分配表

在有完工产品的月份，通过基本生产成本二级账上的累计生产工时和累计间接费用计算分成本项目的间接费用累计分配率，分别在基本生产成本明细账和基本生产成本二级账上登记。

（三）计算完工产品应分配的间接费用

计算完工产品应分配的间接费用时，应首先在基本生产成本明细账中分批次计算（即用各批次完工产品的累计生产工时乘以不同成本项目的间接费用分配率），并在各批次的成本明细账中登记；然后将所有批次的成本明细账中完工产品的各项间接费用汇总起来，再记入基本生产成本二级账的相应成本相应栏。基本生产成本二级账中完工产品的原材料费用和生产工时也是根据各批次产品基本生产成本明细账中完工产品的原材料费用和生产工时汇总登记的。

三、简化分批法举例

假定某企业小批生产多种产品，产品批数多。为了简化核算，采用简化分批法计算产品成本。该企业 8 月份各批产品的情况是：

第 601 批号：A 产品 6 件，6 月份投产，本月完工；

第 712 批号：B 产品 8 件，7 月份投产，本月完工 5 件；

第 716 批号：C 产品 6 件，7 月份投产，尚未完工；

第 801 批号：D 产品 7 件，8 月份投产，尚未完工。

该企业 8 月份的月初在产品成本和本期生产费用以及实耗工时登记入“基本生产成本二级账”和各批号“基本生产成本明细账”的内容见表 10—7、表 10—8、表 10—9、表 10—10、表 10—11。

表 10—7　　**基本生产成本二级账**　　金额单位：元

2016 年		凭证号数	摘要	生产工时	直接材料	直接人工	制造费用	合计
月	日							
8	1	略	期初余额	28 650	256 000	58 700	67 540	382 240
8	30	略	本月发生额	32 350	63 500	54 150	69 710	187 360
8	30	略	累计	61 000	319 500	112 850	137 250	569 600
8	30	略	间接费用累计分配率			1.85	2.25	
8	30		完工产品成本结转	38 450	198 304	66 134	87 666	352 104
			余额	22 350	101 296	38 442	50 958	190 696

表 10—8　　**基本生产成木明细账**

批号：601　　开工日期：2016 年 6 月　　批量：6 件

产品名称：A 产品　　完工日期：2016 年 8 月　　金额单位：元

2016 年		凭证号数	摘要	生产工时	直接材料	直接人工	制造费用	合计
月	日							
6	30	略	期初余额	8 860	58 750			
7	31	略	本月发生额	6 240	32 750			
8	31	略	累计	8 750	26 500			
8	31	略	间接费用累计分配率	23 850	118 000	1.85	2.25	
8	31		完工产品成本结转	23 850	118 000	44 122.5	53 662.5	215 785
			完工产品单位成本		14 750	5 515.312 5	6 707.812 5	26 973.125

在表 10—8 中，已完工产品成本的结转，“直接材料”成本项目根据本账户中最后完工月份止的累计金额结转，“直接人工”和“制造费用”成本项目根据“生产成本二级账”中计算的累计分配率和本账中的累计生产工时直接计算填列结转。

表 10—9　　**基本生产成本明细账**

批号：712　　开工日期：2016 年 7 月投产 8 件

产品名称：B 产品　　完工日期：2016 年 8 月完工 5 件　　金额单位：元

2016 年		凭证号数	摘要	生产工时	直接材料	直接人工	制造费用	合计
月	日							
7	31	略	本月发生	6 810	72 820			
9	30	略	本月发生	8 520	5 980			
9	30	略	累计数及间接费用累计分配率	15 330	78 800	1.85	2.25	
9	30	略	本月转出完工产品成本	9 750	49 250	18 037.5	21 937.5	89 225
9	30	略	完工产品单位成本		9 850	3 607.5	4 387.5	17 845
9			月末在产品	5 580	29 550			

本批次本月完工交货5件，直接材料成本项目按完工件数直接分配结转，即49 250(=78 800/8×5)元；生产工时栏按每件定额1 950元结转。“直接人工”和“制造费用”成本项目按“生产成本二级账”中的累计分配率和本账中的按定额结转的生产工时直接计算填列结转。

表10—10　　基本生产成本明细账

批号：716　　开工日期：2016年8月　　产品批量：6件

产品名称：C产品　　完工日期：　　金额单位：元

2016年		凭证号数	摘要	生产工时	直接材料	直接人工	制造费用	合计
月	日							
7	31	略	本月发生	6 840	39 080			
8	31	略	本月发生	3 670	6 680			

表10—11　　基本生产成本明细账

批号：801　　开工日期：2016年8月　　产品批量：7件

产品名称：D产品　　完工日期：　　金额单位：元

2016年		凭证号数	摘要	生产工时	直接材料	直接人工	制造费用	合计
月	日							
8	31	略	本月发生	6 850	36 540			

由于C、D批次产品均未完工，生产成本明细账中只填列“直接材料”成本项目的费用数额和“生产工时”栏中的工时数额。“直接人工”和“制造费用”等成本项目均反映在“生产成本二级账”中。

※思考活动※

简化分批法的核算主要简化在哪里？

【项目小结】

分批法是以产品的批别或订单为成本计算对象，归集生产费用，计算产品成本的一种方法，主要适用于单件小批的复杂生产企业或车间。简化分批法也被称为“不分批计算在产品成本的分批法”，只有在各批产品完工时，才通过累计间接费用分配率进行间接计入费用的分配和结转。

【项目训练】

一、单项选择题

1. 下列方法中，必须设置基本生产成本二级账的是（　　）。

A. 分类法　　B. 简化分批法　　C. 定额法　　D. 简化品种法

2. 分批法的主要特点是（　　）。

A. 批内产品都同时完工，不存在完工产品与在产品之间分配费用的问题

B. 以产品批别为成本计算对象

C. 费用归集和分配比较简便

D. 定期计算成本

3. 采用简化分批法，在产品完工之前，产品成本计算单（　　）。

A. 只登记直接材料费用　　B. 不登记任何费用

C. 只登记直接材料和生产工时　　D. 登记间接费用，不登记直接费用

4. 在简化分批法下，累计间接费用分配率（　　）。

A. 只是在各批在产品之间分配间接费用的依据

B. 只是在各批完工产品之间分配间接费用的依据

C. 只是在完工产品与在产品之间分配间接费用的依据

D. 既是各批产品之间，也是完工产品与在产品之间分配间接费用的依据

5. 累计间接计入费用分配率是依据（　　）的有关数据计算的。

A. 基本生产成本明细账　　B. 基本生产成本总账

C. 基本生产成本二级账　　D. 以上都不是

二、多项选择题

1. 在分批法下，间接费用的分配方法有（　　）。

A. 定额比例法　　B. 计划成本分配法

C. 当月分配法　　D. 直接成本分配法

E. 累计分配法

2. 采用简化分批法，必须具备的条件是（　　）。

A. 各个月份的间接计入费用的水平相差悬殊

B. 各个月份的间接计入费用的水平相差不多

C. 月末完工产品批数比较多

D. 月末完工产品批数比较少

E. 月末未完工产品批数比较多

3. 分批法适用于（　　）。

A. 新产品的试制　　B. 单件生产

C. 小批生产　　D. 辅助生产的工具、模具制造

E. 机器设备的大修理

4. 采用分批法计算产品成本，作为某一成本计算对象的批别，可以按以下方法确定：（　　）。

A. 同一订单中的多种产品　　B. 同一订单中同种产品的组成部分

C. 不同订单中的同种产品　　D. 不同订单中的不同产品

E. 本企业规定的产品批别

5. 采用分批法计算产品成本，在批内产品跨月陆续完工不多的情况下，结转完工产品成本的方法可以按（　　）。

A. 定额单位成本计算　　B. 计划单位成本计算

C. 近期同种产品实际单位成本计算　　D. 暂不结转，待全部完工后一并计算

E. 实际单位成本

三、判断题

1. 采用简化分批法计算产品成本，不必设置基本生产成本二级账。（ ）

2. 采用分批法计算产品成本时，不存在完工产品与月末在产品之间分配费用的问题。（ ）

3. 简化分批法就是不分批计算在产品成本的分批法。（ ）

4. 分批法下的产品批量必须根据购买者的订单确定。（ ）

5. 为了使同一批产品同时完工，避免跨月陆续完工的情况，减少在完工产品与月末在产品之间分配费用的工作，产品的批量越小越好。（ ）

四、计算分析题

1. 某企业生产甲、乙两种产品，生产属于小批生产，采用分批法计算成本。

（1）本月生产的产品批号有：9414 批号：甲产品 10 台，本月投产，本月完工 6 台；9415 批号：乙产品 10 台，本月投产，本月完工 2 台。

（2）本月各批号生产费用资料见表 10—12。

表 10—12　各批号生产费用资料表

批号	直接材料	直接人工	制造费用
9414	3 360	2 350	2 800
9415	4 600	3 050	1 980

（3）9414 批号甲产品完工数量较大，原材料在生产开始时一次投入，其他费用在完工产品与在产品之间采用约当产量比例法分配，在产品完工程度为 50%。9415 批号乙产品完工数量少，完工产品按计划成本结转，每台产品计划成本：直接材料 460 元，直接人工 350 元，制造费用 240 元。

要求：采用分批法，登记产品成本明细账，见表 10—13、表 10—14。

表 10—13　基本生产成本明细账

批号：　产品名称：　批量：　开工日期：　完工日期：

年		摘要	直接材料	直接人工	制造费用	合计
月	日					

表 10—14　基本生产成本明细账

批号：　产品名称：　批量：　开工日期：　完工日期：

年		摘要	直接材料	直接人工	制造费用	合计
月	日					

2. 某企业生产组织属于小批生产，产品批数多，而且月末有许多批号产品完工，因而采用简化分批法计算产品成本。

（1）9月份生产批号有：

9420号：甲产品5件，8月投产，9月20日全部完工；

9421号：乙产品10件，8月投产，9月完工6件；

9422号：丙产品5件，8月投产，尚未完工；

9423号：丁产品6件，9月投产，尚未完工。

（2）各批号9月末累计材料费用（原材料在生产开始时一次投入）和工时为：

9420号：原材料18 000元，工时9 020小时；

9421号：原材料24 000元，工时21 500小时；

9422号：原材料15 800元，工时8 300小时；

9423号：原材料11 080元，工时8 220小时。

（3）9月末，该企业全部产品累计直接材料费用68 880元，工时47 040小时，直接人工费用18 816元，制造费用28 224元。

（4）9月末，完工产品工时23 020小时，其中乙产品工时14 000小时。

要求：

（1）根据上列资料，登记基本生产成本二级账和各批产品成本明细账；

（2）计算和登记累计间接计入费用分配率；

（3）计算各批完工产品成本。

3. 某企业生产甲、乙、丙、丁四种产品，采用简化分批法计算产品成本。该企业9月份各批产品成本资料如下：

（1）0871批号甲产品5件，8月投产，本月全部完工；

（2）0872批号乙产品10件，8月投产，本月完工2件，材料费用按完工产品与在产品数量分配，在产品工时按定额工时计算共9 250小时；

（3）0873批号丙产品5件，8月投产，本月全部未完工；

（4）0874批号丁产品12件，8月投产，本月全部未完工。

（5）设立基本生产成本二级账，见表10—15。

表10—15　　基本生产成本二级账

日期		摘要	直接材料	生产工时	直接人工	制造费用	合计
8	31	在产品			21 000	18 750	
9	30	本月发生			4 000	11 250	
9	30	累计			25 000	30 000	
9	30	累计分配率					
9	30	本月完工转出					
9	30	在产品					

要求：根据上述资料，采用简化分批法进行成本计算，将有关数字填入二级账和明细账中，见表10—16、表10—17、表10—18、表10—19。

表 10—16　　产品成本明细账

批号：0871　　订货单位：A厂　　投产日期：8月

产品名称：甲产品　　批量：5件　　完工日期：9月

日期		摘要	直接材料	生产工时	直接人工	制造费用	合计
8	31	本月发生	7 000	8 250			
9	30	本月发生	8 000	875			
9	30	本月止累计	15 000	9 125			
9	30	累计分配率					
9	30	本月完工产品					
9	30	完工产品单位成本					

表 10—17　　产品成本明细账

批号：0872　　订货单位：B厂　　投产日期：8月

产品名称：乙产品　　批量：10件　　完工日期：9月完工2件

日期		摘要	直接材料	生产工时	直接人工	制造费用	合计
8	31	本月发生	9 250	8 750			
9	30	本月发生	12 500	3 700			
9	30	本月止累计	21 750	12 450			
9	30	累计分配率					
9	30	本月完工产品					
9	30	在产品成本					

表 10—18　　产品成本明细账

批号：0873　　订货单位：C厂　　投产日期：8月

产品名称：丙产品　　批量：5件　　完工日期：

日期		摘要	直接材料	生产工时	直接人工	制造费用	合计
8	31	本月发生	14 250	11 500			
9	30	本月发生	17 500	4 250			

表 10—19　　产品成本明细账

批号：0874　　订货单位：D厂　　投产日期：8月

产品名称：丁产品　　批量：12件　　完工日期：

日期		摘要	直接材料	生产工时	直接人工	制造费用	合计
9	30	本月发生	18 500	12 675			

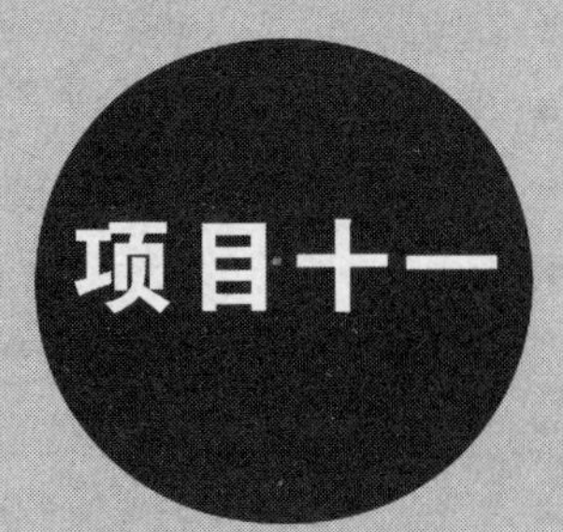

分步法

任务一　分步法概述　/ 179
任务二　逐步结转分步法　/ 180
任务三　平行结转分步法　/ 190

【学习目标】

知识目标

- 理解分步法的概念
- 理解分步法计算产品成本的程序
- 理解逐步综合结转分步法的应用
- 理解平行结转分步法的应用

能力目标

- 掌握分步法的账务处理
- 掌握逐步综合结转分步法的成本还原
- 掌握平行结转分步法的应用

【引导案例】

对于可口可乐公司的罐装可乐来说，所需的直接材料是糖浆、碳酸水和易拉罐。装瓶公司从可口可乐公司购买糖浆或加工成糖浆的浓缩液，生产过程的第一步骤是将糖浆与碳酸水混合制成可罐装的液体。在这一步骤中，材料成本是糖浆和碳酸水的成本。另一独立的步骤是，空罐被送往工厂，在那里它们被检测及清洗，它们在第二步骤被装入可乐，这仅需要加工成本。第三步骤是在罐上加盖，然后将已装罐的可乐包装成箱。至此，整个生产流程结束了。

问题：对于罐装可口可乐，哪种成本计算方法更合适，并说明理由。

分步法概述

※ 任务描述※

本任务的工作思路如图 11—1 所示。通过本任务的学习，学生能够理解分步法的含义和特点，掌握分步法的种类，为分步法的具体应用打好基础。

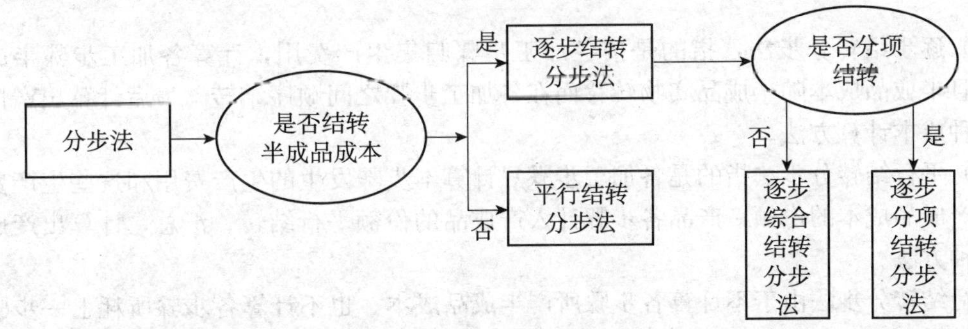

图 11—1　分步法工作思路图

※基本知识与技能※

一、分步法的概念及特点

分步法作为以各生产步骤的产品为成本计算对象来归集生产费用、计算产品成本的一种方法，其特点主要有以下三个方面。

（一）以各个加工步骤的各种产品作为成本计算对象，并据以设置基本生产成本明细账

分步法要求基本生产成本明细账按照生产步骤设立，账中按照产品品种反映。在大量大批多步骤生产方式下，每经过一个加工步骤产出的半成品，其形态和性质各不相同，计量单位也可能不尽相同，而且各步骤生产的半成品转入后续步骤加工成不同的产成品，也可能对外出售。因此，成本计算必须按各步骤的各种产品进行。但应指出的是，产品成本计算的分步与实际生产步骤不一定完全一致。为了简化成本计算工作，可以只对管理上有必要分步计算成本的生产步骤单独设立产品成本明细账，单独计算成本；而对管理上不要求单独计算成本的生产步骤，则可与其他生产步骤合并，设立基本生产成本明细账计算其成本。

（二）产品成本计算期与会计报告期一致

产品成本计算是按月进行的，故产品成本计算期与会计报告期一致，但与生产周期不一致。

（三）月末要将生产费用采用适当的方法在完工产品与在产品之间进行分配

大量大批多步骤生产情况下，月末通常都会有在产品，因此，必须按加工步骤将所归集的生产费用在完工产品与在产品之间进行分配。

二、分步法的种类

分步法按是否需要计算和结转各步骤半成品成本，分为逐步结转分步法和平行结转分步法两种。

（1）逐步结转分步法，指的是按各加工步骤归集生产费用，计算各加工步骤半成品成本，而且半成品成本随半成品实物转移而在各加工步骤之间顺序结转，最后计算出产成品成本的一种成本计算方法。

（2）平行结转分步法指的是各加工步骤只计算本步骤发生的生产费用和这些生产费用中应承担产成品成本的份额，产品各步骤计入产成品的份额平行结转、汇总，计算出产成品成本的一种方法。

平行结转分步法由于不计算各步骤所产半成品成本，也不计算各步骤所耗上一步骤半成品成本，因此也叫不计算半成品成本的分步法。

※思考活动※

分步法需要按产品品种进行成本核算吗？逐步结转分步法与平行结转分步法中哪一种要计算并结转半成品成本？

逐步结转分步法

※ 任务描述※

本任务的工作思路如图 11—2 所示。通过本任务的学习，学生能够理解逐步结转分步法的含义和特点，掌握逐步结转分步法的具体应用，并且能够做到在此方法下的成本还原。

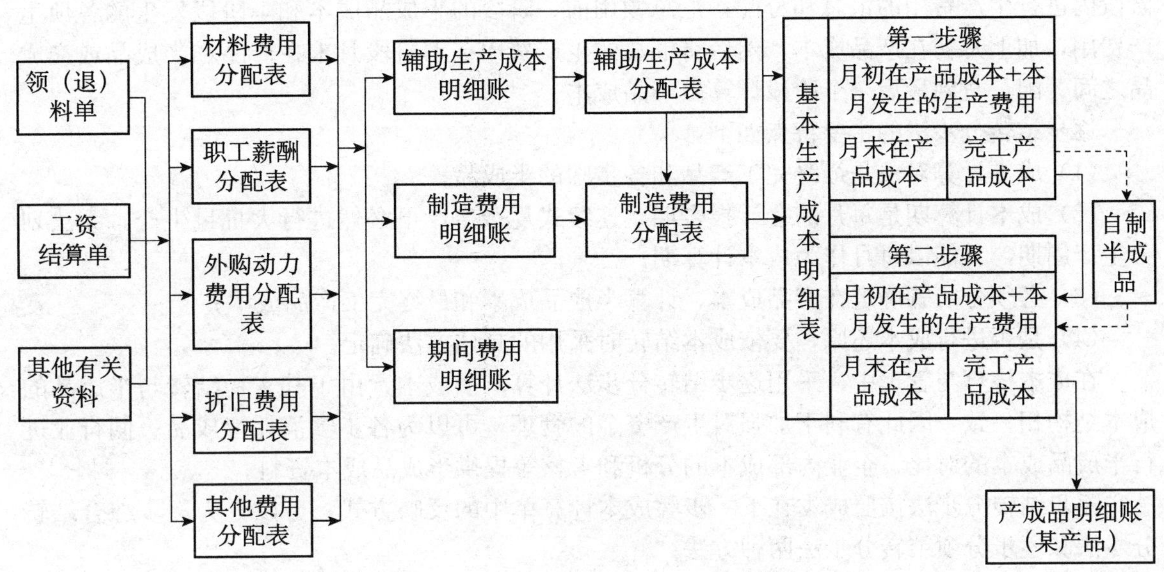

图 11—2　逐步结转分步法工作思路图

※基本知识与技能※

一、逐步结转分步法概述

逐步结转分步法是根据产品的生产工艺流程，按顺序分步骤计算各步骤半成品成本，并结转半成品至下一步骤，最终计算完工产品成本的一种方法。

逐步结转分步法是为了分步计算半成品成本而采用的一种分步法，也称计算半成品成本分步法。当某一步骤的半成品有独立经济意义或半成品虽无独立经济意义，只能转入下一步骤继续生产或加工，但本企业管理上要求提供该步骤半成品成本信息，以便进行各期比较或同上期比较时，就必须按生产步骤追踪产品成本的累积过程，而采用逐步结转分步法。具体来讲，逐步结转分步法主要适用于下列大批大量多步骤生产企业。

（1）半成品可对外销售或半成品虽不对外销售但须进行比较考核的企业。例如：纺织企业的棉纱、坯布，冶金企业的生铁、钢锭、铝锭，化肥企业的合成氨等半成品都属于这种情况。

（2）一种半成品同时转作几种产成品原料的企业。例如：生产钢铸件、铜铸件的机械企业，生产纸浆的造纸企业。

（3）实行承包经营责任制的企业。对外承包必然在内部也要承包或逐级考核，需要计算各步骤的半成品成本。

逐步结转分步法实际上是品种法在各生产步骤的连续运用，可以将其追逐生产过程中各阶段生产耗费和成本累积的过程形象地比喻为“滚雪球”，越滚越大的雪球犹如在由前向后发生的物质流转中，由小到大不断累积的半成品和产成品成本。生产费用的多次汇总和分配，最后计算出产品成本的过程，在这里体现得最为明显。每经过一个生产阶段，就要在本阶段内进行生产费用的汇总和分配，汇总领用前一阶段的半成品成本和本阶段发生的各项生产费用，加上月初在产品成本，然后将汇总的生产费用在本阶段月末在产品和半成品或产成品之间分配，直到最后一个阶段计算出产品成本。

逐步结转分步法的主要特点如下：

(1) 成本计算对象是最终完工产品和各步骤的半成品；

(2) 成本计算期是每月的会计报告期，连续式复杂生产下必然进行大批量生产，无法划分生产周期，只能以每月作为成本计算期；

(3) 必须分步骤确定在产品成本，计算半成品成本和最终完工产品成本；

(4) 是否进行成本还原，要依成本结转时采用的具体方法确定。

在成本核算与管理中，采用逐步结转分步法计算产品成本，由于其实物结转与半成品的成本结构相一致，因此有利于加强对生产资金的管理，可以为各步骤消耗半成品、同行业进行半成品成本的对比、企业内部成本的分析和考核等提供半成品成本资料。

逐步结转分步法按照成本在下一步骤成本计算单中的反映方式，可以分为逐步综合结转分步法和逐步分项结转分步法两种方法。

(1) 逐步综合结转分步法的特点是将生产步骤所耗用的上一步骤的半成品成本，综合计入各该步骤成本计算单的“直接材料”或专设“半成品”成本项目中。这样计算出来的产成品成本，不能提供原始成本项目反映的成本资料，并且随着成本计算的步骤越多，到最后一个步骤计算出来的产成品成本中，“半成品”成本项目所占的比重越大，而其他费用却仅仅是最后一个步骤发生的费用，占的比重很小，不能真实地反映产品成本结构，不利于成本分析。因此，在管理上要求提供按照原始成本项目反映的成本资料时，必须对逐步综合结转分步法计算结果中的半成品成本项目进行成本还原。

(2) 逐步分项结转分步法是将各步骤所耗用的半成品成本，按照原始成本项目分别转入各步骤成本计算单中相应的成本项目。采用这种结转方法，可以提供按照原始成本项目反映的产品成本资料，因而不需要进行成本还原。

二、逐步结转分步法的计算程序

由于采用逐步结转分步法逐步计算各步骤产品成本时，上一步骤所生产半成品的成本要随着半成品实物的转移，从上一步骤的成本计算单转入下一步骤相同产品的成本计算单中，因而其计算程序要受半成品实物流转的制约。半成品实物的流转程序有两种，即不通过仓库收发和通过仓库收发，下面分别进行介绍。

(一) 半成品不通过仓库收发

在这种情况下，逐步结转分步法的产品成本计算程序是：首先计算第一步骤半成品成本，然后随半成品实物转移，将其成本转入第二步骤产品成本明细账，再加上第一步骤所发生的费用，计算第二步骤半成品成本，依次逐步累计结转，直到最后步骤计算出产成品成本为止。具体计算程序如图 11—3 所示。

(二) 半成品完工和领用通过仓库收发

在这种情况下，成本核算的基本步骤与上述半成品不通过仓库收发基本相同，唯一的差别是，在各步骤设立“自制半成品明细账”，核算各步骤半成品的收、发、存情况。具体计算程序如图 11—4 所示。

从以上所述的成本结转计算程序可以看出，逐步结转分步法实际上就是品种法的多次连续应用。即在采用品种法计算上一步骤的半成品成本以后，按照下一步骤的耗用数量转入下一步骤成本；下一步骤再一次采用品种法归集所耗半成品的费用和本步骤其他费用，计算其半成品成本；如此逐步结转，直至最后一个步骤计算出产成品成本。

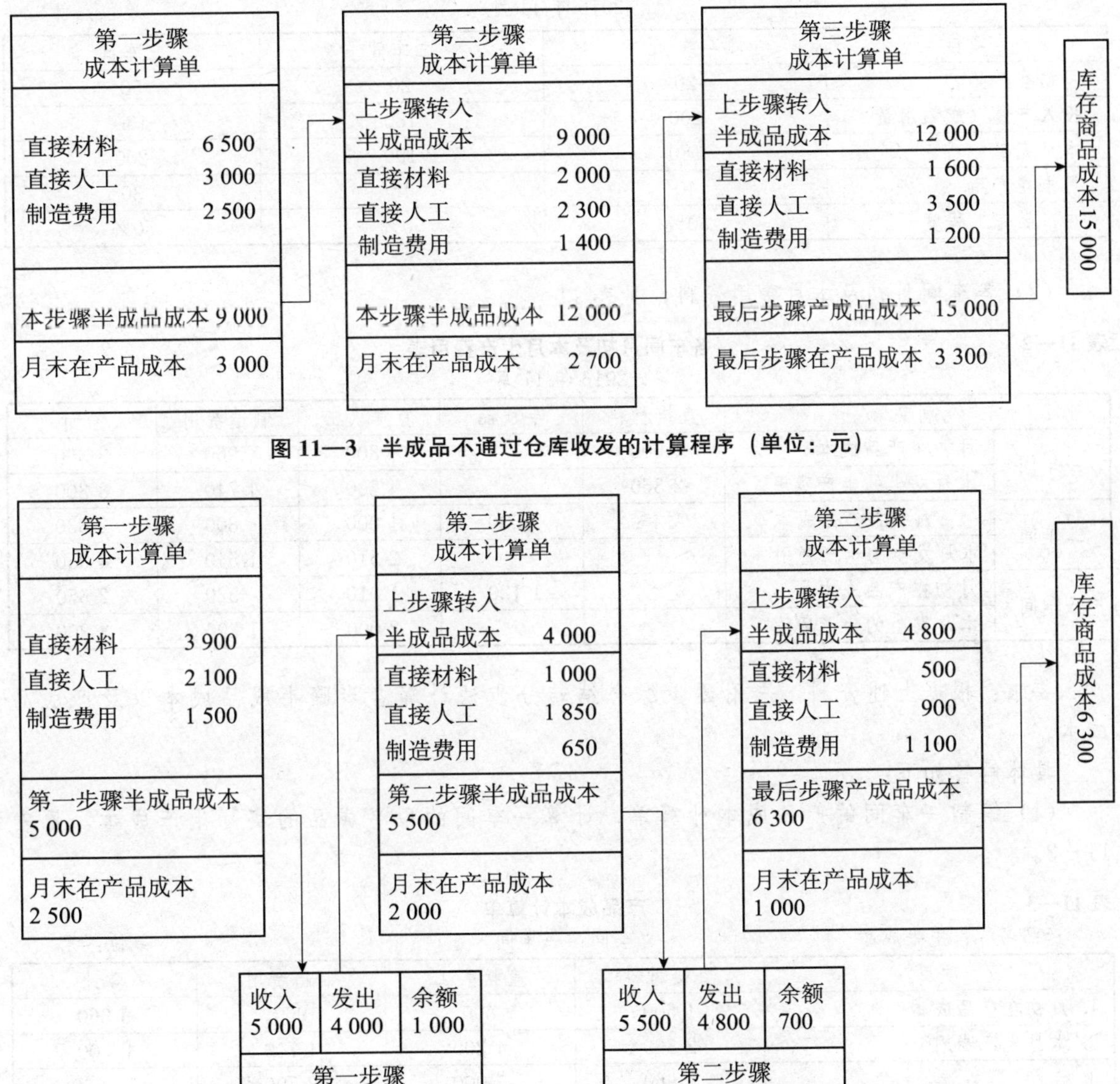

图 11—3　半成品不通过仓库收发的计算程序（单位：元）

图 11—4　半成品完工和领用通过仓库收发的计算程序（单位：元）

【例 11—1】 明亮工厂从 2016 年 11 月开始生产 A 产品，该产品经过三个生产车间加工。一车间投入原材料加工成甲半成品，不经过仓库收发直接转入二车间加工制成乙半成品，乙半成品通过仓库收发入库，三车间通过半成品仓库领用乙半成品继续加工完成 A 产成品。其中一件 A 产品耗用 1 件乙半成品，1 件乙半成品耗用 1 件甲半成品。生产 A 产品所需的原材料在一车间生产开始时一次性投入，二、三车间不投入材料。各车间的生产费用在完工产品和在产品之间分配，采用约当产量比例法，各基本生产车间的月末在产品完工率均为50%。三车间领用的乙半成品成本结转采用先进先出法进行计算。月初乙半成品数量为20件，单位成本为84元，合计1 680元。明亮工厂2016年11月生产的有关成本资料如下：

（1）本月各车间产量资料，见表11—1。

表11—1

产量资料

2016年11月

单位：件

项目	一车间	二车间	三车间
月初在产品	20	20	50
投入产量（或领用量）	200	180	180
本月完工	180	190	200
月末在产品	40	10	30
在产品完工程度	50%	50%	50%

（2）各车间月初及本月费用资料，见表11—2。

表11—2

各车间月初及本月生产费用表

2016年11月

摘要		直接材料	半成品	直接人工	制造费用	合计
一车间	月初在产品成本	1 600		800	960	3 360
	本月发生的生产费用	2 360		4 200	1 740	8 300
二车间	月初在产品成本		1 030	1 000	800	2 830
	本月发生的生产费用			2 510	1 540	4 050
三车间	月初在产品成本		1 120	1 010	520	2 650
	本月发生的生产费用			2 000	1 200	3 200

要求：根据上述资料，采用逐步综合结转分步法计算各步骤半成品成本以及产成品成本。

具体解答如下：

（1）编制一车间的产品成本计算单，计算一车间的甲半成品的实际生产成本，见表11—3。

表11—3

产品成本计算单

产品名称：甲半成品　　车间：一车间　　单位：元

项目	直接材料	直接人工	制造费用	合计
1. 月初在产品成本	1 600	800	960	3 360
2. 本月生产费用	2 360	4 200	1 740	8 300
3. 合计	3 960	5 000	2 700	11 660
4. 完工半成品数量	180	180	180	
5. 月末在产品约当产量	40	40×50%=20	40×50%=20	
6. 产量合计（4+5）	220	200	200	
7. 单位产品成本（3÷6）	18	25	13.5	56.5
8. 完工半成品成本（4×7）	3 240	4 500	2 430	10 170
9. 月末在产品成本（3−8）	720	500	270	1 490

(2) 编制二车间的产品成本计算单，计算二车间的乙半成品的实际成本，见表11—4。

表11—4　产品成本计算单

产品名称：乙半成品　　车间：二车间　　单位：元

项目	直接材料	直接人工	制造费用	合计
1. 月初在产品成本	1 030	1 000	800	2 830
2. 本月生产费用	10 170	2 510	1 540	14 220
3. 合计	11 200	3 510	2 340	17 050
4. 完工半成品数量	190	190	190	
5. 月末在产品约当产量	10	10 ×50%=5	10×50%=5	
6. 产量合计 (4+5)	200	195	195	
7. 单位产品成本 (3÷6)	56	18	12	86
8. 完工半成品成本 (4×7)	10 640	3 420	2 280	16 340
9. 月末在产品成本 (3—8)	560	90	60	710

(3) 根据表11—4的计算结果，通过仓库收发的半成品，应编制结转完工入库半成品成本的会计分录，并在半成品明细账中进行登记。

结转完工入库半成品成本的会计分录如下：

借：自制半成品——乙半成品　　16 340

　贷：生产成本——基本生产成本——乙半成品　　16 340

(4) 登记乙半成品明细账并计算三车间领用乙半成品的实际成本，见表11—5（该企业采用先进先出法计算领用乙半成品成本）。

表11—5　自制半成品明细账

品名：乙半成品

2016年		摘要	收入			发出			结存		
月	日		数量	单价	金额	数量	单价	金额	数量	单价	金额
10	31	结存							20	84	1 680
11	30	交库	190	86	16 340				20 190	84 86	1 680 16 340
11	30	领用				20 160	84 86	1 680 13 760	30	86	2 580
11	30	合计	190	86	16 340	180		15 440	30	86	2 580

由于采用先进先出法对发出半成品进行计价，因此三车间本月领用180件乙半成品成本=20×84+160×86=15 440元。

(5) 根据自制半成品明细账中有关三车间领用乙半成品成本的计算结果，编制三车间领用乙半成品的会计分录如下：

借：生产成本——基本生产成本——三车间　　15 440

　贷：自制半成品——乙半成品　　15 440

上述会计分录应记入自制半成品明细账（见表11—5）以及三车间的产品成本计算单（见表11—6）。

(6) 编制三车间的产品成本计算单，计算甲产品的生产成本，见表11—6。

表 11—6

产品成本计算单

产品名称：A成品　　　　车间：三车间　　　　单位：元

项目	直接材料	直接人工	制造费用	合计
1. 月初在产品成本	1 120	1 010	520	2 650
2. 本月生产费用	15 440	2 000	1 200	18 640
3. 合计	16 560	3 010	1 720	21 290
4. 完工产成品数量	200	200	200	
5. 月末在产品约当产量	30	30×50%=15	30×50%=15	
6. 产量合计（4+5）	230	215	215	
7. 单位产品成本（3÷6）	72	14	8	94
8. 完工产成品成本（4×7）	14 400	2 800	1 600	18 800
9. 月末在产品成本（3−8）	2 160	210	120	2 490

（7）根据产品成本计算单和A产成品的入库单，编制结转完工入库A产品生产成本的会计分录如下：

借：库存商品——A产品　　18 800

　贷：生产成本——基本生产成本——三车间　　18 800

三、逐步综合结转分步法下的成本还原

（1）逐步结转分步法采用半成品成本综合结转方式时，上一生产步骤转入的自制半成品成本综合登记在本步骤产品生产成本明细账中的“自制半成品”（或“直接材料”）成本项目。逐步综合结转分步法虽然可以简化成本核算工作，但是在最后生产步骤计算出的产品成本中，除了本步骤发生的加工费用是按原始成本项目反映外，前面各步骤发生的各种费用都集中在“自制半成品”这一个成本项目中。

成本还原就是把本月产成品成本中所耗上一步骤半成品的综合成本，还原成“直接材料”“直接人工”和“制造费用”等原始成本项目，从而取得按原始成本项目反映的产成品成本资料。

（2）成本还原的方法。成本还原是按照反工艺顺序进行的，即从最后一个生产步骤开始，将其所耗用的上一生产步骤自制半成品的综合成本，按照上一生产步骤所产半成品的成本结构进行还原，依次从后往前逐步分解，直到第一个生产步骤为止，还原为直接材料、直接人工、制造费用；然后，将各生产步骤相同成本项目的数额加以汇总，就可以求得成本还原以后产成品的实际总成本，即按原始成本项目反映的产成品实际总成本。成本还原分配率法是按照本月完工产品所耗上一步骤半成品费用占本月所产该种半成品总成本的比例（即成本还原分配率）进行成本还原。具体的计算程序如下：

1）计算成本还原分配率。成本还原分配率，是本月产成品所耗上一步骤半成品费用与该步骤本月所产半成品成本的比率。用公式表示为：

$$成本还原分配率=\frac{本月产成品所耗上一步骤半成品费用}{本月所产该种完工半成品成本合计}$$

2）计算半成品各成本项目还原值。其计算公式为：

应还原为上一步骤某项成本项目金额=上一步骤生产的半成品某个成本项目的成本×成本还原分配率

3）计算产成品还原后各成本项目金额。在成本还原的基础上，将各步骤还原前和还原后相同的成本项目金额相加，即可计算出产成品还原后各成本项目金额，从而取得按原始成本项目反映的产成品成本资料。成本还原一般是通过成本还原计算表进行的。

【例 11—2】江城机械制造厂主要生产 1♯机械产品，20××年 9 月部分成本资料和产品成本还原见表 11—7。

表 11—7 **成本资料**

20××年 9 月

项目	自制半成品	直接材料	直接人工	制造费用	合计
还原前产成品成本	13 500		7 600	2 800	23 900
本月所产半成品成本		8 500	2 500	4 000	15 000

计算过程：

成本还原分配率＝13 500÷15 000＝0.9

产成品所耗上一步骤半成品费用中的直接材料费用＝8 500×0.9＝7 650（元）

产成品所耗上一步骤半成品制造费用中的直接人工费用＝2 500×0.9＝2 250（元）

产成品所耗用上一步骤半成品费用中的制造费用＝4 000×0.9＝3 600（元）

直接材料项目还原后总成本＝7 650（元）

直接人工项目还原后总成本＝7 600＋2 250＝9 850（元）

制造费用项目还原后总成本＝2 800＋3 600＝6 400（元）

还原后总成本合计＝7 650＋9 850＋6 400＝23 900（元）

产品成本还原计算表见表 11—8。

表 11—8 **产品成本还原计算表** 单位：元

项目	还原分配率	自制半成品	直接材料	直接人工	制造费用	合计
还原前产成品成本	—	13 500		7 600	2 800	23 900
本月所产半成品成本	—		8 500	2 500	4 000	15 000
成本还原	13 500÷15 000＝0.9	－13 500	7 650	2 250	3 600	0
还原后产成品成本	—		7 650	9 850	6 400	23 900

【例 11—3】某制造厂生产的甲产品分两个生产步骤连续加工，其中，一车间制造 A 半成品，原材料在第一步骤加工时一次投入，各车间完工半成品直接移交下车间加工，成本计算采用逐步综合结转分步法。有关的成本资料如下：

（1）一车间完工 A 半成品 250 件，月末在产品 10 件，本车间的月末在产品成本采用定额成本法计算，在产品的单位定额成本分别为：原材料 235 元，直接人工 80 元，制造费用 32 元。本月有关的成本资料见表 11—9。

表 11—9 **一车间成本资料**

项目	产量	直接材料	直接人工	制造费用	合计
月初在产品成本	18	3 650	1 800	625	6 075
本月发生的生产费用	235	61 500	38 000	35 650	135 150

（2）二车间本月领用一车间全部完工的 A 半成品投入生产，本月完工甲产成品 215 件，月末在产品 10 件，二车间的月末在产品成本采用约当产量比例法计算，本月末在产品完工

程度为50%。有关成本计算资料见表11—10。

表11—10　　二车间成本资料

项目	产量	半成品	直接人工	制造费用	合计
月初在产品成本	5	2 600	900	625	4 125
本月发生的生产费用	240		46 500	23 500	

要求：采用逐步综合结转分步法进行成本计算，并对甲产品进行成本还原。

具体解答如下：

(1) 计算各步骤产品成本，具体见表11—11、表11—12。

表11—11　　基本生产成本明细账

产品名称：A半成品　　车间：一车间　　单位：元

项目	直接材料	直接人工	制造费用	合计
1. 月初在产品成本	3 650	1 800	625	6 075
2. 本月生产费用	61 500	38 000	35 650	135 150
3. 合计	65 150	39 800	36 275	141 225
4. 完工半成品成本(250件)	62 800	39 000	35 955	137 755
5. 月末在产品成本(10件)	2 350	800	320	3 470

表11—12　　基本生产成本明细账

产品名称：甲产品　　车间：二车间　　单位：元

项目	直接材料	直接人工	制造费用	合计
1. 月初在产品成本	2 600	900	625	4 125
2. 本月生产费用	137 755	46 500	23 500	207 755
3. 合计	140 355	47 400	24 125	211 880
4. 约当产量	225	220	220	
5. 分配率	623.8	215.45	109.66	
6. 完工产成品成本(215件)	134 117	46 321.75	23 576.9	204 015.65
7. 月末在产品成本(10件)	6 238	1 078.25	548.1	7 864.35

(2) 对完工的甲产品成本进行成本还原，见表11—13。

表11—13　　产成品成本还原计算表

产品名称：甲产品　　产量：235　　单位：元

项目	产量	还原分配率	半成品	直接材料	直接人工	制造费用	合计
还原前产成品成本	215件		134 117		46 321.75	23 576.9	204 015.65
本月所产半成品成本				62 800	39 000	35 955	137 755
产成品所耗半成品的成本还原		0.973 590 795 3		61 141.501 94	37 970.041 02	35 005.457 05	134 117
还原后产成品总成本				61 141.501 94	84 291.791 02	58 582.357 05	204 015.65
还原后产成品单位成本	215件			284.379 078 8	392.054 842	272.476 079 3	948.910 000 1

采用逐步综合结转分步法逐步结转半成品成本，便于分析和考核各步骤所耗半成品费用水平，以利于加强内部成本控制，努力降低成本，但还原工作量较大。因此，逐步综合结转分步法一般适用于管理上既要求单独计算各步骤所耗半成品费用又不要求成本还原的情况。

四、逐步分项结转分步法

逐步分项结转分步法是将各生产步骤所耗用的上一步骤半成品成本，按照成本项目分别转入各该步骤产品成本明细账的各个成本项目中，如果半成品通过半成品库收发，在自制半成品明细账中登记半成品成本时，也要按照成本项目分别登记。

采用逐步分项结转分步法时，可以按照半成品的实际成本结转，也可以按照半成品的计划成本结转，然后再按成本项目分项调整成本差异。但按计划成本结转时，由于分项调整成本差异的工作量较大，因此，在实际工作中大多采用按实际成本分项结转的方法。逐步分项结转分步法的基本原理与逐步综合结转分步法基本相同，这里不再举例说明，只列出其成本结转程序，如图 11—5 所示。

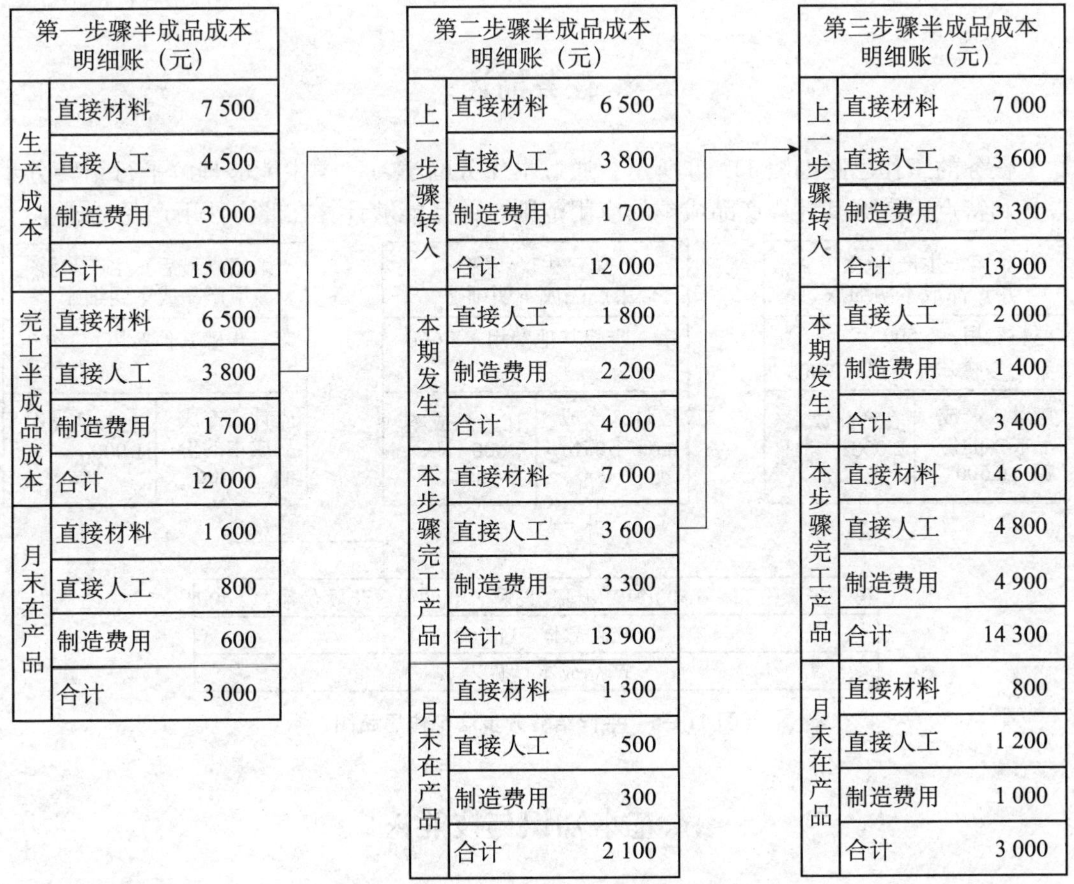

第一步骤半成品成本明细账（元）		
生产成本	直接材料	7 500
	直接人工	4 500
	制造费用	3 000
	合计	15 000
完工半成品成本	直接材料	6 500
	直接人工	3 800
	制造费用	1 700
	合计	12 000
月末在产品	直接材料	1 600
	直接人工	800
	制造费用	600
	合计	3 000

第二步骤半成品成本明细账（元）		
上一步骤转入	直接材料	6 500
	直接人工	3 800
	制造费用	1 700
	合计	12 000
本期发生	直接人工	1 800
	制造费用	2 200
	合计	4 000
本步骤完工产品	直接材料	7 000
	直接人工	3 600
	制造费用	3 300
	合计	13 900
月末在产品	直接材料	1 300
	直接人工	500
	制造费用	300
	合计	2 100

第三步骤半成品成本明细账（元）		
上一步骤转入	直接材料	7 000
	直接人工	3 600
	制造费用	3 300
	合计	13 900
本期发生	直接人工	2 000
	制造费用	1 400
	合计	3 400
本步骤完工产品	直接材料	4 600
	直接人工	4 800
	制造费用	4 900
	合计	14 300
月末在产品	直接材料	800
	直接人工	1 200
	制造费用	1 000
	合计	3 000

图 11—5　逐步分项结转分步法成本计算程序

综上所述，采用逐步分项结转分步法结转半成品成本，可以直接、正确地提供按原始成本项目反映的企业产品成本资料，便于从整个企业的角度考核和分析产品成本计划的执行情况，不需要进行成本还原。但是，这一方法的成本结转工作比较复杂，自制半成品成本明细账也要分成本项目进行登记，成本的计算、结转和登记的工作量比较大。因此，逐步分项结转分步法一般不适用于在管理上不要求计算各步骤完工产品所耗半成品费用和本步骤加工费用，而要求按原始成本项目计算产品成本的企业。

※思考活动※

哪一种方法下需要进行成本还原？成本还原的目的是什么？

平行结转分步法

※ 任务描述※

本任务的工作思路如图 11—6 所示。通过本任务的学习，学生能够理解平行结转分步法的含义和特点，掌握其计算产品成本的应用范围，并且能够计算在此方法下产品的成本。

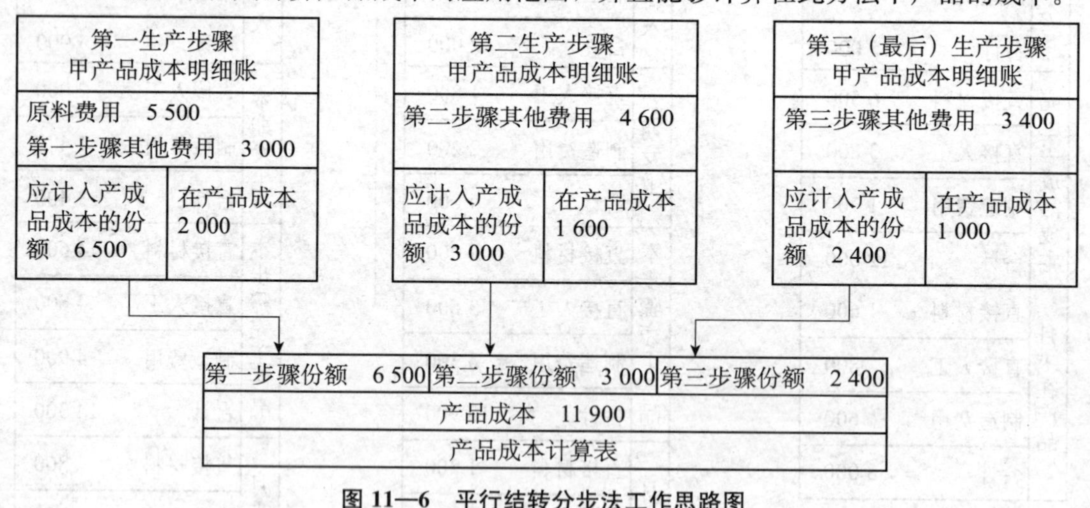

图 11—6 平行结转分步法工作思路图

※基本知识与技能※

一、平行结转分步法的特点

在采用分步法的大量大批多步骤生产的企业中，有的各生产步骤所产半成品的种类很多

（如机械制造企业），又很少对外出售，因而管理上并不需要计算半成品成本。在这种情况下，为了简化和加速成本计算工作，在计算各步骤成本时，不计算各步骤所产半成品，也不计算各步骤所耗上一步骤的半成品成本，而只计算本步骤发生的各项其他费用以及这些费用中应计入产品成本的“份额”。将相同产品的各个生产步骤应计入产成品成本的“份额”平行汇总，即可计算出该种产品的产成品成本。这种结转各步骤成本的方法，称为平行结转分步法，也称为不计算半成品成本分步法。它的主要特点表现在如下四个方面：

（1）各步骤之间只进行实物转移，而不进行成品的结转，各步骤只汇集本步骤发生的费用。

（2）半成品在各步骤之间转移，无论是否通过半成品库收发，均不通过“自制半成品”账户进行总分类核算。

（3）将各生产步骤所归集的本步骤所发生的生产费用在完工产成品与广义在产品之间进行分配，计算各步骤应计入产成品成本的“份额”。如前所述，这里的广义在产品既包括本步骤加工中的在产品，又包括本步骤已经完工转入以后各步骤继续加工和转入半成品库但尚未最后产成的半成品。

（4）将各生产步骤确定的应计入产成品的“份额”平行汇总，计算产成品的总成本。

二、各步骤应计入产成品成本“份额”的计算

平行结转分步法的关键在于合理地计算各步骤应计入产成品成本中的“份额”。各步骤应计入产成品成本的“份额”，一般按下列公式计算：

$$\text{某步骤计入产成品成本份额}=\text{产成品数量}\times\text{单位产成品耗用该步骤半成品数量}\times\text{该步骤半成品单位成本}$$

在实际计算中，“该步骤半成品单位成本”要分成本项目进行确定，即分成本项目计算它的分配率。计算时采用定额比例法或约当产量比例法求得。

（一）按定额比例法分配

在这种方法下，分配率的计算公式为：

$$\text{某步骤某项费用的分配率}=\frac{\text{该步骤该项目起初费用}+\text{该步骤该项目本月发生费用}}{\text{产成品定额消耗量(工时)或定额费用}+\text{月末广义在产品定额消耗量(工时)或定额费用}}$$

其中：

$$\text{月末广义在产品定额消耗量(工时)或定额费用}=\text{月初广义在产品定额消耗量(工时)或定额费用}+\text{本月投入的定额消耗量(工时)或定额费用}-\text{本月产成品定额消耗量(工时)或定额费用}$$

$$\text{本月产成品定额消耗量(工时)或定额费用}=\text{本月产成品数量}\times\text{单位产成品的消耗定额(工时)或费用定额}$$

$$\text{某步骤某项费用应计入产成品成本的份额}=\text{产成品定额消耗量(工时)或定额费用}\times\text{某步骤某项费用的分配率}$$

下面用一个简单的例子说明它的基本计算原理。

【例 11—4】 假定某产品本月产成品数量为 40 件。该产成品的工时定额为 100 小时，其中第一步骤为 30 小时。第一步骤月初广义在产品的定额工时为 3 200 小时，本月投入定额工

时 2 200 小时。第一步骤月初广义在产品的制造费用为 38 000 元，本月发生制造费用 16 000 元。则第一步骤的制造费用在产成品与广义在产品之间按定额比例法分配计算如下：

$$第一步骤制造费用分配率=\frac{38\ 000+16\ 000}{3\ 200+2\ 200}=10\ (元/小时)$$

产成品第一步骤定额工时＝40×30＝1 200（小时）

月末广义在产品第一步骤定额工时＝3 200＋2 200－1 200＝4 200（小时）

第一步骤制造费用应计入产成品的份额＝1 200×10＝12 000（元）

第一步骤广义在产品应分配的制造费用＝4 200×10＝42 000（元）

（二）按约当产量比例法分配

在这种方法下，一般是首先以某产品的完工产成品和期末广义在产品为产量基数，计算各步骤各项费用计入产品成本单位费用分配率，然后按完工产品数量，计算各步骤各项费用计入产品成本的份额。计算公式如下：

$$\begin{array}{l}某步骤某项费用应计入\\产成品单位费用分配率\end{array}=\frac{该步骤该项费用期初在产品成本+本步骤该项费用本期发生额}{产成品数量+该步骤期末广义在产品约当产量}$$

其中，“期末广义在产品约当产量”要分成本项目计算确定：

$$\begin{array}{l}某步骤分配材料费用的\\期末广义在产品约当产量\end{array}=\begin{array}{l}已经本步骤加工而留存以后各步骤\\（含半成品库）的月末半成品数量\end{array}+\begin{array}{l}本步骤期末\\在产品数量\end{array}\\ \times本步骤期末在产品投料程度$$

$$\begin{array}{l}某步骤分配工资、制造费用\\的期末广义在产品约当产量\end{array}=\begin{array}{l}已经本步骤加工而留存以后各步骤\\（含半成品库）的月末半成品数量\end{array}+\begin{array}{l}本步骤期末\\在产品数量\end{array}\\ \times本步骤期末在产品加工程度$$

$$某步骤某费用应计入产成品份额=产成品数量\times\begin{array}{l}该步骤该项费用应计入\\产成品单位费用分配率\end{array}$$

$$\begin{aligned}某步骤某项费用期末在产品份额=&该步骤该项费用期初在产品成本\\&+该步骤该项费用本期发生额\\&-该步骤该项费用应计入产成品成本的份额\end{aligned}$$

下面举例说明约当产量比例法的具体应用。

【例 11—5】 某企业生产的甲产品经过三个生产车间完成。原材料于生产开始时一次投入，各生产车间的在产品完工程度均为 50%。由于该产品在各步骤的产成品不对外出售，管理上也不需要核算各步骤半成品生产成本，因此为简化核算，企业采用平行结转分步法计算产品成本，而且采用约当产量比例法计算各步骤应计入产品成本的份额。单位产成品均消耗各生产步骤的产成品 2 件。8 月份有关资料见表 11—14 和表 11—15。

表 11—14 **产品生产情况表** 数量单位：件

项目	一车间	二车间	三车间	产成品
月初在产品数量	6	14	10	
本月投产或上车间转入数量	100	90	95	
本月完工或转入下车间数量	90	95	100	100
期末各车间在产品数量	14	10	12	
加工程度	50%	50%	50%	

表 11—15　　　　　　　　　　　　　　生产费用表　　　　　　　　　　　　　金额单位：元

项目		直接材料	直接人工	制造费用	合计
一车间	月初在产品成本	4 800	2 880	900	8 580
	本月生产费用	22 128	4 860	3 228	30 216
二车间	月初在产品成本		850	700	1 550
	本月生产费用		4 766	3 044	7 810
三车间	月初在产品成本		580	800	1 380
	本月生产费用		3 448	3 440	6 888

根据上述资料，用约当产量比例法计算各生产车间应计入产品成本的份额程序如下：

(1) 一车间成本计算。

1) 直接材料成本：

一车间期末广义在产品约当产量＝14×100%＋10＋12＝36（件）

材料费用分配率＝（4 800＋22 128）/（100＋36）＝198（元/件）

原材料费用应计入产成品成本的份额＝100×198＝19 800（元）

期末广义在产品的原材料费用＝4 800＋22 128－19 800＝7 128（元）

2) 直接人工成本：

一车间期末广义在产品约当产量＝14×50%＋10＋12＝29（件）

直接人工费用分配率＝（2 880＋4 860）/（100＋29）＝60（元/件）

直接人工费用应计入产成品成本的份额＝100×60＝6 000（元）

期末广义在产品直接人工费用＝2 880＋4 860－6 000＝1 740（元）

3) 制造费用成本：

制造费用分配率＝（900＋3 228）/（100＋29）＝32（元/件）

制造费用应计入产成品成本的份额＝100×32＝3 200（元）

期末广义在产品制造费用＝900＋3 228－3 200＝928（元）

将上述计算结果列入基本生产成本明细账（用成本计算单代替），见表 11—16。

表 11—16　　　　　　　　　　　　　一车间成本计算单

产品名称：甲产品　　　　　　　　完工产成品数量：100 件　　　　　　　　金额单位：元

月	日	摘要	直接材料	直接人工	制造费用	合计
8	1	月初在产品成本	4 800	2 880	900	8 580
	31	本月发生生产费用	22 128	4 860	3 228	30 216
	31	合计	26 928	7 740	4 128	38 796
	31	单位费用分配率	198	60	32	290
	31	应计入产成品成本的份额	19 800	6 000	3 200	29 000
	31	期末在产品成本	7 128	1 740	928	9 796

(2) 二车间成本计算。

1) 在产品约当产量：

二车间期末广义在产品约当产量＝10×50%＋12＝17（件）

2) 直接人工成本：

直接人工费用分配率＝（850＋4 776）/（100＋17）＝48（元/件）

直接人工费用应计入产成品成本的份额＝100×48＝4 800（元）

期末广义在产品直接人工费用＝17×48＝816（元）

3）制造费用：

制造费用分配率＝（700＋3 044）/（100＋17）＝32（元/件）

制造费用应计入产成品成本的份额＝100×32＝3 200（元）

期末广义在产品制造费用＝17×32＝544（元）

将上述计算结果列入成本计算单，见表 11—17。

表 11—17 **二车间成本计算单**

产品名称：甲产品　　完工产量：100 件　　金额单位：元

月	日	摘要	直接材料	直接人工	制造费用	合计
8	1	月初在产品成本		850	700	1 550
	31	本月发生生产费用		4 766	3 044	7 810
	31	合计		5 616	3 744	9 360
	31	单位费用分配率		48	32	80
	31	应计入产成品成本的份额		4 800	3 200	8 000
	31	期末在产品成本		816	544	1 360

（3）三车间成本计算：

1）在产品约当产量：

三车间期末广义在产品约当产量＝12×50%＝6（件）

2）直接人工成本：

直接人工费用率＝（580＋3 448）/（100＋6）＝38（元/件）

直接人工应计入产成品成本的份额＝100×38＝3 800（元）

期末在产品直接人工费用＝38×6＝228（元）

3）制造费用：

制造费用分配率＝（800＋3 440）/（100＋6）＝40（元/件）

制造费用应计入产成品成本份额＝100×40＝4 000（元）

期末在产品制造费用＝40×6＝240（元）

将上述计算结果列入成本计算单，见表 11—18。

表 11—18 **三车间成本计算单**

产品名称：甲产品　　完工产成品产量：100 件　　金额单位：元

月	日	摘要	直接材料	直接人工	制造费用	合计
8	1	月初在产品成本		580	800	1 380
	31	本月发生生产费用		3 448	3 440	6 888
	31	合计		4 028	4 240	8 268
	31	单位费用分配率		38	40	78
	31	应计入产成品成本的份额		3 800	4 000	7 800
	31	期末在产品成本		228	240	468

经过以上三个步骤的分配结果，可知这三个步骤的产成品成本份额合计即为产成品的总成本，并可以计算出产成品的单位成本，计算过程见表 11—19。

表 11—19　　　　　　　　　　**完工产品成本汇总表**

产品名称：甲产品　　　　　　完工产成品产量：100 件　　　　　　金额单位：元

车间	直接材料	直接人工	制造费用	合计
一车间	19 800	6 000	3 200	29 000
二车间		4 800	3 200	8 000
三车间		3 800	4 000	7 800
产成品总成本	19 800	14 600	10 400	44 800
产成品单位成本	198	146	104	448

由上述示例可以看出，平行结转分步法由于不计算各步骤半成品成本，只是平行汇总各步骤应计入产成品成本的份额，因而能加速成本计算；另外，由于产成品成本是按原始成本项目直接平行汇总计算的，直接反映了产成品的原始成本构成，因此不需要进行成本还原，大大简化了成本计算工作。但因为各步骤不计算和结转产成品成本，所以不能提供各步骤耗用前一步骤半成品成本资料，也不能正确反映各步骤在产品成本状况。这样，既不利于在产品的资金管理和实物管理，也不利于各步骤成本耗费水平的分析和考核工作，因而这种方法适用于产成品种类较多、管理上又不要求提供各步骤产成品成本资料的产品。

※思考活动※

采用平行结转分步法在进行产品成本核算时，在产品的含义有什么变化？平行结转分步法的优缺点与适用性是什么？

【项目小结】

分步法是以产品的品种及所经生产步骤作为成本核算对象来归集生产费用、计算产品生产成本的方法。分步法以其是否计算半成品成本为标志，又可分为逐步结转分步法和平行结转分步法。逐步结转分步法的显著特点是能够提供各生产步骤完整的半成品成本资料，适用于半成品具有独立的经济意义、半成品外销、管理上要求提供半成品资料的连续式大量大批多步骤生产的企业。平行结转分步法是一种只计算本步骤发生的各项生产费用，以及这些费用中应计入最终完工产品成本的份额，然后将各步骤应计入同一产品成本的“份额”平行汇总，计算产品成本的方法。

【项目训练】

一、单项选择题

1. 下列各种分步法中，半成品成本不随实物转移而结转的方法是（　　）。

A. 按计划成本逐步综合结转分步法　　B. 按实际成本逐步综合结转分步法

C. 逐步分项结转分步法　　D. 平行结转分步法

2. 采用平行结转分步法，第二生产步骤的广义在产品不包括（　　）。

A. 第一生产步骤正在加工的在产品　　B. 第二生产步骤正在加工的在产品

C. 第二生产步骤完工入库的半成品　　D. 第三生产步骤正在加工的在产品

3. 需要进行成本还原的分步法是（　　）。

A. 逐步综合结转分步法　　B. 平行结转分步法

C. 逐步分项结转分步法　　D. 逐步结转分步法

4. 下列方法中，属于不计算半成品成本的分步法是（　　）。

A. 逐步结转分步法　　B. 平行结转分步法

C. 逐步综合结转分步法　　D. 逐步分项结转分步法

5. 成本还原的对象是（　　）。

A. 本步骤生产费用　　B. 上一步骤转来的生产费用

C. 库存商品成本　　D. 各步骤所耗上一步骤半成品的综合成本

二、多项选择题

1. 下列各种分步法中，不必进行成本还原的有（　　）。

A. 平行结转分步法　　B. 逐步结转分步法

C. 逐步分项结转分步法　　D. 按实际成本逐步综合结转分步法

E. 按计划成本逐步综合结转分步法

2. 采用分步法，作为成本计算对象的生产步骤，可以（　　）。

A. 按生产车间设立　　B. 按一个企业设立

C. 按实际生产步骤设立　　D. 按一个车间中的几个生产步骤分别设立

E. 按几个车间合并成的一个生产步骤设立

3. 半成品成本综合结转可以采用的方法有（　　）。

A. 按实际成本结转　　B. 按计划成本结转

C. 按成本项目结转　　D. 按原材料成本结转

E. 按固定成本结转

4. 采用平行结转分步法，不能提供（　　）。

A. 所耗上一步骤半成品成本的资料　　B. 按原始成本项目反映的库存商品成本资料

C. 本步骤应计入库存商品成本份额的资料　　D. 各步骤完工半成品成本的资料

E. 各步骤在产品成本的资料

5. 在分步法中，相互对称的结转方法有（　　）。

A. 综合结转与平行结转　　B. 逐步结转与平行结转

C. 逐步结转与分项结转　　D. 综合结转与分项结转

E. 平行结转与分项结转

三、判断题

1. 生产车间转出完工半成品时，编制的会计分录可能是：借记“基本生产成本”账户，贷记“基本生产成本”账户。（　　）

2. 在逐步结转分步法下，半成品的收发都应通过“自制半成品”账户核算。（　　）

3. 在逐步结转分步法下，不论是逐步综合结转分步法还是逐步分项结转分步法，半成品成本都是随着半成品实物的转移而结转的。（　　）

4. 在平行结转分步法下，各步骤的生产费用都必须在库存商品和广义在产品之间进行分配。（　　）

5. 采用平行结转分步法，各步骤不计算半成品成本。（　　）

四、计算分析题

1. 企业生产丙产品需经过一、二、三车间连续加工完成，采用逐步综合结转分步法计算产品成本。各步骤完工产品资料见表 11—20。

表 11—20　　各步骤完工产品资料表

成本项目	一车间	二车间	三车间
半成品		70 000	120 000
直接材料	50 000		
直接人工	12 000	10 000	15 000
制造费用	18 000	20 000	25 000
合计	80 000	100 000	160 000

要求：根据以上资料将产成品进行成本还原，填写表 11—21。

表 11—21　　产成品成本还原计算表

项目	还原分配率	半成品	直接材料	直接人工	制造费用	合计
还原前产成品成本						
本月二车间所产半成品成本						
半成品费用第一次还原值						
本月一车间所产半成品的成本						
半成品费用第二次还原值						
还原后产成品总成本						

2. 某企业 A 产品顺序经过三个步骤（车间）加工制成，采用逐步综合结转分步法计算产品成本，某月有关成本资料见表 11—22。

表 11—22　　成本资料汇总表　　计量单位：千元

车间	产品	半成品	直接材料	直接人工	制造费用	合计
三车间	A 产成品	6 200	1 000	3 500	1 300	12 000
二车间	B 半成品	2 976		1 240	744	4 960
一车间	C 半成品	3 200		800	650	4 650

要求：

（1）计算半成品成本还原率（列出算式）；

（2）计算 A 产成品中原始意义上的直接材料费用（列出算式）。

3. 某企业本月生产的甲产品需经过一、二车间连续加工完成。该企业采用逐步结转分步法计算产品成本，并设“半成品”成本项目，有关成本资料见表 11—23。

表 11—23　　甲产品一、二车间有关成本资料表

车间	半成品	直接材料	直接人工	制造费用	合计
一车间		3 800	1 100	1 300	6 200
二车间	6820		2 800	3 900	13 520

要求：根据以上资料填制本月完工产品成本还原计算表。

4. 某企业经过两个制造车间大量生产丁产品。原材料在一车间一次投入，在生产过程中二车间单位产品（半成品、产成品）耗用一车间的半成品 1 件。该企业采用平行结转分步法

计算产品成本，月末在产品成本按约当产量比例法计算，在产品完工程度均为50%。该企业20××年8月有关产量资料见表11—24，成本费用资料见表11—25。

表11—24　　产量记录

车间	月初在产品	本月投入或上步骤转入	本月完工	月末在产品
一车间	10	140	120	30
二车间	50	120	150	20

表11—25　　成本费用资料

项目	车间	直接材料	直接人工	制造费用	合计
月初在产品成本	一车间	2 000	1 250	700	3 950
	二车间		1 200	400	1 600
本月发生费用	一车间	12 000	8 000	3 000	23 000
	二车间		5 200	2 000	7 200

要求：

（1）编制一、二车间成本计算单（将有关资料及计算结果直接填入成本计算单，成本计算单见表11—26、表11—27）。

（2）计算丁产成品成本并编制丁产成品完工入库的会计分录。

表11—26　　一车间成本计算单

产品名称：丁产品　　20××年8月　　完工产品：150件

摘要	直接材料	直接人工	制造费用	合计
月初在产品成本				
本月发生费用				
生产费用合计				
全部约当产量				
单位产品成本				
计入产成品成本的份额				
月末在产品成本				

表11—27　　二车间成本计算单

产品名称：丁产品　　20××年8月　　完工产品：150件

摘要	直接人工	制造费用	合计
月初在产品成本			
本月发生费用			
生产费用合计			
全部约当产量			
单位产品成本			
计入产成品成本的份额			
月末在产品成本			

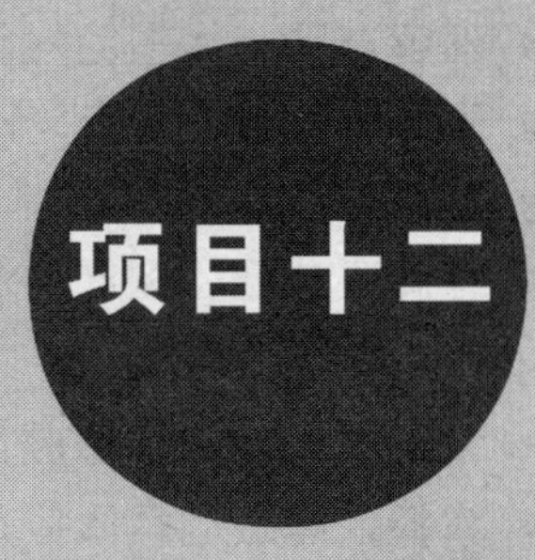

产品成本辅助核算方法

任务一　分类法及其应用　/ 201
任务二　定额法及其应用　/ 205
任务三　联产品、副产品和等级产品成本计算　/ 215

【学习目标】

知识目标

- 理解产品成本辅助核算的主要方法
- 理解分类法的特点
- 理解定额法的应用
- 理解联产品、副产品和等级产品的应用

能力目标

- 掌握分类法的具体应用
- 掌握定额法的具体应用
- 掌握联产品、副产品和等级产品的应用

【引导案例】

光辉木材加工厂在加工圆木时，会生产出不同等级的木材，另外还有副产品——锯末。该厂每年的生产量非常大，现任成本会计采用品种法进行产品成本的计算，工作量太大。新来的核算员李宽建议，既然各个等级产品和副产品都是由同种原材料加工出来的，并且都是在同一车间生产的，因此可以将由圆木生产的产品成本合并核算，最后将成本在各个等级产品和副产品中平均分配。主管会计王伟否定了这一建议，认为不可行，你知道原因是什么吗？请找到一种既能准确核算不同等级产品和副产品的成本，又相对简单、计算量小的成本核算方法。

分类法及其应用

※ 任务描述※

本任务的工作思路如图 12—1 所示。通过本任务的学习，学生能够理解分类法的特点以及适用范围，掌握分类法的核算程序，并且能够做到具体的应用。

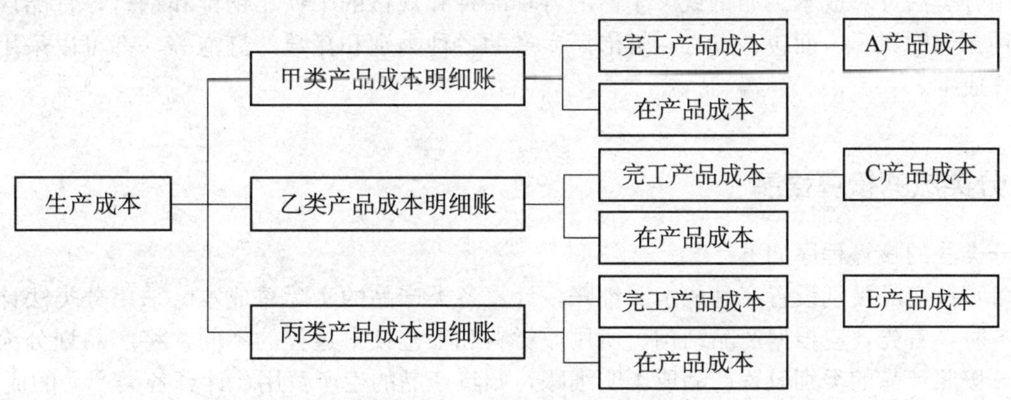

图 12—1　分类法成本核算工作思路图

※基本知识与技能※

一、分类法的特点及适用范围

（一）分类法的特点

企业生产的产品如果品种、规格繁多，为了简化成本核算工作，应采用分类法进行成本计算。产品成本计算的分类法，是以产品的类别作为成本计算对象，开设生产成本明细账，归集各类产品的生产费用，并将各类产品归集的生产费用在该类完工产品与在产品之间进行分配，计算出该类产成品的总成本，再按照一定的方法或标准在该类内各品种、规格产品之间进行分配，计算出该类内各种产品的总成本和单位成本的一种方法。分类法的特点如下：

1. 成本计算对象

以产品的类别作为成本计算对象，归集各类产品的生产费用。归集时，直接费用直接计入，间接费用采用一定的分配标准分配计入。

2. 成本计算期

成本计算期取决于生产特点及成本管理要求。如果是大批量生产，应结合品种法或分步法定期在月末进行成本计息；如果与分批法结合运用，成本计算期可不固定，而与生产周期一致。

3. 生产费用在完工产品与在产品之间的分配

月末一般要将各类产品生产费用总额在完工产品与月末在产品之间进行分配。分类法并不是一种独立的成本计算方法，它要根据各类产品的生产工艺特点和成本管理要求，与品种法、分步法和分批法结合运用。

（二）分类法的适用范围

分类法与生产类型没有直接关系，可以在各种类型的生产中应用。分类法的应用范围很广，凡是生产的产品品种、规格繁多，又可以按一定标准划分为若干类别的企业或车间，均可采用分类法计算成本。如钢铁厂生产的各种品种和规格的生铁、钢锭和钢材，食品厂生产的各种味道的饼干、面包、点心，灯泡厂生产的各种类别和瓦数的灯泡等，都可以采用分类法计算成本。

二、分类法的核算程序

分类法的核算程序如下：

（1）按产品类别设置产品成本明细账，计算各类产品的实际总成本。采用分类法计算产品成本时，首先，应根据产品结构、所用原材料和工艺技术过程的不同，将产品划分为若干类别，按照产品的类别设置产品成本明细账，归集产品的生产费用，计算各类产品的成本。

（2）选择合理的分配标准在类内各种产品之间进行费用分配，计算出类内各种产品的实际总成本和单位成本。

分类法的成本核算程序如图 12—1 所示。

三、产品类别的划分与费用分配方法

（一）产品类别的划分

分类法的成本计算对象是产品的类别，采用分类法进行产品成本核算，可以大大简化成本核算工作。但采用这种方法时，产品分类一定要准确，否则将直接影响成本计算结果的准确性。企业应将产品的性质、结构、用途、耗用原材料及工艺过程相同或相近的归为一类。

在类内各种规格的产品之间分配费用时，应遵循相关性原则，考虑分配标准与产品成本的关系是否密切，即要选择与产品各项耗用有密切联系的分配标准进行分配。分配的标准通常有材料定额消耗量、工时定额、费用定额以及产品的售价、重量或体积等。

（二）费用分配方法

在类内各种产品之间分配费用时，各成本项目可以按照同一个分配标准进行分配，也可以按照各成本项目的性质分别采用不同的分配标准进行分配，以使分配结构更趋于合理。例如，直接材料费用可以按照材料定额消耗量或材料定额费用比例进行分配，直接人工等其他费用则可以按照定额工时比例进行分配。

在实际工作中，为了简化成本核算工作，类内不同规格产品成本的分配经常采用系数法，即在类内选择一种产量较大、生产稳定、规格适中的产品作为标准产品，将其分配标准定为“1”。然后将类内其他各种产品的分配标准与标准产品的分配标准进行比较，分别求出其他产品与标准产品的比例，即系数。在每一种产品的系数确定以后，再将类内各种产品的实际产量分别乘以该种产品的系数，折算为总系数。总系数又称为标准产量，它是系数分配法的分配标准。最后将该类完工产品总成本除以标准产量，得出费用分配率，从而计算出类内各种产品的实际总成本和单位成本。采用系数分配法，有关计算公式如下：

$$某产品系数=\frac{该产品的分配标准}{标准产品的分配标准}$$

某产品总系数（标准产量）＝该产品实际产量×该产品系数

$$费用分配率=\frac{应分配的成本总额}{各种产品总系数之和}$$

某产品应分配费用＝该产品总系数×费用分配率

【例 12—1】ABC 股份有限公司生产的产品品种、规格较多，根据产品结构特点和所耗用的原材料、工艺技术过程的不同可以将它们分为甲、乙两大类。甲类产品包括 A、B、C 三种不同规格的产品，该企业根据产品的生产特点和成本管理要求，先采用品种法计算出甲、乙两大类产品的完工产品实际总成本，然后再采用系数分配法将各类完工产品总成本在类内各种产品之间进行分配，两类产品的生产费用在完工产品和在产品之间都是采用定额比例法进行分配。2016 年 8 月，甲类完工产品总成本与在产品成本资料、产量资料及定额资料见表 12—1、表 12—2、表 12—3。

表 12—1　产品成本计算单

产品类别：甲类产品　2016 年 8 月　单位：元

项目	直接材料	直接人工	制造费用	合计
月初在产品成本	12 000	2 000	1 800	15 800
本月发生费用	46 000	24 000	22 000	92 000
生产费用合计	58 000	26 000	23 800	107 800
完工产品成本	42 550	22 560	20 680	85 790
月末在产品成本	15 450	3 440	3 120	22 010

表 12—2　产量资料

产品类别：甲类产品　2016 年 8 月

项目	计量单位	A 产品	B 产品	C 产品
实际产量	件	600	1 200	400

表 12—3　定额资料

产品类别：甲类产品　2016 年 8 月

产品类别	产品品种	原材料消耗定额（千克/件）	工时定额（小时/件）
甲类产品	A 产品	60	8
	B 产品	80	10
	C 产品	40	5

根据上述资料，采用系数分配法分配费用。其中：直接材料费用按原材料消耗定额系数分配，其他费用按工时定额系数分配，甲类产品内A、B、C产品成本计算过程如下。

1. 选定标准产品

甲类产品以生产比较稳定、产量较大、规格适中的B产品为标准产品，将其系数定为1。

2. 确定类内各种产品的系数

确定类内各种产品的系数，其计算过程见表12—4。

表12—4　产品系数计算表

产品类别：甲类产品　　2016年8月

产品名称	材料消耗定额	系数	工时消耗定额	系数
A产品	60	0.75	8	0.8
B产品	80	1	10	1
C产品	40	0.5	5	0.5

3. 计算类内各种产品本月总系数

生产成本在类内各种产品之间的分配，分配标准是总系数（标准产量）。根据表12—4所列的各种产品的系数和本月各种产品产量资料（见表12—2），编制产品总系数计算表，见表12—5。

表12—5　产品总系数（标准产量）计算表

产品类别：甲类产品　　2016年8月

产品名称	产品产量（件）	材料		工时	
		系数	总系数	系数	总系数
A产品	600	0.75	450	0.8	480
B产品	1 200	1	1 200	1	1 200
C产品	400	0.5	200	0.5	200
合计			1 850		1 880

4. 计算类内各种产品的总成本和单位成本

根据表12—1所列的甲类完工产品总成本，以及表12—5所列的A、B、C产品总系数，计算A、B、C三种产品成本，见表12—6。

表12—6　产品成本计算单

产品类别：甲类产品　　2016年8月　　金额单位：元

产品名称	产品产量（件）	材料总系数	直接材料		工时总系数	直接人工		制造费用		产成品总成本	产成品单位成本
			分配率	分配金额		分配率	分配金额	分配率	分配金额		
A产品	600	450	23①	10 350	480	12②	5 760	11③	5 280	21 390	35.65
B产品	1 200	1 200		27 600	1 200		14 400		13 200	55 200	46
C产品	400	200		4 600	200		2 400		2 200	9 200	23
合计		1 850		42 550	1 880		22 560		20 680	85 790	

注：①直接材料分配率＝42 550÷1 850＝23。

②直接人工分配率＝22 560÷1 880＝12。

③制造费用分配率＝20 680÷1 880＝11。

四、分类法的优缺点

采用分类法，按产品类别归集费用、计算成本，不仅可以简化成本核算工作，而且能够在产品品种、规格繁多的情况下，分类考核、分析产品成本的水平，但是由于类内各产品成本是按一定标准分配计算出来的，因而计算结果带有一定的假设性。因此，在分类法下，分配标准的选择成为成本计算正确性的关键，企业应选择与成本水平高低有直接关系的分配标准来分配费用，并随时根据实际情况的变化修订或变更分配标准，以保证分类法下成本计算结果的准确性。

※思考活动※

分类法下按类别归集生产费用计算出一类产品成本后，是否需要按品种计算产品成本？

定额法及其应用

※ 任务描述※

本任务的工作思路如图 12—2 所示。通过本任务的学习，学生能够理解定额法的含义和特点，掌握定额法的具体应用，以及脱离定额差异的具体计算过程。

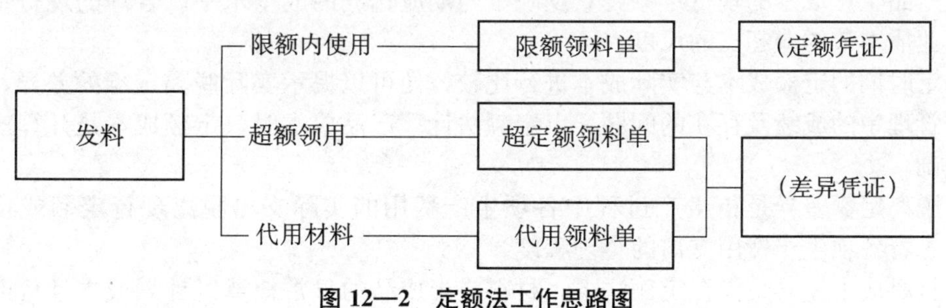

图 12—2 定额法工作思路图

※基本知识与技能※

一、定额法概述

为了对产品成本进行有效的控制，定额管理制度比较健全、定额管理工作基础较好、产品的生产已经定型、消耗定额比较准确和稳定的企业应采用定额法计算产品成本。

（一）定额法的含义

在采用前面介绍的各种成本计算方法计算成本时，生产费用的日常核算都是按其实际发生额进行的，产品的实际成本也是按费用的实际发生额计算的。因此，生产费用和产品成本脱离定额的差异及其产生的原因，只有等到月末将实际资料与定额资料进行对比时才能找出。为了及时地控制成本，以便有效地进行成本管理，应采用定额法。

产品成本计算的定额法，是为了及时地反映和监督生产产品成本脱离定额的差异，把产品成本的计划、控制、核算和分析结合在一起，以便加强成本管理而采用的一种成本计算方法。

产品定额成本与计划成本不同：定额成本是根据企业现行消耗定额制定的，随着生产技术的不断进步和劳动生产率的不断提高，消耗定额随之不断修订，定额成本随消耗定额的修订而变动；计划成本是根据企业计划期内的平均消耗定额制定的，在计划期内，计划成本通常是不变的。定额成本是企业在现有生产条件下应达到的成本水平，是计算产品实际成本的基础，是日常费用控制的依据；而计划成本是企业计划期内成本控制的目标，是考核成本计划是否完成的依据。

（二）定额法的基本原理

采用定额法，在实际费用发生时，将其划分为定额成本与定额差异两部分来归集，并分析产生差异的原因，及时反馈到管理部门，月末以产品定额成本为基础，加减所归集和分配的差异，以求得产品实际成本。产品的实际成本由定额成本、脱离定额差异、材料成本差异和定额变动差异四个因素组成。其计算公式如下：

产品实际成本＝按现行定额计算的定额成本＋脱离现行定额的差异＋材料成本差异
＋月初产成品定额变动差异

（1）定额成本是指以企业现行的各种消耗定额为基础计算的一种预计产品成本。定额成本是企业产品生产成本的现行定额，它反映了当期应达到的成本水平。合理的现行定额成本是衡量企业成本节约或超支的尺度。

把一定时期的定额成本与实际成本进行比较，便可以揭示实际脱离定额的差异，指出生产和成本管理中的成绩及存在的问题。以定额法计算产品成本时，定额成本是计算产品实际成本的基础。

（2）脱离定额差异是指生产过程中各项生产费用的实际支出脱离现行定额或预算的数额，它标志着各项生产费用支出的合理程度。

（3）材料成本差异是指在定额法下，材料或半成品的日常核算以计划成本计价而产生的材料或半成品实际成本与计划成本的差异，它反映了所消耗材料或半成品的价差。

（4）定额变动差异是指由于修订消耗定额而产生的新、旧定额成本之间的差额，它与生产费用的超支或节约无关，是定额成本本身变动的结果。

（三）定额法的特点

（1）事前制定产品的定额成本。定额法是以产品的定额成本为基础来计算产品的实际成本的。采用定额法，企业必须事先制定产品的各项消耗定额、费用定额，以现行的定额为依据制定产品的定额成本，作为降低成本的目标，对成本进行事前控制。

(2) 在生产费用发生的当时，将符合定额的费用和发生的差异分别核算，及时揭示实际费用脱离定额差异，加强对成本差异的日常核算，对产品成本进行有效的分析和控制。

(3) 月末在定额成本的基础上加减各种差异，计算产品的实际成本。

(4) 定额法应在品种法、分批法和分步法的基础上，运用其特有的汇集费用的技术，计算产品成本。

二、产品定额成本及各种差异的核算

(一) 定额成本的确定

企业应根据各种有关的现行定额确定定额成本，只有科学、合理地制定产品的定额成本，才能更加有效地对企业的成本进行控制和考核，使之更符合实际，以保证成本计划的顺利完成。

采用定额法计算产品成本，首先要制定产品的原材料、动力、工时等各项消耗定额，并根据各项消耗定额和原材料的计划单价、计划小时工资率或计件工资单价、计划小时制造费用率等资料，计算产品的各项费用定额和单位产品的定额成本。

1. 单位产品定额成本计算

其计算公式如下：

单位产品直接材料费用定额＝产品材料消耗定额×直接材料计划单价

单位产品直接人工费用定额＝产品生产工时定额×直接人工计划单价

单位产品制造费用定额＝产品生产工时定额×制造费用计划单价

产品单位定额成本的制定，应包括零件、部件的定额成本和产成品的定额成本，通常由计划、会计等部门共同制定，一般是先制定零件的定额成本，然后汇总计算部件和产成品的定额成本。如果产品的零件、部件较多，为了简化计算工作，可以不计算零件的定额成本，而直接根据零件定额卡所列的零件的原材料消耗定额、工序计划和工时消耗定额，以及原材料的计划单价、计划的工资率和计划的制造费用率等，计算部件定额成本，然后汇总计算出产成品定额成本；或者根据零件、部件定额卡和原材料的单价、计划的工资率和计划的制造费用率等，直接计算出产成品定额成本。为了便于进行成本分析和考核，定额成本包括的成本项目和计算方法，应该与计划成本、实际成本包括的成本项目和计算方法一致。

【例 12—2】假定某企业生产甲产品，甲产品由 A、B 两个部件组成，其中部件 A 包括两个零件 101、102，定额成本的制定程序见表 12—7、表 12—8 和表 12—9。

表 12—7　　**零件定额卡**

零件编号：101　　2016 年 6 月　　零件名称：××

材料编号	材料名称	计量单位	材料消耗定额
3611	××	千克	10

工序	工时定额	累计工时定额
1	2	2
2	3	5
3	5	10
4	2	12

表 12—8 部件定额成本计算表

部件编号：6000　　　　部件名称：A

所用零件编号或名称	所用零件数量	部件直接材料费用定额							部件工时定额
		3611			3622			金额合计	
		消耗定额	计划单价	金额	消耗定额	计划单价	金额		
101	2	20	6	120				120	24
102	3				9	4	36	36	12
装配									4
合计				120			36	156	40
定额成本项目									定额成本合计
直接材料	直接人工				制造费用				
	每小时定额		金额		每小时定额		金额		
156	4		160		3		120		436

表 12—9 产品定额成本计算表

产品编号：　　　　产品名称：甲产品

所用部件编号或名称	所用部件数量	直接材料费用定额		工时定额	
		部件	产品	部件	产品
6000	4	436	1 744	40	160
6100	3	466	1 398	31	93
装配					7
合计			3 142		260
产品定额成本项目					产品定额成本合计
直接材料	直接人工		制造费用		
	每小时定额	金额	每小时定额	金额	
3 142	4	1 040	3	780	4 962

2. 全部产品定额成本的计算

单位产品定额成本确定以后，根据在产品数量和加工程度，可以计算出全部在产品定额成本；根据本期投产产品数量和单位产品定额成本，可以计算出完工产品定额成本，完工产品定额成本是计算完工产品实际成本的基础。

（二）脱离定额差异的计算

脱离定额差异是指在生产过程中各项生产费用的实际支出脱离现行定额或预算的数额。要加强生产耗费的日常控制，企业必须进行脱离定额差异的核算，及时分析差异产生的原因，确定差异产生的责任，并及时采取有效措施进行处理。对于实际消耗中存在的损失和浪费，应坚决予以制止，以防再次发生；对于属于定额脱离实际的，应及时进行调整，修订定额。只有这样，才能将生产耗费控制在合理并切实可行的定额范围内，从而节约生产耗费，降低产品成本。

脱离定额差异的核算，应在生产费用发生时，对符合定额的费用和脱离定额的差异分别编制定额凭证和差异凭证，并在有关的费用分配表和明细分类账中分别予以登记。这样，就能及时核算和分析生产费用脱离定额的差异，控制生产费用支出。为了防止生产费用超支，避免浪费和损失，在编制完差异凭证后，还必须按规定办理有关的审批手续。有条件的企业，也可以将脱离定额差异的日常核算同车间或班组的经济责任制相结合，依靠各生产环节的广大职工来控制生产费用。

脱离定额的差异根据成本项目可分为直接材料脱离定额差异、直接人工脱离定额差异和制造费用脱离定额差异三部分。

1. 直接材料脱离定额差异的核算

在各成本项目中，材料费用一般占有较大的比重，而且属于直接发生的费用，因而有必要在费用发生时就按产品分类核算定额费用和脱离定额的差异，以加强控制。

直接材料脱离定额差异是指实际产量的现行定额耗用量与实际耗用量之间的差异与计划价格的乘积，即直接材料脱离定额的差异只包括材料耗用量的差异，而不包括材料价格差异。材料价格差异只作为一个实际成本的差异因素单独进行核算。

直接材料脱离定额差异的计算公式如下：

$$直接材料脱离定额差异=实际产量\times\begin{pmatrix}单位产品实际材料耗用量\\-单位产品定额材料耗用量\end{pmatrix}\times材料计划单价$$

$$=\begin{pmatrix}实际耗用材料数量-实际产量\\\times单位产品定额材料耗用量\end{pmatrix}\times材料计划单价$$

直接材料脱离定额差异的核算方法一般有限额法、切割法和盘存法三种。

（1）限额法。采用定额法计算产品成本时，为了加强材料费用的控制，原材料的领用通常采用限额领料制度，符合定额的原材料应当根据限额领料单领用。如果由于增加产量，需要增加用料，在办理追加限额手续后，根据定额凭证领发；由于其他原因发生的超额用料或代用材料的领用，需要填制专设的超额领料单、代用材料领料单等差异凭证，经过一定的审批手续后领发（为减少凭证的种类，这些差异凭证也可用不同颜色或者加盖专用戳记的普通领料单代替），在差异凭证中，应填写差异的数量、金额以及发生差异的原因。采用借用材料或利用废料时，应在有关的限额领料单中注明，并在原定限额内扣除。生产任务完成后，应根据车间余料填制退料单，办理退料手续。

超额领料单上的材料数额，属于材料脱离定额的超支差异；退料单中所列的材料数额和限额领料单中的材料余额，都属于材料脱离定额的节约差异。

【例 12—3】 某企业本月投产乙产品 400 件，单位产品 A 材料消耗定额为 20 千克，每千克计划单位成本为 5 元，超额领料单本月登记数量为 140 千克，则乙产品的 A 材料定额差异如下：

乙产品 A 材料定额成本＝400×20×5＝40 000（元）

乙产品 A 材料脱离定额差异＝140×5＝700（元）

（2）切割法。为了更好地控制用料差异，对于需要切割才能使用的材料（如板材、棒材等），可以通过材料切割核算单来计算材料脱离定额的差异，控制用料。材料切割核算单一般应按切割材料的批别开立，单中应填列发交切割材料的种类、数量、消耗定额和应切割成的毛坯数量；切割完成后，再填写实际切割成的毛坯数量和材料的实际消耗量。根据实际切割成的毛坯数量和消耗定额，计算出材料定额消耗量，与材料实际消耗量相比较，可得出耗用材料脱离定额的差异。材料切割核算单的基本格式见表 12—10。

表 12—10　　　　　　　　　　　　　　**材料切割核算单**

材料编号或名称：A11　　　　　　　　　　　　　　　　材料计划单价：10 元
产品名称：丙产品　　　　　　　　　　　　　　　　　　计量单位：千克
零件编号名称：B201　　　　　　　　　　　　　　　　切割人：陈冬
图纸号：1066　　　　　　　　　　　　　　　　　　　　切割日期：201×年 8 月 15 日
机床号：026　　　　　　　　　　　　　　　　　　　　完工日期：201×年 8 月 19 日

<table>
<tr><td colspan="2">发料数量</td><td colspan="4">退回余料数量</td><td colspan="2">材料实际数量</td><td>废料实际收回量</td></tr>
<tr><td colspan="2">424</td><td colspan="4">24</td><td colspan="2">400</td><td>11</td></tr>
<tr><td colspan="2">单位产品
消耗定额</td><td colspan="2">单位回收
废料定额</td><td colspan="2">应切割成
毛坯数量</td><td>实际切割成
毛坯数量</td><td>材料定额
消耗量</td><td>废料定额
回收量</td></tr>
<tr><td colspan="2">8</td><td colspan="2">0.2</td><td colspan="2">50</td><td>48</td><td>384</td><td>9.6</td></tr>
<tr><td colspan="2">材料脱离定额差异</td><td colspan="4">废料脱离定额差异</td><td colspan="2">脱离差异原因</td><td>责任者</td></tr>
<tr><td>数量</td><td>余额</td><td>数量</td><td colspan="2">单价</td><td>金额</td><td colspan="2" rowspan="2">技术不熟练且未按设计图纸切割，增加了毛边，减少了毛坯</td><td rowspan="2">李冬</td></tr>
<tr><td>16</td><td>160</td><td>−1.4</td><td colspan="2">2</td><td>−2.8</td></tr>
</table>

表 12—10 中，有关数据的计算过程如下：

应切割的数量＝400÷8＝50（件）

材料定额耗用量＝48×8＝384（千克）

废料定额回收量＝48×0.2＝9.6（千克）

材料脱离定额差异＝（400−384）×10＝160（元）

废料脱离定额差异＝（11−9.6）×2＝2.8（元）

表 12—10 中，材料脱离定额差异 160 元为超支差异，废料实际回收 11 千克，比定额回收废料 9.6 千克多 1.4 千克，可以冲减材料费用 2.8 元，用负数表示。因该废料脱离定额差异是在减少了切割数量 2 件的基础上产生的，多回收废料 2.8 元不能认定为节约差异。只有实际切割成的毛坯数量等于或者大于应切割毛坯的数量，才可以认定为节约差异。

（3）盘存法。对于不能采用切割法核算的材料，为了更好地控制用料，可以通过盘存的方法核算材料脱离定额差异。其做法是：根据完工产品的数量和在产品盘存数量计算产品投产数量；将产品投产数量乘以材料消耗定额，计算出材料定额消耗量；根据限额领料单、超额领料单和退料单等凭证以及车间余料的盘存资料，计算出材料实际消耗量；最后将材料的实际消耗量与定额消耗量相比较，确定材料脱离定额差异。用公式表示如下：

本期投产产品数量＝本期完工产品数量＋期末盘存在产品数量−期初盘存在产品数量

直接材料脱离定额差异＝(本期材料实际消耗量−本期投产产品数量
×单位产品材料消耗量）×材料计划单价

不论采用哪种方法核算原材料定额消耗量和脱离定额差异，都应分批或定期地将有关核算资料按照成本对象进行汇总，编制原材料定额成本和脱离定额差异汇总表。表中应填明该批或该种产品所耗各种原材料的定额消耗量、定额成本和脱离定额的差异，并分析说明发生差异的主要原因。该表既可以用来汇总反映和分析材料消耗定额的执行情况，又可以代替原材料费用分配表登记产品成本明细账，以便企业根据差异发生的原因采取措施，从而降低原材料消耗。原材料定额成本和脱离定额差异汇总表的格式见表 12—11。

表 12—11　　原材料定额成本和脱离定额差异汇总表

产品名称：丁产品　　2016 年 8 月 1—31 日　　金额单位：元

材料种类	计量单位	计划单位成本	定额成本		实际成本		脱离定额差异		差异原因分析
			数量	金额	数量	金额	数量	金额	
A1 材料	千克	10	9 000	90 000	9 100	91 000	100	1 000	（略）
B1 材料	千克	6	6 000	36 000	6 100	36 600	100	600	（略）
合计				126 000		127 600		1 600	

2. 直接人工脱离定额差异的核算

（1）计件工资制度下直接人工脱离定额差异的核算。在计件工资制度下，直接人工费用属于直接计入费用，在计件单价不变的情况下，按计件单价支付的生产工人工资（及提取的福利费）就是定额工资，没有脱离定额差异。只有在因工作条件发生变化而在计件单价之外支付的工资、津贴、补贴等，才是生产工资脱离定额差异。企业应将符合定额的工资直接反映在有关的产量记录中，对脱离定额的差异应设置工资补付单等差异凭证予以反映，并在工资补付单中填写发生差异的原因。

（2）计时工资制度下直接人工脱离定额差异的核算。在计时工资制度下，直接人工费用一般为间接计入费用，其脱离定额差异不能在平时（按产品成本计算对象）计算，只有在月末待本月实际直接人工费用总额和产品生产总工时确定后才能计算。其计算公式如下：

$$计划小时工资率=\frac{计划产量的定额直接人工费用总额}{计划产量的定额生产工时总数}$$

$$实际小时工资率=\frac{实际直接人工费用总额}{实际生产总工时}$$

某产品定额直接人工费用＝该产品实际产量的定额生产工时×计划小时工资率

某产品实际直接人工费用＝该产品实际产量的定额生产工时×实际小时工资率

某产品直接人工脱离定额差异＝该产品实际直接人工费用－该产品定额直接人工费用

不论采用哪种工资形式，都应根据核算资料，按照成本计算对象汇总编制定额工资及脱离定额差异汇总表，表中汇总反映各种产品的定额工资、实际工资、工资脱离定额差异及其产生差异的原因等资料，以考核和分析各种产品工资定额的执行情况，并据以计算产品的工资费用，登记有关的产品成本计算单。

3. 制造费用脱离定额差异的核算

制造费用属于间接计入费用，在日常核算中不能按照产品直接确定费用脱离定额的差异，而只能根据月份的费用计划，按照费用的发生地点和费用项目，核算脱离计划的差异，对费用的发生进行控制和监督。对制造费用中能够按照一定标准制定限额进行控制的项目，如材料费用，可以采用限额领料单、超额领料单等定额凭证和差异凭证进行控制，并比照材料的核算方法进行脱离定额差异的核算；对于其他不能采用日常核算方法来计算其差异的费用项目，应定期将费用计划和实际发生的费用进行比较，予以考核。

对于各种产品应负担的制造费用脱离定额的差异，一般只有到月末实际费用分配给各种产品以后，才能以其实际费用与定额费用相比较加以确定，其计算方法与计时工资脱离定额差异的计算相类似。其计算公式如下：

$$计划小时制造费用率=\frac{计划制造费用总额}{计划产量的定额生产工时总数}$$

$$实际小时制造费用率=\frac{实际制造费用总额}{产品实际生产总工时}$$

某产品定额制造费用=该产品实际产量的定额生产工时×计划小时制造费用率

某产品实际制造费用=该产品实际生产工时×实际小时制造费用率

某产品制造费用脱离定额差异=该产品实际制造费用—该产品定额制造费用

从以上公式中可以看出，制造费用脱离定额的差异也是由工时差异和小时制造费用率差异两个因素造成的。要控制制造费用，一方面要控制费用的发生额，另一方面要节约生产工时，只有这样才能更好地降低制造费用。

脱离定额的差异，月末应在完工产品和月末在产品之间进行分配，一般采用定额法进行，如果脱离定额的差异很小，也可以将全部差异计入完工产品成本，月末在产品不负担差异。

（三）定额变动差异的计算

定额变动差异是指因修订消耗定额或生产耗费的计划价格而产生的新、旧定额之间的差异。定额变动差异与脱离定额差异是不同的。定额变动差异是定额本身变动的结果，它与生产中费用支出的节约或浪费无关；而脱离定额差异则反映生产中费用支出符合定额的程度。

消耗定额和定额成本一般是在月初、季初或年初定期进行修订。在修订定额的月份，其月初在产品的定额成本并未修订，仍然是按旧定额计算的。为了将按旧定额计算的月初在产品定额成本和按新定额计算的本月投入在产品的定额成本，在新定额的同一基础上相加，必须计算月初在产品的定额变动差异，以调整月初在产品的定额成本。

月初在产品定额变动差异，可以根据定额发生变动的在产品盘存数量（或在产品账面结存数量）和修订前后的消耗定额，计算出月初在产品新的定额消耗量和新的定额成本，再与修订前月初在产品定额成本比较，计算出定额变动差异。为了简化成本计算工作，也可以根据定额变动前后单位产品的定额成本计算出定额变动系数，采用系数法确定月初在产品定额变动差异。其计算公式如下：

$$定额变动系数=\frac{按新定额计算的单位产品定额成本}{按旧定额计算的单位产品定额成本}$$

月初在产品定额变动差异=按旧定额计算的月初在产品定额成本×（1—定额变动系数）

各种消耗定额的变动，一般表现为不断下降的趋势，因而月初在产品定额变动差异通常表现为月初在产品定额成本的降低。在这种情况下，一方面，应从月初在产品定额成本中扣除该项差异，使其与新定额保持一致；另一方面，由于该项差异是月初在产品生产费用的实际支出，不能无故予以扣除，因此还应将该项差异加回当月产品成本。相反，若消耗定额不是下降，而是提高，在计算出定额变动差异后，应将此项差异加入月初在产品定额成本中，使之与新定额保持一致；同时从当月产品成本中予以扣除，原因是实际上并未发生这部分支出。因此，定额变动差异的产生，并不影响生产费用总额的增加或减少。

定额变动差异应根据企业具体情况确定是否在完工产品与月末在产品之间进行分配：如果定额变动差异数额较大，应采用定额成本比例法，在完工产品和月末在产品之间进行分配；如果定额变动差异数额较小或者月初在产品在本月已全部完工，则定额变动差异全部由完工产品负担，月末在产品不再负担定额变动差异。

(四) 材料成本差异的计算

采用定额法计算产品成本的企业，为了便于对产品成本进行考核和分析，材料的日常核算都应按计划成本进行。原材料定额费用和原材料脱离定额的差异都是按计划成本计算的。因此，在月末计算产品的实际原材料费用时，必须按照下列公式计算所耗原材料应负担的材料成本差异：

某产品应分配的材料成本差异＝(该产品材料定额成本±材料脱离定额差异)×材料成本差异率

为简化核算，各种产品应分配的材料成本差异，一般均由各产品的完工产品成本负担，月末在产品不再负担。

三、定额法的应用

某企业生产M产品，各项消耗定额比较准确，2016年11月的生产情况和定额资料如下：月初在产品20件，本月投产M产品170件，本月完工160件，月末在产品30件，月末在产品完工程度为50%，材料系开工时一次投入。单位产成品直接材料消耗定额由上月的6.5千克降为6千克，工时定额为2小时，计划小时工资率为5元，计划小时制造费用率为6元，材料计划单价为8元，材料成本差异率为－2%。M产品的定额成本、月初在产品成本及本月生产费用资料见表12—12、表12—13和表12—14。产品成本计算结果见表12—15。

表12—12　**M产品定额单位成本计算表**

2016年11月　　单位：元

成本项目	消耗量	计划单价	定额成本
直接材料	6千克	8	48
直接人工	2小时	5	10
制造费用	2小时	6	12
合计			70

表12—13　**月初在产品成本**

2016年11月　　单位：元

成本项目	直接材料	直接人工	制造费用
月初在产品定额成本	1 040①	100②	120③
月初在产品脱离定额差异	－10	4	7

注：①直接材料定额成本＝20×6.5×8＝1 040（元）。

②直接人工定额成本＝20×50%×2×5＝100（元）。

③制造费用定额成本＝20×50%×2×6＝120（元）。

表12—14　**本月发生的费用**

2016年11月　　单位：元

成本项目	直接材料	直接人工	制造费用
产品的定额成本	8 160①	1 650②	1 980③
脱离定额差异	40	20	16

注：①直接材料定额成本＝170×6×8＝8 160（元）。

②直接人工定额成本＝160×2×5＋10×50%×2×5＝1 650（元）。

③制造费用定额成本＝160×2×6＋10×50%×2×6＝1 980（元）。

表 12—15　　　　　　　　　　　　产品成本计算单

产品名称：M产品　　　　产量：160件　　　　2016年11月　　　　单位：元

项目		行次	直接材料	直接人工	制造费用	合计
月初在产品	定额成本	(1)	1 040	100	120	1 260
	脱离定额差异	(2)	−10	4	7	+1
月初在产品定额变动	定额成本	(3)	−80①			−80
	定额变动差异	(4)	80			80
本月生产费用	定额成本	(5)	8 160	1 650	1 980	11 790
	脱离定额差异	(6)	40	20	16	76
	材料成本差异	(7)	−164②			−164
生产费用合计	定额成本	(8)	9 120	1 750	2 100	12 970
	脱离定额差异	(9)	30	24	23	77
	材料成本差异	(10)	−164			−164
	定额变动差异	(11)	80			80
脱离定额差异分配率		(12)	0.33%③	1.37%	1.1%	
产成品成本	定额成本	(13)	7 680	1 600	1 920	11 200
	脱离定额差异	(14)	25.34④	21.92	21.12	68.38
	材料成本差异	(15)	−164			−164
	定额变动差异	(16)	80			80
	实际成本	(17)	7 621.34⑤	1 621.92	1 941.12	11 184.38
月末在产品成本	定额成本	(18)	1 440	150	180	1 770
	脱离定额差异	(19)	4.66⑥	2.08	1.88	8.62

注：①月初在产品定额调整＝20×（6−6.5）×8＝−80（元）。

②材料成本差异＝（8 160＋40）×（−2%）＝−164（元）。

③直接材料脱离定额差异分配率＝30/9 120＝0.33%。

④产成品直接材料成本脱离定额差异＝7 680×0.33%＝25.34（元）。

⑤第17行（实际成本）计算过程为：(17) ＝ (13) ＋ (14) ＋ (15) ＋ (16)。

⑥第19行月末在产品脱离定额差异的计算过程为：(19) ＝ (9) － (14)。

四、定额法的优缺点及适用范围

（一）定额法的优缺点

综上所述，定额法是将产品成本的定额工作、核算工作和分析工作有机地结合起来，将事前、事中和事后的反映与监督融为一体的一种产品成本计算方法和成本管理制度。

1. 定额法的优点

定额法的优点是：

（1）通过对生产耗费和生产费用脱离定额差异的日常核算，能够在各项耗费和费用发生的当时反映和监督脱离定额的差异，从而加强成本控制。

（2）由于产品实际成本是按照定额成本和各种成本差异分别反映的，因而便于进行产品成本的定期分析，有利于进一步挖掘降低成本和各种成本差异的潜力。

（3）通过脱离定额差异和定额变动差异的核算，有利于提高成本定额管理工作的水平。

（4）由于有现成的定额成本资料，能够比较合理、简便地解决完工产品和月末在产品之间分配费用的问题。

2. 定额法的缺点

定额法的缺点是：采用定额法计算产品成本，必须制定定额成本，单独核算脱离定额差异，在定额变动时还必须修订定额成本，计算定额变动差异，因此比采用其他方法的核算工作量要大。

（二）定额法的适用范围

采用定额法计算产品成本应具备以下两个条件：

（1）定额管理制度比较健全，定额管理工作的基础比较好。

（2）产品的生产已经定型，消耗定额比较准确、稳定。

定额法一般与企业的生产类型无关，它只是为了加强成本控制，及时揭露产品定额成本和定额执行过程中存在的问题，及时采取有效措施加以改进而采用的方法。因此，不论哪种生产类型的企业，只要具备上述条件，都可以采用定额法计算产品成本。

※思考活动※

采用定额法计算产品成本应具备哪些条件？脱离定额的差异应如何计算？

联产品、副产品和等级产品成本计算

※ 任务描述※

本任务的工作思路如图 12—3 所示。通过本任务的学习，学生能够理解联产品、副产品和等级产品的含义和特点，掌握系数分配法、实物量分配法和相对销售收入分配法的具体应用。

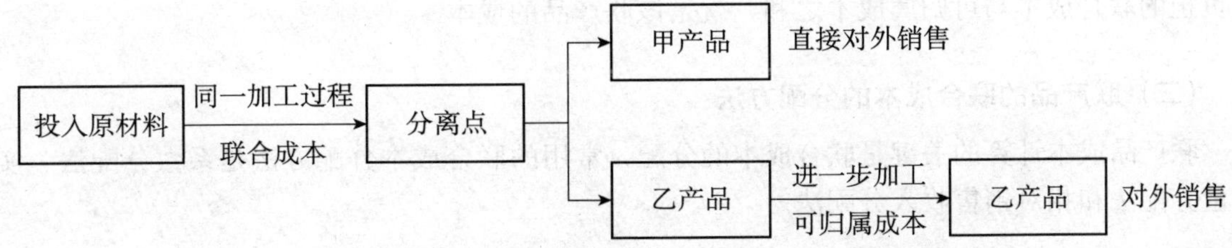

图 12—3　联产品生产过程及产品成本计算工作思路图

※基本知识与技能※

一、联产品成本的计算

（一）联产品的含义及特点

联产品是指使用同种原材料，经过同一加工过程而同时生产出两种或两种以上的主要产品。联产品虽然在性质、用途上有所不同，但它们都是企业的主要产品，例如炼油厂以原油为原料，经过一定的生产工艺过程，可以生产出汽油、柴油和煤油等。

联产品与同类产品不同，同类产品是指在产品品种、规格繁多的企业或车间，按一定的标准归类的产品，其目的是便于采用分类法简化产品成本计算工作。而联产品的生产是联合生产，其特点是：（1）联产品是制造活动的主要目标；（2）联产品比其他相伴生的副产品售价高；（3）只要生产出联产品中的一种，就必须同时生产出所有的产品；（4）对产出的各种产品的相对产量，生产者无法控制。

（二）联产品成本的计算程序

联产品是使用相同的原材料，经过同一生产过程生产出来的。有的联产品一般要到生产过程终了才能分离出来；有的联产品也可能在生产过程的某一个生产步骤分离出来，这个分离时的生产步骤称为“分离点”。在分离点前发生的加工成本称为联合成本。基于上述特点，联产品的成本计算可以分三个部分进行。

1. 联产品分离点前联合成本的计算

联产品分离前，无法按每种产品作为成本计算对象、归集生产费用并计算其成本，而只能将同一生产过程的联产品视为同一类产品，采用分类法计算分离点前的联合成本。

2. 联产品分离点的联合成本分配

在联产品分离时，将联合成本再采用适当的分配标准，在联产品之间进行分配，求出各联产品应负担的联合成本。

3. 联产品分离点后加工成本的计算

有些联产品分离后还需要进一步加工才能出售，这时，应采用适当的方法计算分离后的加工成本。分离后发生的加工成本，因可以分辨其承担主体，所以称为可归属成本。联产品应负担的联合成本与可归属成本之和，就是该联产品的成本。

（三）联产品的联合成本的分配方法

联产品成本计算的关键是联合成本的分配，常用的联合成本分配方法是系数分配法、实物量分配法和相对销售收入分配法。

1. 系数分配法

系数分配法是将各种联产品的实际产量按照事先规定的系数折合为标准产量，然后将联合成本按照各种联产品的标准产量比例进行分配的方法。系数分配法是联产品成本计算中使用较多的一种分配方法，采用这种方法分摊联产品的联合成本，其正确性取决于系数的确定。决定系数的两个主要因素是分配标准和标准产品的确定。由于某些因素的影响，有些企业应用系数分配法可能存在一定的困难，这时可考虑其他比较简便的分配方法，如实物量分配法。

2. 实物量分配法

实物量分配法是按分离点上各种联产品的重量、容积或其他实物量度比例来分配联合成本的方法。采用这种方法计算出的各种产品单位成本是一致的，且是平均单位成本，因此，这种方法的优点是简便易行。但这种方法也存在缺陷，主要是因为产品成本与实物量并不都是直接相关且成正比例变动的，在这种情况下采用此法容易导致成本计算与实际相脱节。因此，实物量分配法应在联产品的成本与实物量密切相关且成正比例变动的情况下使用。

3. 相对销售收入分配法

相对销售收入分配法是指用各种联产品的销售收入比例来分配联合成本的方法。这种分配法是基于售价较高的联产品应该成比例地负担较高份额的联合成本这一理论，它是将联合成本按各联产品的销售价值比例来分摊，其结果是各联产品可取得一致的毛利率。这种方法克服了实物量分配法的不足，但其本身也存在缺陷，主要表现在以下几个方面：(1) 并非所有的成本都与售价有关，价格较高的产品不一定要负担较高的成本。(2) 并非所有的联产品都具有同样的获利能力。若不区分具体情况而盲目采用这种方法，会对产品生产决策带来不利影响。这种方法一般适用于分离后不再继续加工，而且价格波动不大的联产品的成本计算。

【例 12—4】 甲企业用某种原材料经过同一生产过程同时生产出 A、B 两种联产品，2016 年 9 月共生产 A 产品 2 100 千克、B 产品 1 120 千克。无期初、期末在产品。该月生产 A、B 联产品发生的联合成本分别为：直接材料 80 000 元、直接人工 6 000 元、制造费用 16 000 元。A 产品每千克售价 200 元，B 产品每千克售价 250 元，假设全部产品均已售出。根据所给的资料，分别用系数分配法、实物量分配法、相对销售收入分配法计算 A、B 产品的成本，见表 12—16、表 12—17、表 12—18。

表 12—16 **联产品成本计算单（系数分配法）**

2016 年 9 月

金额单位：元

产品名称	产量（千克）	系数①	标准产量	分配比例（%）	应负担的成本			
					直接材料	直接人工	制造费用	合计
A产品	2 100	1	2 100	60	48 000	3 600	9 600	61 200
B产品	1 120	1.25	1 400	40	32 000	2 400	6 400	40 800
合计	3 220	—	3 500	100	80 000	6 000	16 000	102 000

注：以售价为标准确定系数，选择 A 产品为标准产品，其系数为 1，B 产品的系数为 250/200=1.25。

表 12—17　　联产品成本计算单（实物量分配法）

2016 年 9 月

金额单位：元

产品名称	产量（千克）	联合成本				综合分配率	应负担的成本			
		直接材料	直接人工	制造费用	合计		直接材料	直接人工	制造费用	合计
A 产品	2 100						52 164	3 906	10 437	66 507
B 产品	1 120						27 836	2 094	5 563	35 493
合计	3 220	80 000	6 000	16 000	102 000	31.68	80 000	6 000	16 000	102 000

注：综合分配率＝102 000÷3 220＝31.68

直接材料分配率＝80 000÷3 220＝24.84

直接人工分配率＝6 000÷3 220＝1.86

制造费用分配率＝16 000÷3 220＝4.97

为了保证数据的一致性，对于 B 产品是采用倒挤的方法计算得出的，同时产品构成的分配率保留了小数点后两位，四舍五入后的差异部分由制造费用来承担。

表 12—18　　联产品成本计算单（相对销售收入分配法）

2016 年 9 月

金额单位：元

产品名称	产量（千克）	销售单价	销售价值	分配比例（%）	应负担的成本			
					直接材料	直接人工	制造费用	合计
A 产品	2 100	200	420 000	60	48 000	3 600	9 600	61 200
B 产品	1 120	250	280 000	40	32 000	2 400	6 400	40 800
合计	3 220	—	700 000	100	80 000	6 000	16 000	102 000

二、副产品成本的计算

（一）副产品的含义

副产品是指使用同种原材料在同一生产过程中生产主要产品的同时，附带生产出一些非主要产品，或利用生产中的废料加工而成的产品，如肥皂厂生产出来的甘油，炼油厂生产出来的渣油、石焦油，酿酒厂生产出来的酒精等。

副产品和联产品都是投入同一种原材料，经过同一生产过程同时生产出来的，它们之间的主要区别在于价值高低、产量多少、生产目的以及对生产经营的影响程度等方面。联产品全部是主要产品，其产品价值都比较高，关系到企业生产经营的得失；副产品不是企业生产的主要目的，是伴随着主要产品的生产而同时生产出来的次要产品，其价值与主要产品相比较低，产量少，属于附带产品，但它仍具有一定的经济价值，能满足一定的社会需要，而且客观上也发生耗费，因此，需要采取一定的成本计算方法计算其成本。

企业的联产品和副产品并非一成不变。随着技术的提高、经济的发展和企业生产工艺的改进，联产品和副产品还可以相互转变，副产品可能转变为联产品，联产品也可能转变为副产品。

（二）副产品成本的计算方法

由于副产品和主产品是使用同一原材料经过同一生产过程生产出来的，所投入的生产费用很难划分，因此，在实际工作中，先将主、副产品作为一类产品归集生产费用，计算该类全部主、副产品的总成本，然后将联合成本在主、副产品之间进行分配，副产品的成本计算就是确定其应负担分离点前的联合成本。由于副产品的经济价值较小，在企业全部产品中所占的比重也较小，因此在计算成本时，可采用简单的计算方法，确定副产品成本，然后从分离点前的联合成本中扣除，其余额就是主要产品成本。

副产品的成本计算方法通常有以下几种：

(1) 对分离后不再加工且价值不大（与主要产品相比）的副产品，可不负担分离点前的联合成本，或以定额单位成本计算其成本。

(2) 对分离后不再加工但价值较高的副产品，往往以其销售价格作为计算的依据，将销售价格扣除销售税金、销售费用和一定的利润后作为副产品的成本。

(3) 对分离后仍需进一步加工才能出售的副产品，如价值较低，不负担联合成本，可只计算归属于产品的成本；如价值较高，则需同时负担分离点前的联合成本和可归属成本，以保证主要产品成本计算的合理性。

副产品若负担联合成本，其负担的联合成本确定后，将其从联合成本中扣除的方法有两种：一是将副产品成本从联合成本的“直接材料”项目中扣除，二是将副产品成本按比例从联合成本的各个成本项目中扣除。

【例 12—5】飞达企业在生产甲主产品的同时，还附带生产出了乙副产品。2016 年 10 月，甲、乙联合成本为 100 000 元，其中：直接材料 68 000 元，直接人工 22 000 元，制造费用 10 000 元。甲、乙产品分离后可直接出售，本月甲产品的产量为 2 500 千克，乙产品的产量为 350 千克，乙产品的销售单价扣除销售费用、销售税金及相关利润后为每千克 4 元，乙产品按比例从联合成本的各成本项目中扣除，计算甲、乙产品的总成本和单位成本。根据以上资料，计算过程见表 12—19。

表 12—19　　**产品成本计算表**

2016 年 10 月　　金额单位：元

项目		直接材料	直接人工	制造费用	合计
联合成本		68 000	22 000	10 000	100 000
费用项目比重（%）		68	22	10	100
乙产品	总成本	952	308	140	1 400
	单位成本	2.72	0.88	0.4	4
甲产品	总成本	67 048	21 692	9 860	98 600
	单位成本	26.82	8.68	3.944	39.44

注：(1) 乙产品总成本＝350×4＝1 400（元）。

其中：

直接材料成本＝1 400×68%＝952（元）

直接人工成本＝1 400×22%＝308（元）

制造费用＝1 400×10%＝140（元）

(2) 甲产品总成本＝100 000－1 400＝98 600（元）。

其中：

直接材料成本＝68 000－952＝67 048（元）

直接人工成本＝22 000－308＝21 692（元）

制造费用＝10 000－140＝9 860（元）

三、等级品成本的计算

(一) 等级品的含义

等级品是指使用原材料相同，经过相同加工过程生产出来的品种相同但质量有所差别的产品。如搪瓷器皿、电子元件、针纺织品等的生产，经常会出现一等品、二等品、三等品和等外品。

等级品与联产品、副产品是不同的概念，等级品与联产品、副产品的相同之处在于，它们都是使用同种原材料，经过同一生产过程而产生的。它们的不同之处在于：等级品是指同一品种、不同质量的产品，联产品、副产品则是指不同品种的产品；在每种联产品和副产品中，其质量比较一致，因而销售单价相同，而各等级品因质量存在差异，所以销售单价相应地分为不同等级。

等级品与废品是两个不同的概念：等级品在质量上的差异一般允许在设计范围之内，这些差异一般不影响产品的使用寿命，是合格品；废品是指等级品以下的产品，其质量标准达不到设计要求，属于非合格品。

（二）等级品成本的计算方法

等级品成本的计算方法，应视等级品产生的原因而定。等级品产生的原因通常有两种：一是生产工人操作不当、技术不熟练或企业经营管理不善造成的；二是所用材料质量不同或受目前技术水平限制等原因造成的。对于第一种原因造成的等级品，各种等级品的单位成本应是相同的，应按等级品的实际产量比例分配各等级品应负担的联合成本，次品由于降价销售而导致的损失，说明企业在生产经营管理上存在缺陷，从而可以促使企业不断改善经营管理，提高产品质量。对于第二种原因造成的等级品，企业应采用适当的方法计算等级品的成本，通常把等级品归为一类，计算联合成本，再以等级品的单位售价为标准制定系数，按系数比例分配各等级品应负担的联合成本，其计算结果是售价高的产品负担较多的联合成本。

【例 12—6】 某企业 2016 年 11 月生产丙产品，在生产中出现了不同等级质量的产品。该企业本月生产的丙产品实际产量为 250 件。其中：一等品 150 件，二等品 60 件，三等品 35 件。各等级品的市场售价分别为：一等品售价 100 元，二等品售价 60 元，三等品售价 40 元。本月丙产品的联合成本为 10 700 元，其中：直接材料 6 500 元，直接人工 2 800 元，制造费用 1 400 元。计算丙产品各等级产品的总成本和单位成本。

根据以上资料，进行各等级产品成本计算如下：

假设不同质量等级的丙产品，是企业经营管理不善造成的，采用实物量分配法计算各等级品成本。成本计算过程见表 12—20。

表 12—20 **等级品成本计算单**

2016 年 11 月 金额单位：元

产品等级	实际产量（件）	分配比例（%）	应负担的成本				单位成本
			直接材料	直接人工	制造费用	合计	
一等品	150	60	3 900	1 680	840	6 420	42.80
二等品	60	24	1 560	672	336	2 568	42.80
三等品	40	16	1 040	448	224	1 712	42.80
合计	250	100	6 500	2 800	1 400	10 700	

假设不同质量等级的丙产品，是材料质量的原因造成的，采用系数分配法计算各等级品成本。成本计算过程见表 12—21。

表 12—21　　　　　　　　　　　　　　等级品成本计算表

2016 年 11 月　　　　　　　　　　　　　　金额单位：元

产品等级	实际产量（件）	售价	系数	总系数	分配比例（%）	应负担的成本				单位成本
						直接材料	直接人工	制造费用	合计	
一等品	150	100.00	1	150	75	4 875	2 100	1 050	8 025	53.5
二等品	60	60.00	0.6	36	18	1 170	504	252	1 926	32.1
三等品	40	35.00	0.35	14	7	455	196	98	749	18.725
合计	250			200	100	6 500	2 800	1 400	10 700	

※思考活动※

联产品与副产品的关系是什么？联产品与副产品的联合成本如何计算？

【项目小结】

产品成本计算的分类法是先以产品的类别作为成本核算对象，用以归集生产费用，计算出各类产品的实际成本，再在类内产品之间进行成本分配，计算出类内各种产品成本的方法。其主要适用于产品品种、规格繁多，并且可以按照一定的要求和标准划分类别的企业或企业的生产单位。分类法与企业生产类型没有直接联系。

定额法是为了反映企业产品实际成本脱离定额成本的差异，配合企业加强生产费用和产品成本的定额管理和进行成本控制所采用的一种成本计算方法。它的基本特点是：以产品的定额成本为基础，加上或减去脱离定额差异以及定额变动差异来计算产品的实际成本。

联产品是用同样的原材料，经过一道或一系列工序的加工同时生产出几种地位相同但用途不同的主要产品，并且这些产品都是企业的主要产品。副产品是指使用同种原材料在同一生产过程中生产主要产品的同时，附带生产的一些非主要产品，或利用生产中的废料加工而成的产品，副产品不是企业生产的主要目的，其价值与主要产品相比较低。等级品是指使用同种原材料，经过相同加工过程生产出来的品种相同但质量有所差别的产品。

【项目训练】

一、单项选择题

1. 定额成本是（　　）的一种。

A. 目标成本　　　　　　　　B. 现行成本

C. 重置成本　　　　　　　　D. 机会成本

2. 下列各项中，属于分类法优点的是（　　）。

A. 能加强成本控制　　　　　　B. 能简化产品成本的计算

C. 能提高成本计算的正确性　　　D. 能分品种掌握产品成本水平

3. 某企业将甲、乙两种产品作为一类，采用分类法计算产品成本。甲、乙两种产品共同耗用 A 种材料，消耗定额分别为 16 千克和 20 千克，每千克 A 种材料的单位成本为 5 元。该企业将甲产品作为标准产品，则乙产品的原材料费用系数为（　　）。

A. 125　　B. 80　　C. 625　　D. 4

4. 甲、乙两种产品共同耗用的燃料费用为 6 000 元，按燃料定额消耗量比例分配。甲、乙产品的定额消耗量分别为 200 千克和 300 千克。据此计算的燃料费用分配率为（　　）。

A. 12 元　　B. 20 元　　C. 30 元　　D. 60 元

5. 联产品是指（　　）。

A. 一种原材料加工出来的不同质量的产品

B. 一种原材料加工出来的几种主要产品

C. 一种原材料加工出来的主要产品和副产品

D. 不同原材料加工出来的不同产品

二、多项选择题

1. 采用分类法，某类产品中各种产品之间分配费用的标准可以选用（　　）。

A. 定额消耗量　　B. 计划成本

C. 定额成本　　D. 产品售价

E. 相对固定的系数

2. 在品种、规格繁多且可按一定标准划分为若干类别的企业或车间中，能够应用分类法计算成本的产品生产类型有（　　）。

A. 大量大批多步骤生产　　B. 大量大批单步骤生产

C. 单件小批多步骤生产　　D. 单件小批单步骤生产

E. 成批生产

3. 采用定额成本法计算在产品成本时，应具备下列条件（　　）。

A. 定额管理基础较好　　B. 消耗定额比较准确

C. 各月末在产品数量变化不大　　D. 各月在产品数量变化较大

E. 消耗定额稳定

4. 下列关系式中，正确的有（　　）。

A. 月初在产品成本＋本月发生生产费用＝本月完工产品成本＋月末在产品成本

B. 本月完工产品成本＝月初在产品成本＋月末在产品成本－本月发生费用

C. 本月完工产品成本＝月初在产品成本＋本月发生生产费用－月末在产品成本

D. 月末在产品成本＝月初在产品成本＋本月发生生产费用－本月完工产品成本

E. 本月发生生产费用＝本月完工产品成本＋月初在产品成本＋月末在产品成本

5. 在计时工资形式下，影响生产工人工资脱离定额的差异的因素有（　　）。

A. 生产工时　　B. 废品数量

C. 小时工资率　　D. 使用临时工的人数

E. 工人的熟练程度

三、判断题

1. 副产品成本必须采用分类法计算。（　　）

2. 采用分类法计算产品成本，如果系数是按消耗定额或费用定额计算确定的，按系数比例分配费用的结果与直接按定额消耗量或定额费用比例分配费用的结果相同。（　　）

3. 定额成本制度不仅注重成本的日常控制和事后控制，更重要的是还能做到成本的事前控制。（　　）

4. 在计算月初在产品定额变动差异时，如果是定额提高的差异，应加入月初在产品的定额成本，同时减少定额变动差异。（　　）

5. 用分类法计算出来的类内各种产品的成本具有一定的假定性。（　　）

四、计算分析题

浙江天源实业股份有限公司为生产羊毛衫的一家纺织企业，共生产圆领羊毛衫、V 领羊毛衫和高领羊毛衫三种商品，其所用的原材料和工艺过程基本相同，将其合并为第一大类产品，采用分类法计算产品成本。该公司 2016 年 8 月期初有关资料见表 12—22、表 12—23、表 12—24。

表 12—22　　2016 年 8 月初在产品成本

产品名称：第一大类产品　　单位：元

产品名称	直接材料	直接人工	制造费用	合计
月初在产品成本	45 000	2 500	4 200	51 700
本月发生费用	795 400	50 500	68 175	914 075

表 12—23　　第一大类产品的产量、工时资料

2016 年 8 月

产品名称		工时耗用定额（小时）	本月完工产量（件）
第一大类产品	圆领羊毛衫	16	1 200
	V 领羊毛衫	20	700
	高领羊毛衫	12	600

表 12—24　　原材料定额情况

2016 年 8 月　　金额单位：元

产品名称	单位产品原材料费用			
	原材料名称或编号	消耗定额（千克）	计划单价	费用定额
圆领羊毛衫	1011	100	0.52	52
	2011	160	0.80	128
	3011	140	1	140
	小计			320
V 领羊毛衫	1011	144	0.50	72
	2011	60	0.80	48
	3011	120	1	120
	小计			240
高领羊毛衫	1011	200	0.50	100
	2011	100	0.80	80
	3011	180	1	180
	小计			360

要求：

（1）第一大类产品中的圆领羊毛衫为标准产品，类内产品的分配标准是：原材料费用按各种产品的原材料费用系数分配，原材料系数按原材料定额确定；其他费用按工时比例分配。

（2）由于第一大类产品的每月在产品的变化不大，且比较稳定，因此月末在产品成本的计算采用按固定成本计算。（计算结果：分配率保留 2 位小数，分配金额保留 2 位小数。）

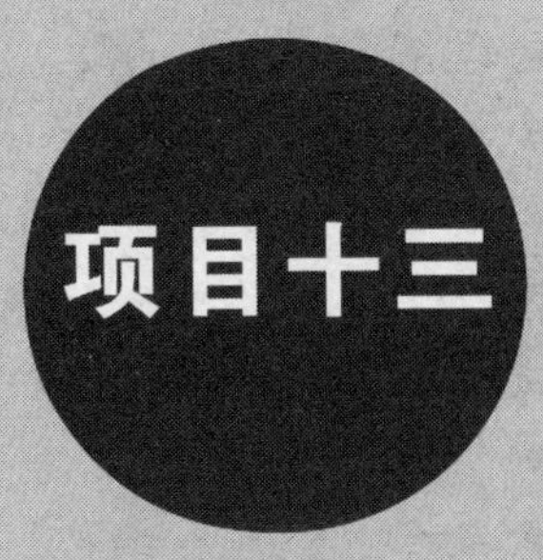

成本报表与成本分析

任务一　成本报表概述　/ 227
任务二　成本分析的方法　/ 234
任务三　成本分析的内容　/ 238

【学习目标】

知识目标

- 理解成本报表的概念、种类及其编制要求
- 理解分类法的特点
- 掌握成本报表的编制方法

能力目标

- 熟练掌握因素分析法（连环替代法）
- 掌握产品生产成本报表的编制和分析
- 掌握主要产品单位成本表的编制和分析

【引导案例】

王敏娜会计专业毕业后供职于一家民营企业财务部，该企业设立A、B、C三个生产车间，主要生产A、B、C三种产品。2015年3月16日下午，企业召开了全厂中层干部会议，主要议题是由财务部王敏娜汇报各车间产品成本情况。王敏娜在给各位参会人员列示了三种产品成本数据后指出，A车间产品成本管理最好，产品成本降低率达到了21%，而C车间排到了最后，产品成本降低率只有8%。听到这样的结果后，C车间主任认为王敏娜的结论不对。理由是厂里年初核定的C产品单位成本为320元，而年终实际计算出的C产品单位成本是280元，每件降低了40元，产品成本降低率应是12.5%。厂长听后感到纳闷，怎么出来了两个数据？到底哪个正确？还是都不正确？学完本项目后你将能给出合适的答案。

成本报表概述

※ 任务描述※

本任务的工作思路如图 13—1 所示。通过本任务的学习，学生能够了解成本报表的特点和作用，能够掌握常见的成本报表的种类，并且会结合企业的实际情况做到具体应用。

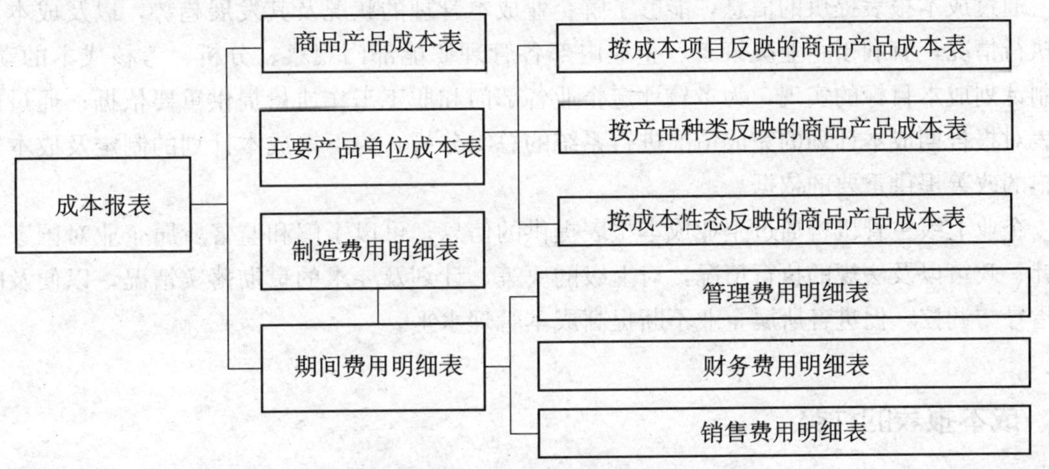

图 13—1　成本报表工作思路图

※基本知识与技能※

一、成本报表的特点与作用

成本报表是根据日常成本核算资料及相关资料编制的，用以反映企业一定期间生产费用支出情况与产品成本水平及其构成情况的会计报表。在市场经济条件下，企业成本报表的编制主要以满足企业内部经营管理与决策需要为目标。

（一）成本报表的特点

1. 编制成本报表以满足企业内部经营管理与决策的需要为目标

在市场经济条件下，企业的成本信息属于企业的重要商业秘密，因此，国家在计划经济时期要求企业定期对外提供成本报表的规定早已取消。但是，企业不再对外报送成本报表，不等于不需要编制成本报表。为了满足企业内部管理者、成本责任单位和责任人对成本信息的需求，企业还必须认真编制成本报表。

2. 成本报表编制具有较强的自主性和灵活性

企业的对外报表在内容及格式等方面一般都由国家统一规定，强调规范性、统一性和完整性。而成本报表属内部报表，国家没有统一的编报时间、种类、格式、项目和内容要求，因此，各企业可以根据自身成本管理的需要，自行设计和规定成本报表的种类、内容、格式及编报时间。

（二）成本报表的作用

成本报表的主要作用是向企业决策者、企业内部各管理职能部门和上级主管机构提供有关成本的综合信息，用以加强成本管理，提高经济效益。

通过成本报表提供的信息，能够了解企业成本管理的状况及其发展趋势，以及成本计划的执行情况，有利于企业决策者、企业内部各管理职能部门观察、分析、考核成本的动态，控制计划成本目标的实现，为考核评定企业各部门和职工工作质量提供重要依据；通过成本报表对报告期成本计划的完成情况进行系统的总结分析，为下期成本计划的制定及成本管理措施的改善提供重要的依据。

企业上级主管机构通过企业成本报表提供的信息，可以了解和监督所属企业对国家有关方针、政策以及法规的执行情况，对上级的决策、计划及要求的贯彻落实情况，以便及时加强指导与调控，促进各所属企业不断提高成本管理水平。

二、成本报表的种类

前已述及，因为成本报表主要是服务于企业内部经营管理目的的报表，所以成本报表的种类、格式、内容、编制时间等均可由企业根据其生产特点和管理要求自行规定。因此，不同企业的成本报表种类可以是不一样的。目前，在工业企业中比较常见的成本报表主要有：商品产品成本表、主要产品单位成本表、制造费用明细表、管理费用明细表、财务费用明细表、销售费用明细表以及其他成本报表等。

（一）商品产品成本表

商品产品成本表是揭示企业在报告期内生产的全部商品产品总成本的报表。按其揭示的指标内容不同，商品产品成本表又可分为三种格式：一是按成本项目反映，二是按产品种类反映，三是按成本性态反映。

1. 按成本项目反映的商品产品成本表

是按成本项目汇总反映企业在报告期内发生的全部生产费用以及商品产品生产总成本的报表，其格式见表 13—1。

表 13—1　　商品产品成本表（按成本项目反映）

填报单位：　　年　月　　单位：元

项目	上年实际	本年计划	本月实际	本年累计实际
生产费用				
直接材料费用				
直接人工费用				
制造费用				
生产费用合计				
加：在产品、自制半成品期初余额				
减：在产品、自制半成品期末余额				
商品产品生产成本合计				

商品产品成本表（按成本项目反映）的主要作用是：该表能够揭示企业报告期内全部商品产品生产费用的支出情况和各项费用的构成情况，通过该表可以对企业的生产费用进行一般评价；将该表 12 月份本年累计实际生产费用与本年计划数相比较，可以考核、分析年度生产费用计划的执行情况，以及本年生产费用比上年升降情况；将该表 12 月份本年累计实际商品产品生产成本与本年计划数和上年实际数相比较，可以考核、分析年度商品产品总成本计划的执行结果，以及本年商品产品生产总成本比上年的升降情况，并据以分析影响成本升降的各项因素。

2. 按产品种类反映的商品产品成本表

是按产品种类汇总反映企业在报告期内的全部商品产品的单位成本和总成本的报表。其格式见表 13—2。

商品产品成本表（按产品种类反映）的主要作用是：通过该表可以分析、考核企业各类产品和全部商品产品本月和本年累计的成本计划的执行结果，并对各类产品成本和全部商品产品成本的节约或超支情况进行一般评价；可以分析、考核各种可比产品和全部可比产品本月和本年累计的成本与上年相比的升降情况；可以了解哪些产品成本超支较多，为进一步进行产品单位成本分析指明方向；对于规定有可比产品成本降低计划的产品，可以分析、考核可比产品成本降低计划的执行情况，促使企业采取措施，不断降低产品成本。

3. 按成本性态反映的商品产品成本表

成本性态是指成本变动与业务量之间的依存关系，按照成本与业务量的依存关系，成本可分为固定成本、变动成本和半变动成本三类。

商品产品成本表按成本性态反映，是反映企业在报告期内发生的全部生产成本（按成本性态反映）和各成本性态（分别反映变动费用和固定费用）的成本费用的报表。其格式见表 13—3。

表 13—2

商品产品成本表(按产品种类反映)

填制单位：　　　　20××年 11 月

产品名称	计量单位	实际产量(件)		单位成本(元)				本月总成本(元)			本年总成本(元)		
		本月	本年累计	上年实际平均	本年计划	本月实际	本年累计平均	按上年实际平均单位成本计算	按本年计划单位成本计算	本月实际	按上年实际平均单位成本计算	按本年计划单位成本计算	本年实际
		①	②	③	④	⑤=⑨/①	⑥=⑫/②	⑦=①×③	⑧=①×④	⑨	⑩=②×③	⑪=②×④	⑫
一、可比产品合计								16 240	15 300	14 300	410 400	388 000	403 800
其中：甲产品	台	60	1 600	180	175	163.33	186	10 800	10 500	9 800	288 000	280 000	297 600
乙产品	台	80	1 800	68	60	56.25	59	5 440	4 800	4 500	122 400	108 000	106 200
二、不可比产品									4 320	5 500		24 000	36 000
其中：丙产品	台	18	100	260	240				4 320	5 500		24 000	36 000
全部商品产品成本													

表 13—3 **商品产品成本表（按成本性态反映）**

填制单位： 年 月 单位：元

项目	上年实际	本年计划	本月实际	本年累计实际
变动费用：				
直接材料费用				
直接人工费用				
制造费用				
变动费用合计				
固定费用：				
固定制造费用				
加：在产品、自制半成品期初余额				
减：在产品、自制半成品期末余额				
商品产品生产成本合计				

（二）主要产品单位成本表

主要产品单位成本表是揭示企业在报告期内生产的各种主要产品的单位成本构成及其变动情况的会计报表。该表应按主要产品分别编制，是商品产品成本表（按产品种类反映）中某些主要产品成本的进一步反映。其格式见表 13—4。

表 13—4 **主要产品单位成本表**

年 月

填制单位： 产品销售单价：
产品名称： 本月实际产量：
产品规格： 本年累计实际产量：
计量单位： 单位：元

成本项目	历史先进水平	上年实际平均	本年计划	本年实际	本年累计实际平均
直接材料					
直接人工					
制造费用					
生产成本					
主要经济技术指标					
1. ……					
2. ……					

主要产品单位成本表的主要作用是：通过主要产品单位成本表，可以按照成本项目考核主要产品单位成本计划的执行结果，分析各成本项目单位成本节约或者超支的原因；可以按照成本项目将本月实际单位成本和本年累计实际平均单位成本与上年实际平均单位成本和历史先进单位成本进行对比，了解其比当年的升降情况，与历史先进水平是否还有差距，据此分析单位成本变化、发展趋势；可以分析、考核主要产品的主要经济技术指标的执行情况。

（三）制造费用明细表

制造费用明细表是揭示企业在报告期内发生的全部制造费用及其构成情况的报表。其格式见表 13—5。

表 13—5 **制造费用明细表**

填制单位： 年 月 单位：元

项目	行次	本年计划数	上年实际数	本年实际数
职工薪酬	1			
折旧费	2			
修理费	3			
租赁费	4			
机物料消耗	5			
低值易耗品摊销	6			
水电费	7			
办公费	8			
差旅费	9			
运输费	10			
保险费	11			
劳动保护费	12			
季节性修理期间的停工损失	13			
其他	14			
合计	15			

（四）期间费用明细表

期间费用明细表是揭示企业报告期内各项期间费用情况的报表，包括管理费用明细表、财务费用明细表和销售费用明细表，其格式见表 13—6、表 13—7、表 13—8。

表 13—6 **管理费用明细表**

填制单位： 年 月 单位：元

费用项目	本月实际	本月计划	节约（一）或者超支（+）
1. 职工薪酬			
2. 水电费			
3. 折旧费			
4. 办公费			
5. 差旅费			
6. 保险费			
7. 工会经费			
8. 业务招待费			
9. 低值易耗品摊销			
10. 机物料消耗			
11. 无形资产摊销			
12. 车船使用税			
13. 房产税			
14. 印花税			
15. 其他			
合计			

表 13—7

财务费用明细表

填制单位：　　　　　　　　　　　　年　　月　　　　　　　　　　　　单位：元

月份	合计	利息支出	利息收入	利息净支出	汇兑损失	汇兑收益	汇兑净损失	银行手续费	其他
	①=④+⑦+⑧+⑨	②	③	④=②-③	⑤	⑥	⑦=⑤-⑥	⑧	⑨
1月									
2月									
3月									
4月									
5月									
6月									
7月									
8月									
9月									
10月									
11月									
12月									
合计									
上期数									
变动额									
变动比例									

表 13—8

销售费用明细表

填制单位：　　　　　　　　　　　　年　　月　　　　　　　　　　　　单位：元

项目	行次	本年计划	本月实际	上年实际
工资				
折旧费				
修理费				
机物料消耗				
低值易耗品摊销				
办公费				
差旅费				
销售佣金				
代销手续费				
运输费				
装卸费				
包装费				
保险费				
广告费				
租赁费				
销售服务费				
其他				
合计				

制造费用明细表、管理费用明细表、财务费用明细表以及销售费用明细表采用的分析方

法基本相同，都可以采用对比分析法按费用项目对本期费用和上期费用进行对比，了解费用的增减变化情况；也可以与本期计划对比，了解本期费用计划的执行情况，分析超支和节约的原因；还可以采用结构分析法分析各项费用的构成是否合理，并比较各项费用比重的增减变化，对所占比重较大以及增减变化较大的费用进行重点分析，找出其增减变化的原因，以便采取措施，降低费用的发生。

（五）其他成本报表

各企业还可以根据本企业的生产特点和管理要求，设计和编制其他有利于实施成本控制和考核的报表，如生产情况表、材料成本考核表、人工成本考核表等，此处从略。

※思考活动※

成本报表在整个会计报表体系中起什么作用？主要产品单位成本表主要提供哪些信息？

成本分析的方法

※ 任务描述※

本任务的工作思路如图 13—2 所示。通过本任务的学习，学生能够理解成本分析的作用和任务，掌握常用的成本分析方法，重点掌握因素分析法、比率分析法等分析方法。

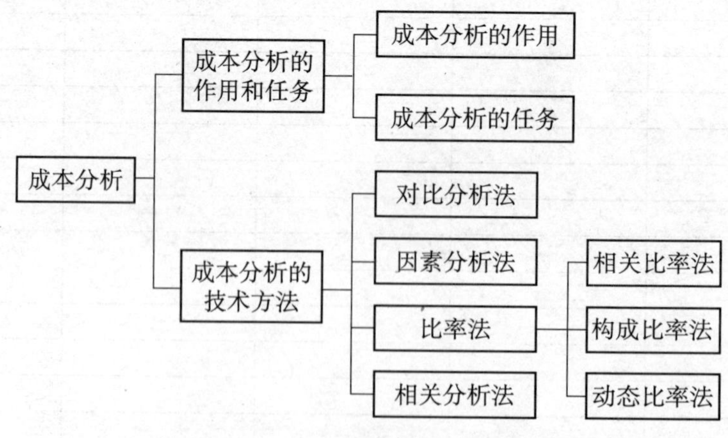

图 13—2　成本分析的方法工作思路图

※基本知识与技能※

一、成本分析的作用和任务

成本分析，是指利用成本核算及其他有关资料，对成本指标所进行的分析。成本分析的主要目的是分析成本水平及其构成的变动情况，查找影响成本升降的各种因素及其变动原因，提出降低成本的具体措施，为编制成本计划和制定经营决策提供重要依据。成本分析是成本管理的重要组成部分。

成本分析按实施分析的时段分，分为事前分析、事中分析和事后分析。成本的事前分析，是指在生产经营活动开始之前所进行的成本预测性分析；成本的事中分析，是指对正在执行的成本计划的状况所进行的分析；成本的事后分析，是指对成本实际执行的结果所作的分析。

（一）成本分析的作用

（1）通过成本的事前分析，可以使企业的成本控制有明确的目标。

（2）通过成本的事中分析，能够及时发现实际成本支出脱离计划（目标）成本的差异（尤其是不利差异）及原因，以便及时采取有效措施加以调控，保证成本计划（目标）的实现。

（3）通过事后全面成本分析，可以评价企业报告期成本计划的执行结果，考核成本管理业绩，总结经验教训，兑现奖惩，为编制下期成本计划和制定经营决策奠定重要的基础。

（二）成本分析的任务

企业成本分析的任务是由企业成本管理的需要所决定的。企业成本分析的主要任务是：正确计算考量成本计划的执行结果，计算产生的差异；查找并揭示产生成本差异的各种因素及其原因；对成本计划的执行情况作出全面、客观的评价；提出进一步改善成本管理水平、降低成本的途径和方法。

二、成本分析的技术方法

成本分析可供选择的技术方法（也称数量分析方法）很多，常用的有对比分析法、因素分析法、比率法和相关分析法等。企业应根据分析的目的、分析对象的特点、掌握的资料等情况确定应采用哪种方法进行成本分析。

（一）对比分析法

对比分析法是根据报告期实际成本指标与不同时期的指标进行对比，来揭示差异，并分析差异产生原因的一种方法。对比分析法是成本分析中最常用的方法。在对比分析法中，可用本期实际指标与计划指标、与上期（或上年同期，历史最高水平）实际指标、与国内外同类型企业的先进指标进行对比。成本的对比分析最关键的是对比指标的可比性。通过对比分析，可以了解企业成本的升降情况以及发展趋势，查明原因，找出差距，提出进一步改进的措施。

在采用对比分析法时，可采用绝对数对比、增减差额对比或指数对比等多种形式：

(1) 绝对数对比，如上年甲产品单位成本 100 元，本年甲产品单位成本 98 元；

(2) 增减差额对比，如本年成本比上年降低 2 元；

(3) 指数对比，如本年成本比上年降低 2%。

(二) 因素分析法

成本分析的因素分析法，就是将构成成本的各种因素进行分解，测定各个因素变动对成本计划完成情况的影响程度的一种分析方法。因素分析法的具体方法主要是差额分析法和连环替代法。当各项因素与某项指标的关系为加或减的关系时，可采用差额分析法。

因素分析法的基本程序如下：

(1) 将要分析的某项成本指标分解为若干个因素的乘积。在分解时，应注意成本指标的组成因素应能够反映形成该项指标差异的内在构成原因；否则，计算的结果就不准确。如产品成本中的材料费用指标，可分解为产品产量、单位产品材料消耗量与材料的单位成本的乘积，但它不能分解为生产该产品的天数、每天用料量与产品产量的乘积，因为这种构成方式不能全面反映产品材料费用的构成情况。

(2) 计算成本指标的实际数与基期数（如计划数、上期数等），从而形成两个指标体系。这两个指标的差额，即实际指标减基期指标的差额，就是所要分析的对象。各因素变动对所要分析的成本指标完成情况影响合计数，应与该分析对象相等。

(3) 确定各因素的替代顺序。在确定成本指标因素的组成时，其先后顺序就是分析时的替代顺序。在确定替代顺序时，应从各个因素相互依存的关系出发，使分析的结果有助于分清经济责任。替代的顺序一般是先替代数量指标，后替代质量指标；先替代实物量指标，后替代货币量指标；先替代主要指标，后替代次要指标。

(4) 计算替代指标。其方法是以基期数为基础，用实际指标体系中的各个因素，逐步顺序地替换。每次用实际数替换基数指标中的一个因素，就可以计算出一个指标。每次替换后，实际数保留下来，有几个因素就替换几次，就可以得出几个指标。在替换时，要注意替换顺序，应采用连环的方式，不能间断；否则，计算出来的各因素的影响程度之和，就不能与经济指标实际数与基期数的差异额（即分析对象）相等。

(5) 计算各因素变动对成本指标的影响程度。其方法是将每次替代所得到的结果与这一因素替代前的结果进行比较，其差额就是这一因素变动对成本指标的影响程度。

将各因素变动对成本指标影响程度的数额相加，应与该项成本指标实际数与基期数的差额（即分析对象）相等。

上述因素分析法的计算过程可用以下公式表示：

设某项成本指标 W 是由 A，B，C 三个因素组成的。在分析时，若是用实际指标与计划指标进行对比，则计划指标与实际指标的计算公式如下：

计划指标 $W_0=A_0\times B_0\times C_0$

实际指标 $W_1=A_1\times B_1\times C_1$

分析对象为 W_1-W_0 的差额。

在采用因素分析法测定各因素变动对指标 W 的影响程度时，各项计划指标、实际指标及替代指标的计算公式如下：

计划指标 $W_0=A_0\times B_0\times C_0$ ………………………………………………………… (1)

第一次替代 $W_2=A_1\times B_0\times C_0$ …………………………………………………… (2)

第二次替代 $W_3=A_1\times B_1\times C_0$ …………………………………………………… (3)

实际指标 $W_1=A_1\times B_1\times C_1$ …………………………………………………… (4)

各因素变动对指标 W 的影响数额按下式计算：

由于 A 因素变动的影响＝（2）－（1）$=W_2-W_0$

由于 B 因素变动的影响＝（3）－（2）$=W_3-W_2$

由于 C 因素变动的影响＝（4）－（3）$=W_1-W_3$

将上述三个项目相加，即为各因素变动对指标 W 的影响程度，它与分析对象应相等。现举例说明如下。

【例 13—1】星光制造厂生产甲产品的某种主要材料计划消耗总成本为 2 475 元（W_0），实际消耗 2 652 元（W_1），比计划增加 177 元。根据下列资料，分析其增加的原因：

	计划（W_0）	实际（W_1）
甲产品产量（A）	50 件	60 件
单位产品材料消耗量（B）	11 千克	8.5 千克
材料单位成本（C）	4.5 元	5.2 元
材料消耗总额	2 475 元	2 652 元

根据因素分析法的替代原则，甲产品成本的某种主要材料费用的三个因素的替代顺序为产品产量、单位产品原材料消耗量、原材料单位成本。

第一次替换：产量因素：

$W_0=50\times 11\times 4.5=2\,475$（元）

$W_2=60\times 11\times 4.5=2\,970$（元）

由于产量变动影响的成本金额＝2 970－2 475＝495（元）

第二次替换：单位产品原材料消耗量因素：

$W_3=60\times 8.5\times 4.5=2\,295$（元）

由于单位产品原材料消耗量变动影响的成本金额＝2 295－2 970＝－675（元）

第三次替换：原材料单位成本因素：

$W_1=60\times 8.5\times 5.2=2\,652$（元）

由于原材料单位成本变动影响的成本金额＝2 652－2 295＝357（元）

各因素变动对甲产品某种主要材料费用的共同影响＝495－675＋357＝177（元）

在进行上述分析计算时，还可以采用另外一种简化的形式，即差额计算法。差额计算法是利用各个因素的实际数与基期数的差额，直接计算各个因素变动对经济指标的影响程度，具体计算公式如下：

A 因素变动对指标的影响＝$(A_1-A_0)\times B_0\times C_0$

B 因素变动对指标的影响＝$A_1\times(B_1-B_0)\times C_0$

C 因素变动对指标的影响＝$A_1\times B_1\times(C_1-C_0)$

仍以上例材料费用的分析资料为基础，采用差额计算法的结果如下：

产量增加对材料费用的影响＝（60－50）×11×4.5＝495（元）

单位产品原材料消耗量变动对材料费用的影响＝60×（8.5－11）×4.5＝－675（元）

原材料单位成本变动对材料费用的影响＝60×8.5×（5.2－4.5）＝357（元）

各因素变动对材料费用的影响＝495－675＋357＝177（元）

两种方法的计算结果相同，但采用差额计算法显然要比第一种方法简单。

（三）比率法

比率法，是指用两个以上的指标的比例进行分析的方法。它的基本特点是：先把对比分析的数值变成相对数，再观察其相互之间的关系。常用的比率法有以下几种：

1. 相关比率法

相关比率法，是指将两个性质不同而又相关的指标加以对比，求出比率，并以此来考察经营管理成果好坏的一种分析方法。例如，产值与工资是两个不同的概念，但它们的关系又是投入与产出的关系。人们都希望以最少的工资支出完成最大的产值。因此，用产值工资率指标来考核人工费用的支出水平，就很能说明问题。

2. 构成比率法

构成比率法，又称比重分析法或结构对比分析法。通过构成比率，可以考察成本总量的构成情况及各成本项目占成本总量的比重，同时，也可以看出量、本、利的比例关系（即预算成本、实际成本和降低成本的比例关系），从而为寻求降低成本的途径指明方向。

3. 动态比率法

动态比率法，就是将同类指标不同时期的数值进行对比，求出比率，以分析该项指标的发展方向和发展速度。动态比率的计算，通常采用基期指数和环比指数两种方法。

（四）相关分析法

相关分析法，是指在分析某个指标时，将与该指标相关但又不同的指标利用数学方法进行相关分析，找出有关经济指标之间规律性的联系的一种方法。企业的经济指标之间存在相互联系的依存关系，在这些指标体系中，一个指标发生了变化，受其影响的相关指标也会发生变化。例如，将利润指标与产品销售成本相比较，计算出成本利润率指标，可以分析企业成本收益水平的高低。再如，产品产量的变化，会引起成本随之发生相应的变化，利用相关分析法找出相关指标之间规律性的联系，从而为企业成本管理服务。

※思考活动※

在成本分析中，经常用到的方法有几种？这些方法的特点是什么？

成本分析的内容

※ 任务描述※

本任务的工作思路如图 13—3 所示。通过本任务的学习，学生能够理解成本分析方法的具体应用，能够结合企业的具体情况对生产的全部商品及可比产品进行产品成本分析，并能够提出对策分析。

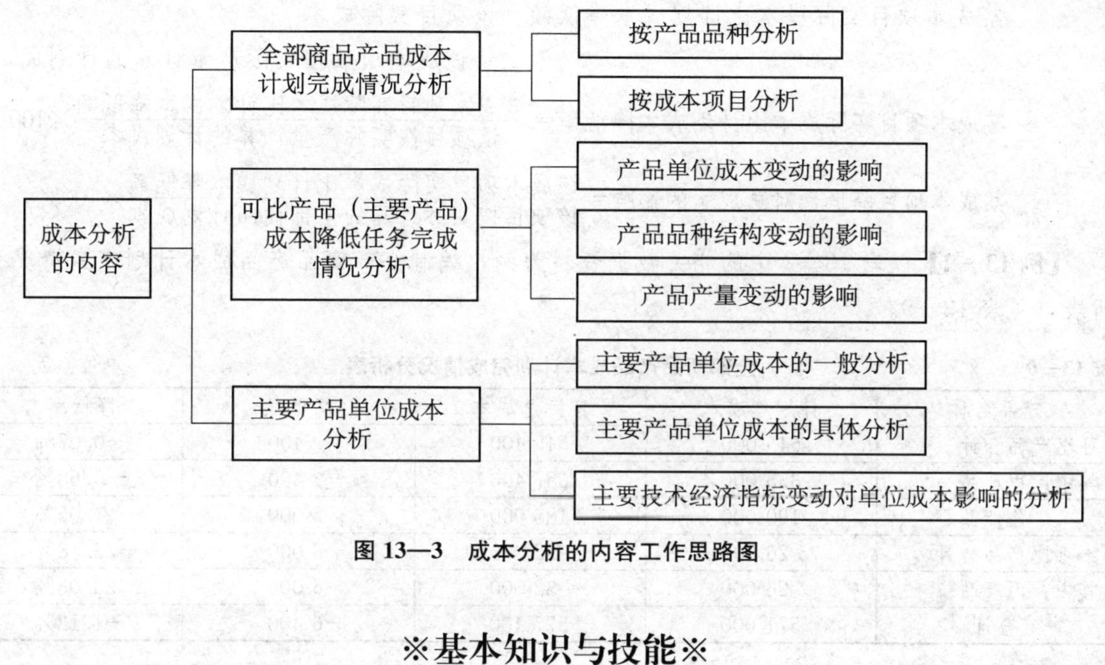

图 13—3　成本分析的内容工作思路图

※基本知识与技能※

企业成本分析的内容十分丰富，就工业企业而言，成本分析主要包括：全部商品产品成本计划完成情况分析、可比产品（主要产品）成本降低任务完成情况分析、主要产品单位成本分析、期间费用预算执行情况分析、主要技术经济指标对产品成本影响分析、责任成本分析和质量成本分析等。这里主要介绍全部商品产品成本计划完成情况分析、可比产品（主要产品）成本降低任务完成情况分析、主要产品单位成本分析。

一、全部商品产品成本计划完成情况分析

全部商品产品成本计划完成情况分析可分为按产品品种分析和按成本项目分析。

（一）按产品品种分析

按产品品种分析，是指按企业生产的每种产品的成本所进行的分析。在按产品品种进行分析时，应计算全部商品产品成本降低额和降低率、可比产品成本和不可比产品成本降低额和降低率、每种产品成本的降低额和降低率等指标。成本降低额和降低率的计算公式如下：

$$\text{成本降低额}=\text{按实际产量计算的实际成本}-\text{按实际产量计算的计划成本}$$

$$\text{成本降低率}=\frac{\text{成本降低额}}{\text{按实际产量计算的计划成本}}\times 100\%$$

（二）按成本项目分析

按成本项目分析，是指将按成本项目反映的全部商品产品的实际总成本与按成本项目反

映的实际产量计划总成本相比较，计算每个成本项目成本降低额和降低率对总成本的影响。其计算公式如下：

某成本项目实际成本比计划成本降低额＝该项目实际成本－该成本项目按实际产量计算的计划成本

$$某成本项目实际成本比计划成本降低率=\frac{该成本项目实际成本比计划成本降低额}{该项目按实际产量计算的计划成本}\times 100\%$$

$$某成本项目降低额对总成本的影响=\frac{该成本项目实际成本比计划成本降低额}{该项目按实际计算的全部商品计划成本}\times 100\%$$

【例 13—2】 以表 13—2 中的相关数据资料为例，编制全部商品产品成本计划完成情况分析表，见表 13—9。

表 13—9　　全部商品产品成本计划完成情况分析表　　单位：元

产品名称	计划总成本	实际总成本	降低额	降低率
可比产品合计	545 000	545 400	－400	－0.07%
其中：甲产品	355 000	357 400	－2 400	－0.68%
乙产品	190 000	188 000	2 000	1.05%
不可比产品合计	26 000	32 000	－6 000	－23.08%
其中：丙产品	26 000	32 000	－6 000	－23.08%
合计	571 000	577 400	－6 400	－1.12%

从表 13—9 可以看出，该企业全部商品产品没有完成成本降低计划，实际总成本比计划超支 400 元，超支率为 0.07%。从各产品看，可比产品甲产品没有完成计划，超支额达 2 400元，超支率为 0.68%，乙产品完成了计划，降低率为 1.05%，而不可比产品丙产品更是没有完成计划，超支率达 23.08%。企业应进一步对甲产品和丙产品加以分析。

二、可比产品（主要产品）成本降低任务完成情况分析

可比产品（主要产品），是指企业过去生产过，并且具备完整的成本资料，现在仍在生产的产品。计算可比产品成本降低任务的完成情况，可以检查企业成本降低工作的成绩。可比产品成本分析，包括可比产品成本降低任务的完成情况和变动的原因两个方面。可比产品成本降低任务完成情况分析所需各项指标的计算公式为：

可比产品实际成本降低额＝可比产品实际产量按上年平均单位成本计算的总成本－可比产品实际总成本

$$可比产品实际成本降低率=\frac{可比产品实际成本降低额}{可比产品实际产量按上年实际平均单位成本计算的总成本}\times 100\%$$

可比产品计划成本降低额＝可比产品计划产量按上年平均单位成本计算的总成本－可比产品计划总成本

$$可比产品计划成本降低率=\frac{可比产品计划成本降低额}{可比产品计划产量按上年实际平均单位成本计算的总成本}\times 100\%$$

分析对象：

降低额＝可比产品成本实际降低额－可比产品成本计划降低额

降低率＝可比产品成本实际降低率－可比产品成本计划降低率

各因素变动对可比产品成本降低任务完成情况的影响，主要有产品单位成本、产品品种结构、产品产量等。

（一）产品单位成本变动的影响

可比产品成本计划降低额是根据本年计划单位成本和上年实际单位成本进行比较计算的，可比产品成本实际降低额则是根据本年实际单位成本和上年实际单位成本进行计算的。这样，当本年实际单位成本发生变动时，必然会引起可比产品成本降低额和降低率的变动。

（二）产品品种结构变动的影响

品种结构是指各种产品数量在全部产品数量总和中所占的比重。由于各种产品的实物数量不能简单相加，因此，在进行可比产品成本分析时，一般是用某产品的成本占全部产品成本的比重作为产品品种结构进行分析。其计算公式如下：

$$\text{某产品的品种结构比例}=\frac{\text{某产品的产量}\times\text{该产品上年(计划或实际)单位产品}}{\sum[\text{每种产品产量}\times\text{该产品上年（计划或实际）单位成本}]}\times 100\%$$

当企业生产两种以上产品时，若各种产品的实际产量与计划产量不是同比例地增减，则会引起品种结构的变动。在企业生产的多种产品中，每种产品成本降低幅度是不一样的，有的还可能超支。若企业增加成本降低幅度大的产品的生产比重，或降低成本降低幅度小的产品的生产比重，则可比产品平均降低率和降低额就会比原来的提高；反之，成本降低率和降低额就会下降。因此，产品品种结构的变动同时影响成本降低额和成本降低率。

（三）产品产量变动的影响

在计算可比产品成本降低任务时，是用可比产品的计划产量，分别乘上该产品上年实际单位成本和计划单位成本的差额计算的；实际完成情况则是根据可比产品实际产量分别乘上该产品上年实际单位成本与本年实际单位成本的差额计算的。从这一计算过程中可以看出，当产品的品种构成的单位成本不变时，产品产量的变动会引起成本降低额发生同比例的变动，但不影响成本降低率的变动。因此，单纯产量的变动，仅影响成本降低额的变动，不影响成本降低率的变动。现举例说明可比产品成本降低任务完成情况分析。

【例 13—3】昂立制造厂的 A、B 两种产品系可比产品，20××年有关 A、B 产品成本资料见表 13—10、表 13—11。

表 13—10　　**可比产品计划资料**

可比产品	计划产量	单位成本		总成本		降低任务	
		上年	计划	按上年单位成本	按本年计划成本	降低额	降低率
A	100	120	110	12 000	11 000	1 000	8.33%
B	200	60	50	12 000	10 000	2 000	16.67%
合计				24 000	21 000	3 000	12.5%

表 13—11　　可比产品实际资料

可比产品	计划产量	单位成本		总成本		降低任务	
		上年	计划	按上年单位成本	按本年计划成本	降低额	降低率
A	500	100	96	50 000	48 000	2 000	4%
B	240	55	50	13 200	12 000	1 200	9.09%
合计				63 200	60 000	3 200	5.06%

根据以上资料计算分析如下：

1. 可比产品成本降低计划指标

计划降低额＝24 000－21 000＝3 000（元）

计划降低率＝3 000÷24 000×100%＝12.5%

2. 可比产品成本降低实际指标

实际降低额＝63 200－60 000＝3 200（元）

实际降低率＝3 200÷63 200×100%＝5.06%

3. 基本评价

可比产品成本降低额完成了计划，比计划多降低了 200 元，但降低率没有完成计划，比计划低了 7.44%。

具体原因分析如下：

(1) 产量变动的影响。

(500×100＋240×55) ×12.5%－3 000＝4 900（元）

(2) 产品品种结构变动的影响。

对降低额的影响＝（500×100＋240×55）－（500×110＋240×50）
－（500×100＋240×55）×12.5%＝－11 700（元）

对降低率的影响＝－11 700÷（500×100＋240×55）＝－18.51%

(3) 单位成本变动的影响。

对降低额的影响＝(500×100＋240×55）－（500×96＋240×50)
－［(500×100＋240×55）－（500×110＋240×50)］＝7 000（元）

对降低率的影响＝7 000÷（500×100＋240×55）＝11.08%

三因素对降低额的共同影响＝4 900＋（－11 700）＋7 000＝200（元）

三因素对降低率的共同影响＝－18.51%＋11.08%＝－7.43%

三、主要产品单位成本分析

在对全部商品产品成本计划完成情况进行总括分析后，还应对主要产品的单位成本进行具体的分析。产品单位成本分析的意义，在于揭示各种产品单位成本及其各个成本项目的变动情况，查明单位成本升降的具体原因，以便更有效地降低产品的单位成本。主要产品单位成本表的分析应当选择成本超支或节约较多的产品有重点地进行。

主要产品单位成本分析包括两方面的内容：一是主要产品单位成本的一般分析和具体分析，二是主要技术经济指标变动对单位成本影响的分析。

（一）主要产品单位成本的一般分析

主要产品单位成本的一般分析，是指将本期的实际单位成本与计划、与上期、与其他同行业以及与历史先进水平等进行比较，观察本期的实际单位成本是超支还是节约。分析的方法可以采用对比分析法、趋势分析法和品种结构分析法等。

（二）主要产品单位成本的具体分析

主要产品单位成本的具体分析，是指对构成产品成本的各成本项目对单位成本的影响所进行的分析。主要包括直接材料费用的分析、直接人工费用的分析和制造费用的分析。

1. 直接材料费用的分析

对单位产品成本中直接材料费用影响的基本因素，是单位产品材料耗用量和材料单位成本。它们对单位产品影响的计算公式如下：

材料耗用量变动的影响＝∑（材料实际单位耗用量－材料计划单位耗用量）×材料计划单位成本

材料单位成本变动的影响＝∑（材料实际单位成本－材料计划单位成本）×材料实际单位耗用量

【例 13—4】星光制造厂甲产品 20××年成本计划规定以及 11 月实际发生的材料消耗数量和材料单价，见表 13—12。

表 13—12　　**甲产品直接材料计划成本与实际成本对比表**

20××年 11 月

项目	材料消耗数量（千克）	材料单位成本（元/千克）	直接材料成本（元）
本年计划	500	32	16 000
本月实际	450	40	18 000
直接材料成本差异额			＋2 000

从上述甲产品单位成本表可以看出，该产品单位成本中的直接材料成本本月实际比本年计划超支 200 元。其影响因素主要在于材料消耗数量差异（量差）和材料单位成本差异（价差）两个方面。两个方面因素变动对直接材料成本超支的影响如下：

材料消耗数量变动的影响＝（450－500）×32＝－1 600（元）

材料单位成本变动的影响＝450×（40－32）＝3 600（元）

两因素影响程度合计＝－1 600＋3 600＝＋2 000（元）

通过以上计算可以看出，由于材料消耗数量节约（由 500 千克降为 450 千克），材料成本降低 1 600 元；由于材料单位成本提高（由 32 元升为 40 元），材料成本超支 3 600 元。两者相抵，净超支 2 000 元。由此可见，甲产品材料消耗数量的节约掩盖了绝大部分材料单位成本的提高所引起的材料成本超支。材料消耗数量的节约只要不是偷工减料的结果，一般都是生产车间改革生产工艺、加强成本管理的成绩。至于单位成本的提高，则要看是市场价格上涨等客观原因引起的，还是材料采购人员不得力，致使材料买价偏高或材料运杂费增加的结果。

2. 直接人工费用的分析

单位产品成本中，直接人工费用影响的因素是单位产品工时消耗量和小时工资额。它们对工资费用升降的影响可用下列公式表示：

工时消耗量变动的影响＝∑［（实际单位工时消耗量－计划单位工时消耗量）×计划小时工资额］

小时工资额变动的影响＝∑［（实际小时工资额－计划单位工资额）×实际单位工时消耗量］

【例 13—5】 星光制造厂甲产品 20××年成本计划规定和 11 月实际发生的每台所耗工时数和每小时工资成本的计划数和实际数，见表 13—13。

表 13—13 **甲产品直接人工成本计划与实际对比表** 金额单位：元

项目	单位产品消耗工时数	每小时工资额	直接人工成本
本年计划	40	30	1 200
本月实际	38	36	1 368
差异	—2	＋6	＋168

从甲产品直接人工成本计划与实际对比表可以看出，甲产品单位成本中的直接人工成本本月实际比本年计划超支 168 元。采用差额计算分析法计算各因素的影响程度如下：

单位产品所耗工时变动的影响＝（38－40）×30＝－60（元）

每小时工资成本变动的影响＝38×（36－30）＝＋228（元）

两因素影响程度合计＝－60＋228＝＋168（元）

以上分析计算表明：甲产品直接人工成本超支 168 元，是工时消耗节约而降低成本 60 元和每小时的工资成本超支而增加成本 228 元共同影响的结果。企业应当进一步查明单位产品工时消耗节约和每小时工资成本超支的原因。

3. 制造费用的分析

产品成本中制造费用影响的基本因素，是单位产品工时消耗量（或其他分配标准）和小时费用分配率（或其他分配率）。其分析的计算公式为：

工时消耗量变动的影响＝∑［（实际单位工时消耗量－计划单位工时消耗量）×计划小时费用分配率］

小时分配率变动的影响＝∑［（实际小时费用分配率－计划小时费用分配率）×实际单位工时消耗量］

（三）主要技术经济指标变动对单位成本影响的分析

技术经济指标分析，是指技术经济指标的变动对单位产品成本的影响。主要技术经济指标如材料利用率、劳动生产率、设备利用率、产量增长率、产品合格率等的提高，反映了劳动生产率的进步，必然会直接或间接地影响产品成本的高低。结合技术经济指标进行成本分析，不仅可以研究这些指标对产品成本的影响程度，而且可以促进企业提高各项指标，寻找降低产品成本的途径。

（1）材料利用率的变动对产品成本的影响。材料是产品成本的重要组成部分。材料比重变动、采用代用材料和材料利用率变动都会影响产品成本的变动。如材料利用率就是单位产品材料的消耗率，提高材料的利用率就是降低单位产品材料的消耗率，可以降低产品成本中的材料成本，从而可以降低产品的单位成本。

（2）劳动生产率的变动对产品成本的影响。劳动生产率提高意味着生产单位产品所耗用的时间比以前减少。这一方面会使单位产品所负担的工资成本减少，另一方面又会因工资率的增长，使单位产品成本提高。因此，要降低产品成本，必须使劳动生产率的提高大于工资率的提高。

（3）产品质量的变动对产品成本的影响。在生产消耗水平不变的前提下，产品质量提高必然会影响单位产品成本的降低。衡量质量好坏的指标有很多，如合格品率、废品率、等级品率等。

（4）产品产量的变动对产品成本的影响。产品产量的变动会使产品成本中的固定成本相对节约或超支，从而影响产品单位成本的升降。

※思考活动※

可比产品成本分析的目的是什么？如何进行可比产品成本分析？

【项目小结】

成本报表是根据日常成本核算资料及相关资料编制的，用以反映企业一定期间生产费用支出情况与产品成本水平及其构成情况的会计报表。企业编制成本报表主要以满足内部经营管理与决策需要为目标。

工业企业常见的成本报表主要有：商品产品成本表、主要产品单位成本表、制造费用明细表、管理费用明细表、财务费用明细表、销售费用明细表等。成本分析是指利用成本核算资料及其他有关资料，对成本指标所进行的分析。成本分析是成本管理的重要组成部分。成本分析按实施分析的时段分，分为事前分析、事中分析和事后分析。常用的成本分析技术方法有：对比分析法、因素分析法、比率法和相关分析法等。

工业企业成本分析主要包括：全部商品产品成本计划完成情况分析、可比产品（主要产品）成本降低任务完成情况分析、主要产品单位成本分析、期间费用预算执行情况分析、主要技术经济指标对产品成本影响分析、责任成本分析和质量成本分析等。

【项目训练】

一、单项选择题

1. 企业成本报表的种类、格式、项目内容和编制方法（　　）。

A. 由国家统一规定　　B. 由企业主管部门统一规定

C. 由企业自行制定　　D. 由企业主管部门与企业共同制定

2. 工业企业成本报表（　　）。

A. 必须对外报送

B. 不许对外报送

C. 由有关部门规定哪些指标对外公布，哪些指标不对外公布

D. 根据债权人的要求，确定哪些指标对外公布，哪些指标不对外公布

3. 可比产品成本降低额与降低率之间的关系是（　　）。

A. 成反比　　B. 无直接关系

C. 同方向变动　　D. 成正比

4. 采用连环替代法，可以揭示（　　）。

A. 产生差异的因素和各因素的变动原因　　B. 实际数与计划数之间的差异

C. 产生差异的因素和各因素的影响程度　　D. 产生差异的因素

5. 可比产品是指（　　）。

A. 在行业中正式生产过，有完整的成本资料可以进行比较的产品

B. 企业过去曾经生产过的产品

C. 有完整的定额成本资料可以进行比较的产品

D. 企业过去曾经正式生产过，有完整的成本资料可以进行比较的产品

二、多项选择题

1. 常见的工业企业成本报表有（　　）。

A. 商品产品成本表　　B. 制造费用明细表

C. 主要产品单位成本表　　D. 各种期间费用明细表

2. 主要产品单位成本表反映的单位成本包括（　　）。

A. 上年实际平均　　B. 历史先进水平

C. 本年计划　　D. 本月实际

3. 可比产品成本降低额变动的影响因素有（　　）。

A. 产品价格　　B. 产品单位成本

C. 产品产量　　D. 产品品种结构

4. 下列财务指标属于相关比率指标的是（　　）。

A. 销售收入成本率　　B. 成本利润率

C. 产值成本率　　D. 制造费用构成比率

5. 成本报表分析的主要内容包括（　　）。

A. 成本降低任务完成情况分析　　B. 主要产品单位成本分析

C. 费用预算执行情况分析　　D. 成本效益分析

三、判断题

1. 成本报表是一种内部管理会计报表，一般不对外报送和公开。（　　）

2. 成本分析只需根据成本核算资料进行分析。（　　）

3. 在进行单位产品计划完成情况的分析时，只能采用因素分析法。（　　）

4. 产品单位成本变动，既会影响成本降低额，又会影响成本降低率。（　　）

5. 采用因素分析法，改变因素的排列顺序，计算结果会有所不同。(　　)

四、计算分析题

1. 星光制造厂20××年生产H产品，有关成本资料见表13—14、表13—15。

表13—14　　主要产品单位成本表　　单位：元

成本项目	本年实际	本年计划	上年实际平均
直接材料	3 070.5	2 835	2 793
直接人工	246	252	225
制造费用	313.5	318	372
合计	3 630	3 405	3 390

表13—15　　单位产品耗用原材料的资料表

项目	上年实际平均	本年计划	本期实际
直接材料耗用量（千克）	1 425	1 350	1 135
直接材料单价（元）	2.94	3.15	3.45

要求：

(1) 根据上述资料，分析H产品单位生产成本的计划完成情况；

(2) 分析影响原材料费用变动的因素，以及各因素对材料费用变动的影响程度。

2. 星光制造厂生产A、B两种可比产品，20××年企业指定的可比产品成本计划降低额为27 000元，计划降低率为2.8%。20××年企业可比产品生产成本资料见表13—16。

表13—16　　20××年企业可比产品生产成本资料表

可比产品	产量		单位成本		
	单位	实际	上年实际平均	本年计划	本年实际
A	台	450	10 500	10 350	10 200
B	台	525	13 500	12 750	12 450
合计		—	—	—	—

要求：分析可比产品成本降低率计划完成情况及各因素对材料费用变动的影响。

标准成本控制与分析

任务一　标准成本控制与分析的相关概念　/ 251
任务二　成本差异的计算及分析　/ 254

【学习目标】

知识目标

- 理解标准成本的概念
- 掌握标准成本制定过程
- 掌握标准成本法分析的应用

能力目标

- 能够理解标准成本法的内涵
- 掌握标准成本控制与分析的具体应用

【引导案例】

对于标杆，当今的企业界显然已不陌生。日本开始在 20 世纪 70 年代生产世界品牌（反过来造成竞争）时，标杆还是一个鲜为人知的商业术语与习语。自那时之后，它在当今企业界发挥着关键作用。以施乐公司为例，1979 年，佳能以低于 1 万美元的价格推出了一种中型的复印机，施乐推断佳能为挤占市场而将价格定在公允价值以下，因而佳能不可能生产出更好的产品。结果相反，施乐很快知晓佳能实际生产出一种低成本、高质量的产品。

问题：佳能是如何生产的？施乐又该采取何种策略？

标准成本控制与分析的相关概念

※ 任务描述※

本任务的工作思路如图 14—1 所示。通过本任务的学习，学生能够理解标准成本的含义和特点，掌握标准成本制定的方法，为进行成本差异的计算与分析打好基础。

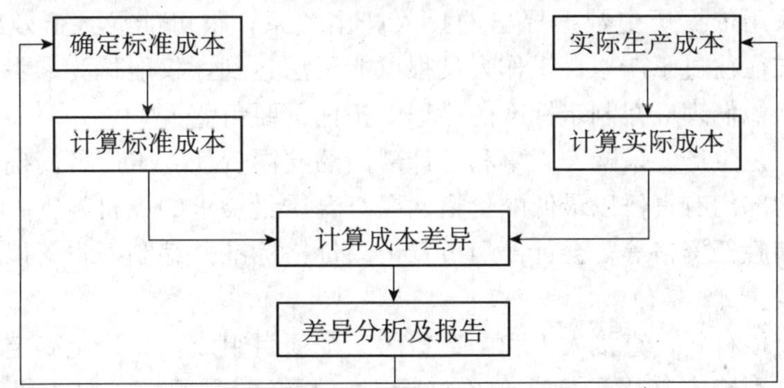

图 14—1　标准成本控制与分析工作思路图

※基本知识与技能※

一、相关概念

（一）标准成本及其分类

标准成本是指通过调查分析、运用科学技术测定等方法制定的，在有效经营条件下所能达到的目标成本。标准成本主要用来控制成本开支，进行成本管理。企业在确定标准成本时，可以根据自身的技术条件和经营水平，在以下类型中进行选择：

一是理想标准成本，是指在现有条件下所能达到的最优成本水平，即在生产过程无浪费、机器无故障、人员无闲置、产品无废品的假设条件下制定的成本标准，这是一种理论标准。

二是正常标准成本，是指在正常情况下，企业经过努力可以达到的成本标准，这一标准考虑了生产过程中不可避免的损失、故障、偏差等。

通常来说，理想标准成本小于正常标准成本。由于理想标准成本的要求异常严格，一般很难达到，而正常标准成本具有客观性、现实性、激励性等特点，因此，正常标准成本在实践中广泛应用。

（二）标准成本控制与分析

标准成本控制与分析，又称标准成本管理，是以标准成本为基础，将实际成本与标准成本进行对比，揭示成本差异形成的原因和责任，进而采取措施，对成本进行有效控制的管理方法。它以标准成本的确定作为起点，通过差异的计算、分析等得出结论性报告，然后据以采取有效措施，进行成本管理。

二、标准成本的制定

标准成本包括用量标准和价格标准两部分。用量标准的潜在来源主要有历史经验、工艺研究及生产操作人员的意见。虽然历史经验能够为制定标准提供依据，但由于工序常常不能高效地运行，若采用依据历史数据提出的投入产出关系，很可能导致低效状况长期持续下去；工艺上的标准往往过于严格，操作人员很可能无法达到，仅能作为参考；操作人员负有达到标准的责任，他们理应在制定标准的过程中担任重要角色。

制定价格标准是生产、采购、人事和会计部门的共同责任。生产部门确定对投入原材料的质量需求；采购部门有责任以最低的价格购买符合质量要求的原材料；人事部门必须考虑采购人员的薪酬和胜任资格等；会计部门负责记录价格标准并编制报告，以便将实际业绩与标准业绩进行比较。

产品成本由直接材料、直接人工和制造费用三个项目组成。无论是确定哪一个项目的标准成本，都需要分别确定其用量标准和价格标准，两者的乘积就是每一成本项目的标准成本，将各项目的标准成本汇总，即得到单位产品的标准成本。其计算公式为：

单位产品的标准成本＝直接材料标准成本＋直接人工标准成本＋制造费用标准成本

＝∑（用量标准×价格标准）

（一）直接材料标准成本的制定

直接材料的标准成本，是由材料的用量标准和价格标准来确定的。

材料的用量标准是指在现有生产技术条件下，生产单位产品所需的材料数量。它包括构成产品实体的材料和有助于产品形成的材料，以及生产过程中必要的损耗和难以避免的损失所耗用的材料。材料的用量标准一般应根据科学的统计调查，以技术分析为基础计算确定。

材料的价格标准通常采用企业编制的计划价格，它通常是以订货合同的价格为基础，并考虑到未来物价、供求等各种变动因素后按材料种类分别计算的。材料的价格标准一般由财务部门、采购部门等共同制定。

在制定直接材料标准成本时，其基本程序是：首先，区分直接材料的种类；其次，逐一确定它们在单位产品中的标准用量和标准化价格；然后，按照种类分别计算各种直接材料的标准成本；最后，汇总得出单位产品的直接材料标准成本。其计算公式是：

直接材料标准成本＝∑（单位产品材料用量标准×材料价格标准）

【例 14—1】假定某企业 A 产品耗用甲、乙、丙三种直接材料，其直接材料标准成本的计算见表 14—1。

表 14—1　　**A 产品直接材料标准成本**

项目	标准		
	甲材料	乙材料	丙材料
价格标准①	35 元/千克	25 元/千克	15 元/千克
用量标准②	2 千克/件	4 千克/件	6 千克/件
标准成本③=②×①	70 元/件	100 元/件	90 元/件
单位产品直接材料标准成本④=∑③	260 元		

（二）直接人工标准成本的制定

直接人工的标准成本，是由直接人工用量和直接人工的价格两项标准决定的。

人工用量标准，即工时用量标准，是指在现有的生产技术条件下，生产单位产品所耗用的必要的工作时间，包括对产品直接加工工时、必要的间歇或停工工时，以及不可避免废次品所耗用的工时等。人工用量标准一般由生产技术部门、劳动工资部门等运用特定的技术测定方法和分析统计资料后确定。

直接人工的价格标准就是工资率标准，它通常由劳动工资部门根据用工情况制定。当采用计时工资时，工资率标准就是小时工资率标准，是由标准工资总额与标准总工时之比来确定的，即：

$$标准工资率=\frac{标准工资总额}{标准总工时}$$

因此，

直接人工标准成本=工时用量标准×工资率标准

【例 14—2】沿用例 14—1 中的资料，A 产品直接人工标准成本的计算见表 14—2。

表 14—2　　**A 产品直接人工标准成本**

项目	标准
月标准总工时①	14 600 小时
月标准总工资②	175 200 元
标准工资率③=②÷①	12 元/小时
单位产品工时用量标准④	1.5 小时/件
直接人工标准成本⑤=④×③	18 元/件

（三）制造费用标准成本的制定

制造费用的标准成本，是由制造费用用量标准和制造费用价格标准两项因素决定的。制造费用的用量标准，即工时用量标准，其含义与直接人工用量标准相同。制造费用价格标准，即制造费用的分配率标准，其计算公式为：

$$标准制造费用分配率=\frac{标准制造费用总额}{标准总工时}$$

因此，

直接制造费用标准成本=工时用量标准×制造费用分配率标准

成本按照其性态分为变动成本和固定成本。前者随着产量的变动而变动；后者相对固定，不随产量波动。因此，制定费用标准时，也应分别制定变动制造费用和固定制造费用的成本标准。

【例 14—3】 沿用例 14—1 中的资料，A 产品制造费用的标准成本计算见表 14—3。

表 14—3　　**A 产品制造费用标准成本**

项目		标准
工时	月标准总工时①	14 600 小时
	单位产品工时标准②	1.5 小时/件
变动制造费用	标准变动制造费用总额③	46 720 元
	标准变动制造费用分配率④＝③÷①	3.2 元/小时
	变动制造费用标准成本⑤＝②×④	4.8 元/件
固定制造费用	固定制造费用总额⑥	204 400 元
	标准固定制造费用分配率⑦＝⑥÷①	14 元/小时
	固定制造费用标准成本⑧＝②×⑦	21 元/件
单位产品制造费用标准成本⑨＝⑤＋⑧		25.8 元/件

※思考活动※

标准成本法与定额法的不同体现在哪些方面？

成本差异的计算及分析

※ 任务描述※

本任务的工作思路如图 14—2 所示。通过本任务的学习，学生能够理解标准成本法下成本差异的计算及原因分析，进而能够分析直接材料、直接人工和制造费用的差异，并提出相应的改进意见。

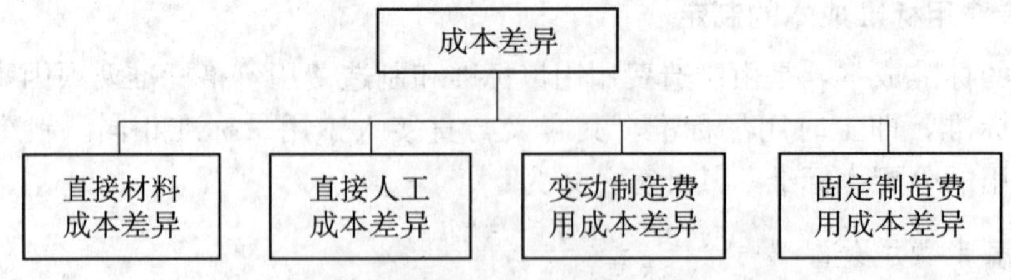

图 14—2　成本差异的计算及分析工作思路图

※基本知识与技能※

成本差异是指一定时期内，生产一定数量的产品所发生的实际成本与相关的标准成本之间的差额。凡实际成本大于标准成本的称为超支差异，凡实际成本小于标准成本的则称为节约差异。

从标准成本制定过程可以看出，任何一项费用的标准成本都是由用量标准和价格标准两个因素决定的。因此，差异分析就应该从这两个方面进行。差异的计算公式为：

总差异＝实际产量下实际成本－实际产量下标准成本
＝实际用量×实际价格－实际产量下标准用量×标准价格
＝（实际用量－实际产量下标准用量）×标准价格
＋实际用量×（实际价格－标准价格）
＝用量差异＋价格差异

其中：

用量差异＝标准价格×（实际用量－实际产量下标准用量）
价格差异＝（实际价格－标准价格）×实际用量

一、直接材料成本差异的计算分析

直接材料成本差异，是指直接材料的实际总成本与实际产量下标准总成本之间的差异。它或进一步分解为直接材料用量差异和直接材料价格差异两部分。有关计算公式如下：

直接材料成本差异＝实际产量下实际成本－实际产量下标准成本
＝实际用量×实际价格－实际产量下标准用量×标准价格
＝直接材料用量差异＋直接材料价格差异

其中：

直接材料用量差异＝（实际用量－实际产量下标准用量）×标准价格
直接材料价格差异＝实际用量×（实际价格－标准价格）

直接材料的用量差异形成的原因是多方面的，有生产部门原因，也有非生产部门原因。如产品设计结构、原料质量、工人的技术熟练程度、废品率的高低等都会导致材料用量的差异。材料用量差异的责任需要通过具体分析才能确定，但主要往往应由生产部门承担。

材料价格差异的形成受各种主客观因素的影响，较为复杂，如市场价格、供货厂商、运输方式、采购批量等的变动，都可以导致材料的价格差异。但由于它与采购部门的关系更为密切，因此其差异应主要由采购部门承担责任。

【例 14—4】沿用例 14—1 中的资料，A 产品甲材料的标准价格为 55 元/千克，用量标准为 4 千克/件。假定企业本月投产 A 产品 8 000 件，领用甲材料 36 000 千克，其实际价格为 50 元/千克。其直接材料成本差异计算如下：

直接材料成本差异＝36 000×50－8 000×4×55＝400 000（元）（超支）

其中：

材料用量差异＝（36 000－8 000×4）×55＝220 000（元）（超支）
材料价格差异＝36 000×（50－55）＝－180 000（元）（节约）

通过以上计算可以看出，A 产品本月耗用甲材料发生 400 000 元超支差异。由于生产部门耗用材料超过标准，导致超支 220 000 元，应该查明材料用量超标的具体原因，以便改进工作，节约材料。从材料价格而言，由于材料价格降低节约了 180 000 元，从而抵销了一部分由于材料超标耗用而形成的成本超支。这是材料采购部门的工作成绩，也应查明原因，继续保持。

二、直接人工成本差异的计算分析

直接人工成本差异，是指直接人工的实际总成本与实际产量下标准总成本之间的差异。它可分为直接人工工资率差异和直接人工效率差异两部分。有关计算公式如下：

直接人工成本差异＝实际总成本－实际产量下标准成本

＝实际工时×实际工资率－实际产量下标准工时×标准工资率

＝直接人工效率差异＋直接人工工资率差异

直接人工效率差异＝（实际工时－实际产量下标准工时）×标准工资率

直接人工工资率差异＝实际工时×（实际工资率－标准工资率）

直接人工效率差异是用量差异，其形成原因也是多方面的，工人技术状况、工作环境和设备条件的好坏等，都会影响效率的高低，其主要责任还是在生产部门。工资率差异是价格差异，其形成原因比较复杂，工资制度的变动、工人的升降级、加班或临时工的增减等都将导致工资率差异。一般地，这种差异的责任不在生产部门，劳动人事部门更应对其承担责任。

【例 14—5】沿用例 14—2 中的资料，A 产品标准工资率为 12 元/小时，工时标准为 1.5 小时/件，工资标准为 18 元/件。假定企业本月实际生产 A 产品 8 000 件，用工 10 000 小时，实际应付直接人工工资 125 000 元。其直接人工差异计算如下：

直接人工成本差异＝125 000－8 000×18＝－19 000（元）（节约）

其中：

直接人工效率差异＝（10 000－8 000×1.5）×12＝－24 000（元）（节约）

直接人工工资率差异＝（125 000÷10 000－12）×10 000＝5 000（元）（超支）

通过以上计算可以看出，该产品的直接人工成本总体上节约 19 000 元。其中，人工效率差异节约 24 000 元，但工资率差异超支 5 000 元。工资率超过标准，可能是为了提高产品质量，调用了一部分技术等级和工资级别较高的工人，使小时工资率增加了 0.5（＝125 000÷10 000－12）元。但也因此在提高产品质量的同时，提高了效率，使工时的耗用由标准的 12 000（＝8 000×1.5）小时降低为 10 000 小时，节约工时 2 000 小时，从而导致了最终的成本节约。可见，生产部门在生产组织上的成绩是值得肯定的。

三、变动制造费用成本差异的计算分析

变动制造费用成本差异是指实际发生的变动制造费用总额与实际产量下标准变动费用总额之间的差异。它可以分解为耗费差异和效率差异两部分。其计算公式如下：

变动制造费用成本差异＝实际总变动制造费用－实际产量下标准变动制造费用

＝实际工时×实际变动制造费用分配率

－实际产量下标准工时×标准变动制造费用分配率

＝变动制造费用效率差异＋变动制造费用耗费差异

变动制造费用效率差异＝（实际工时－实际产量下标准工时）
×变动制造费用标准分配率

变动制造费用耗费差异＝实际工时×（变动制造费用实际分配率
－变动制造费用标准分配率）

其中，效率差异是用量差异，耗费差异属于价格差异。变动制造费用效率差异的形成原因与直接人工效率差异的形成原因基本相同。

【例 14—6】 沿用例 14—3 中的资料，A 产品标准变动制造费用分配率为 3.2 元/小时，工时标准为 1.5 小时/件。假定企业本月实际生产 A 产品 8 000 件，用工 10 000 小时，实际发生变动制造费用 36 000 元。其变动制造费用成本差异计算如下：

变动制造费用成本差异＝36 000－8 000×1.5×3.2＝－2 400（元）（节约）

其中：

变动制造费用效率差异＝（10 000－8 000×1.5）×3.2＝－6 400（元）（节约）

变动制造费用耗费差异＝（36 000÷10 000－3.2）×10 000＝4 000（元）（超支）

通过以上计算可以看出，A 产品变动制造费用节约 2 400 元，这是由于提高效率，工时由 12 000（＝8 000×1.5）小时降为 10 000 小时的结果。由于费用分配率由 3.2 元提高到 3.6（＝36 000÷10 000）元，变动制造费用发生超支，从而抵销了一部分变动制造费用的节约额。应该查明费用分配率提高的具体原因。

四、固定制造费用成本差异的计算分析

固定制造费用成本差异是指实际发生的固定制造费用与实际产量下标准固定制造费用的差异。其计算公式为：

固定制造费用成本差异＝实际产量下实际固定制造费用－实际产量下标准固定制造费用
＝实际工时×实际分配率－实际产量下标准工时×标准分配率

其中：

$$标准分配率=\frac{固定制造费用预算总额}{预算产量下标准总工时}$$

由于固定制造费用相对固定，实际产量与预算产量的差异会对单位产品所应承担的固定制造费用产生影响，因此，固定制造费用成本差异的分析有其特殊性，分为两差异分析法和三差异分析法。

（一）两差异分析法

它是指将总差异分为耗费差异和能量差异两部分。其中，耗费差异是指固定制造费用的实际金额与固定制造费用预算金额之间的差额；而能量差异则是指固定制造费用预算金额与固定制造费用标准成本的差额。计算公式如下：

耗费差异＝实际固定制造费用－预算产量下标准固定制造费用
＝实际固定制造费用－标准工时×预算产量×标准分配率
＝实际固定制造费用－预算产量下标准工时×标准分配率

能量差异＝预算产量下标准固定制造费用－实际产量下标准固定制造费用
＝预算产量下标准工时×标准分配率－实际产量下标准工时×标准分配率

＝（预算产量下标准工时－实际产量下标准工时）×标准分配率

【例 14—7】 沿用例 14—3 中的资料，A 产品固定制造费用标准分配率为 14 元/小时，工时标准为 1.5 小时/件。假定企业 A 产品预算产量为 9 000 件，实际生产 A 产品 8 000 件，用工 10 000 小时，实际发生固定制造费用 200 000 元。其固定制造费用的成本差异计算如下：

固定制造费用成本差异＝200 000－8 000×1.5×14＝32 000（元）（超支）

其中：

耗费差异＝200 000－9 000×1.5×14＝11 000（元）（超支）

能量差异＝（9 000×1.5－8 000×1.5）×14＝21 000（元）（超支）

通过以上计算可以看出，该企业 A 产品固定制造费用超支 32 000 元，主要是由于生产能力不足、实际产量小于预算产量所致。

（二）三差异分析法

它是将两差异分析法下的能量差异进一步分解为产量差异和效率差异，即将固定制造费用成本差异分为耗费差异、产量差异和效率差异三个部分。其中耗费差异的概念和计算与两差异分析法下一致。相关计算公式如下：

耗费差异＝实际固定制造费用－预算产量下标准固定制造费用

＝实际固定制造费用－预算产量×工时标准×标准分配率

＝实际固定制造费用－预算产量下标准工时×标准分配率

产量差异＝（预算产量下标准工时－实际产量下实际工时）×标准分配率

效率差异＝（实际产量下实际工时－实际产量下标准工时）×标准分配率

【例 14—8】 制造费用成本差异＝200 000－8 000×1.5×14＝32 000（元）（超支）

其中：

耗费差异＝200 000－9 000×1.5×14＝11 000（元）（超支）

产量差异＝（9 000×1.5－10 000）×14＝49 000（元）（超支）

效率差异＝（10 000－8 000×1.5）×14＝－28 000（元）（节约）

通过上述计算可以看出，采用三差异分析法，能够更好地说明生产能力利用程度和生产效率高低所导致的成本差异情况，便于分清责任。

五、分析结果的反馈

标准成本差异分析是企业规划与控制的重要手段。通过差异分析，企业管理人员可以进一步揭示实际执行结果与标准不同的深层次原因。差异分析的结果，可以更好地凸显实际生产经营活动中存在的不足或在必要时修改成本标准，这对企业成本的持续降低、责任的明确划分以及经营效率的提高具有十分重要的意义。

※思考活动※

在标准成本法下，为什么一定将成本分为变动成本和固定成本？在标准成本法下，产成品、在产品在资产负债表上是以实际成本还是以标准成本列示？

【项目小结】

标准成本控制，是以制定的标准成本为基础，将实际发生的成本与标准成本进行对比，揭示成本差异形成的原因和责任，采取相应措施，实现对成本的有效控制。其中，标准成本的制定与成本的事前控制相联系，成本差异分析、确定责任归属、采取措施改进工作则与成本的事中和事后控制相联系。

【项目训练】

一、单项选择题

1. 以资源无浪费、设备无故障、产出无废品、工时都有效的假设前提为依据而制定的标准成本是（　　）。

A. 基本标准成本　　B. 理想标准成本

C. 正常标准成本　　D. 现行标准成本

2. 固定制造费用的能量差异，可以进一步分为（　　）。

A. 闲置能量差异和耗费差异　　B. 闲置能量差异和效率差异

C. 耗费差异和效率差异　　D. 以上任何两种差异

3. 标准成本是一种（　　）。

A. 机会成本　　B. 历史成本

C. 重置成本　　D. 预计成本

4. 固定制造费用的闲置能量差异，是（　　）。

A. 未能充分使用现有生产能量而形成的差异

B. 实际工时未达到标准生产能量而形成的差异

C. 实际工时脱离标准工时而形成的差异

D. 固定制造费用的实际金额脱离预算金额而形成的差异

5. 本月生产甲产品 8 000 件，实际耗用 A 材料 32 000 千克，其实际价格为每千克 40 元。该产品 A 材料的用量标准为 3 千克，标准价格为 45 元，其直接材料用量差异为（　　）。

A. 360 000 元　　B. 320 000 元

C. 200 000 元　　D. −160 000 元

二、多项选择题

1. 在进行标准成本差异分析时，形成直接材料数量差异的原因经常有（　　）。

A. 操作疏忽致使废品增加

B. 机器或工具不适用

C. 供应厂家材料价格增加，迫使降低材料用量

D. 紧急订货形成的采购成本增加

E. 操作技术改进而节省用料

2. 下列成本差异中，通常不属于生产部门责任的是（　　）。

A. 直接材料价格差异
B. 直接人工工资率差异
C. 直接人工效率差异
D. 变动制造费用效率差异
E. 变动制造费用耗费差异

3. 标准成本按其所依据的生产技术和经营管理水平的分类包括（　　）。

A. 基本标准成本
B. 理想标准成本
C. 正常标准成本
D. 现行标准成本
E. 重置成本

4. 在确定直接人工正常标准成本时，标准工时包括（　　）。

A. 直接加工操作必不可少的时间
B. 必要的工间休息
C. 调整设备时间
D. 不可避免的废品耗用工时
E. 由于设备意外故障而产生的停工工时

5. 在标准成本账务处理系统下，下列账户中只包含标准成本，不含有成本差异的是（　　）。

A. 在产品成本
B. 半成品成本
C. 产成品成本
D. 产品销售成本
E. 生产成本

三、判断题

1. 利用三差异分析法分析固定制造费用差异时，固定制造费用闲置能量差异是根据生产能量工时与实际产量标准工时的差额，乘以固定制造费用标准分配率计算得出的。（　　）

2. 管理用的成本数据通常不受统一的财务会计制度约束，也不能从财务报表直接取数，故与财务会计中使用的成本概念无关。（　　）

3. 在标准成本系统中，直接材料的价格标准是指预计下年度实际需要支付的材料市价。（　　）

4. 在成本差异分析中，数量差异的大小是由用量脱离标准的程度以及实际价格高低决定的。（　　）

5. 利用三差异分析法进行固定制造费用的差异分析时，固定制造费用闲置能量差异是根据生产能量与实际工时之差，乘以固定制造费用标准分配率计算求得的。（　　）

项目十五 作业成本法

任务一　作业成本法基本原理　/ 263
任务二　作业成本法的成本计算　/ 265
任务三　作业成本管理　/ 270

【学习目标】

知识目标

- 理解作业成本法的概念
- 理解作业成本计算过程
- 理解作业成本管理

能力目标

- 能够掌握作业成本计算过程
- 掌握作业成本管理的具体应用

【引导案例】

DL 有限公司始建于 1994 年 8 月，是一家日本独资企业，公司占地面积约为 29 720 平方米，建筑面积约为 46 664 平方米。投资总额为 4 710 万美元，年销售额为 3 120 万美元。现有职工 2 500 名。公司的主要产品是高级毛巾制品。产成品以外销为主，年销售额为 1 亿美元左右。面对纺织行业的危机与挑战，DL 有限公司在不断发展技术，在开拓国内市场的同时，高度重视成本核算。

DL 有限公司自其成立以来，产品成本核算一直使用“倒扎成本法”。公司毛巾制品分普通毛巾和雪里绒两大类。产品成本由人工费用、材料费用、制造费用构成。该公司经过十多年的发展，在制造水平、工艺技术、自动化程度上都有了较大的改变，直接成本在产品成本中所占的比重越来越低，但成本核算方法却没有改变。传统的核算方法不能真实地反映产品的成本，主要存在以下缺陷：第一，原材料计算不实，损失难测；第二，制造费用分配不准；第三，对外售价价格不准，产品定价难。

根据公司成本核算不清的实际情况，请你试为 DL 纺织品公司设计合理的成本核算方法。

作业成本法基本原理

※ 任务描述※

本任务的工作思路如图 15—1 所示。通过本任务的学习，学生能够理解作业成本的相关重要概念，理解作业成本法与传统成本法的区别与联系，为作业成本的计算及作业成本管理打好基础。

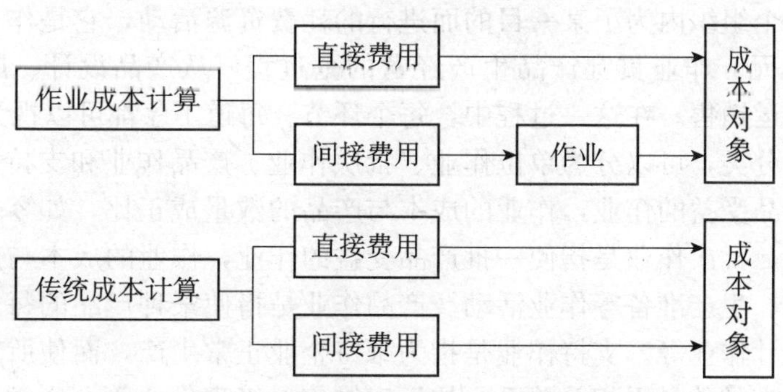

图 15—1　作业成本法与传统成本法工作思路图

※基本知识与技能※

作业成本法，最初是作为一种产品成本的计算方法，是对传统成本法进行改良，主要表现在采用多重分配标准分配制造费用的变革上。随着成本计算方法的完善，开始兼顾对制造费用和销售费用的分析，以及对价值链成本的分析，并将成本分析的结果应用到战略管理中，从而形成了作业成本管理。

一、作业成本法的概念

作业成本法不仅是一种成本计算方法，而且能够与成本管理有机结合。这种方法认为，企业是一个为满足顾客需要的“一系列作业”的有序集合，即为一个作业链。在这个作业链上，存在“资源—作业—成本对象”的关系，即“作业耗用资源，产品耗用作业”。企业每完成一项作业活动，就有一定的资源被消耗，同时通过一定量的产出转移到下一作业，如此逐一进行，直至最终形成产品。因此，作业成本法下应按照资源耗用的因果关系进行成本分配：先根据作业活动耗用资源的情况，将资源耗费分配给作业；再依照成本对象消耗作业的情况，把作业成本分配给成本对象。

在作业成本法下，直接费用的确认和分配与传统成本法一样，而对于间接费用的分配，其对象不再是产品，而是作业活动。成本分配时，首先根据作业中心的资源耗费，将资源耗费的成本（即间接费用）分配到作业中心，然后将分配到作业中心的成本依据作业活动的数量分配到各产品。

作业成本法能够很好地克服传统成本法中间接费用责任不清的缺点，使以往一些不可控的间接费用变为可控，这样可以更好地发挥成本会计的管理作用，以促进作业管理和成本控制水平的提升。要准确理解作业成本法，需要明确以下几个概念：

（一）资源

资源是企业生产耗费的原始形态，是成本产生的源泉。企业作业活动系统所涉及的人力、物力、财力都属于资源。一个企业的资源包括直接人工、直接材料、制造费用等。

（二）作业

作业是指在一个组织内为了某一目的而进行的耗费资源活动，它是作业成本计算系统中最小的成本归集单元。作业贯穿产品生产经营的全过程，从产品设计、原料采购、生产加工，直至产品的发运销售。在这一过程中，每个环节、每道工序都可以视为一项作业。

作业按其层次分类，可以分为单位作业、批次作业、产品作业和支持作业。其中，单位作业是指使单位产品受益的作业，作业的成本与产品的数量成正比，如零件的加工、对每件产品进行的检验等。批次作业是指使一批产品受益的作业，作业的成本与产品的批次数量成正比，如设备调试、生产准备等作业活动。产品作业是指使某种产品的每个单位都受益的作业，如产品工艺设计作业等。支持作业是指为维持企业正常生产，而使所有产品都受益的作业，作业的成本与产品数量无相关关系，如厂房维修、管理作业等。通常认为单位作业、批次作业、产品作业以外的所有作业均是支持作业。

（三）成本动因

成本动因亦称为成本驱动因素，是指导致成本发生的因素，即成本的诱因。成本动因通常以作业活动耗费的资源来进行度量，如质量检查次数、用电度数等。在作业成本法下，成本动因是成本分配的依据。成本动因又可以分为资源动因和作业动因。

资源动因是引起作业成本变动的驱动因素，反映作业量与耗费之间的因果关系。资源动因被用来计量各项作业对资源的耗用，根据资源动因可以将资源成本分配给各有关作业。按照作业成本法，作业量的多少决定着资源的耗用量，但资源耗用量的高低与最终的产品数量没有直接关系。

作业动因是引起产品成本变动的驱动因素，反映产品产量与作业成本之间的因果关系。作业动因计量各种产品对作业耗用的情况，并被用来作为作业成本的分配基础，是沟通资源消耗与最终产出的中介。例如：材料搬运作业的衡量标准是搬运的零件数量，生产调度作业的衡量标准是生产订单数量，加工作业的衡量标准是直接人工工时，自动化设备作业的衡量标准是机器作业小时数等。

（四）作业中心

作业中心又称成本库，是指构成一个业务过程的相互联系的作业集合，用来汇集业务过程及其产出的成本。换言之，按照统一的作业动因，将各种资源耗费项目归结在一起，便形成了作业中心。作业中心有助于企业更明晰地分析一组相关的作业，以便进行作业管理以及企业组织机构和责任中心的设计与考核。

二、作业成本法与传统成本法的比较

如任务描述中的工作思路图 15—1 所示，作业成本法与传统成本法下，直接材料成本与直接人工成本都可以直接归集到成本对象，两者的区别集中在对间接费用的分配上，主要是制造费用的分配。传统成本法下，制造费用以直接人工工时或机器工时为分配依据，当企业生产多样性明显时，生产量小、技术要求高的产品成本分配偏低，而生产量大、技术要求低的产品成本分配偏高。在作业成本法下，首先确认发生制造费用的一个或多个作业环节，如维修机器作业、搬运作业、质量检验作业等；然后根据作业量的大小，将制造费用成本分配到各作业中；最后依据相应的成本动因，如维修工时、搬运数量、检查次数等将各作业中心的成本分配到成本对象。采用作业成本法，制造费用按照成本动因直接分配，避免了传统成本法下的成本扭曲。

※思考活动※

作业成本法较传统成本法在制造费用的分配上有何重要区别？

作业成本法的成本计算

※ 任务描述※

本任务的工作思路如图 15—2 所示。通过本任务的学习，学生能够理解作业成本法的具体计算步骤，并且能够做到具体应用，着重掌握其与传统成本法的区别。

※基本知识与技能※

根据作业成本法“作业耗用资源，产品耗用作业”的基本指导思想，产品成本计算过程可以分为两个阶段：第一阶段，识别作业，根据作业消耗资源的方式，将作业执行中耗费的资源分派（追溯和间接分配）到作业，计算作业的成本；第二阶段，根据产品所消耗的成本动因，将第一阶段计算的作业成本分派（追溯和间接分配）到各有关成本对象。

传统成本法也是分两步进行，但成本中心是按部门建立的。第一步除了把直接成本追溯到产品以外，还要把不同性质的各种费用按照部门归集在一起；第二步是以产量为基础，将间接费用分配到各产品。在传统成本法下，间接成本的分配路径是“资源—部门—产品”。在作业成本法下，成本计算的第一阶段除了把直接成本追溯到产品以外，还要将各项间接费用分配到各有关作业，并将作业看成按照产品生产需求重新组合的“资源”；第二阶段按照作业消耗与产品之间不同的因果关系，将作业成本分配到产品。因此，作业成本法下间接成本的分配路径是“资源—作业—产品”。

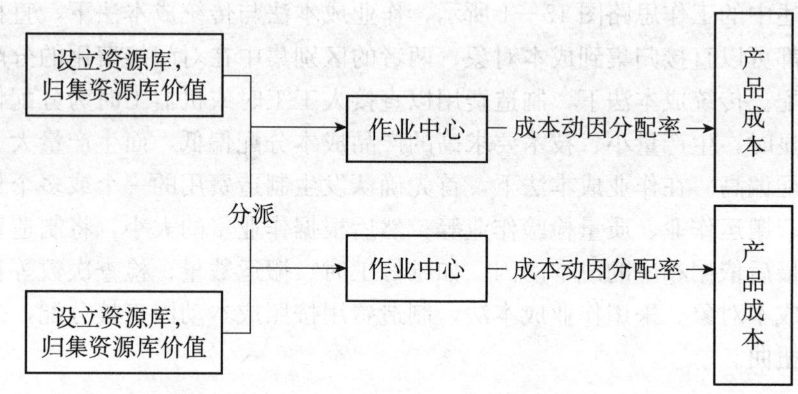

图 15—2 作业成本法的成本计算工作思路图

一、作业成本法的具体步骤

（一）设立资源库，并归集资源库价值

企业在生产产品或提供劳务过程中会消耗各种资源，如货币资金、原材料、人力、动力、厂房设备等。企业首先应为各类资源设置相应的资源库，并对一定期间内耗费的各种资源价值进行计量，将计量结果归入各资源库中。

（二）确认主要作业，并设立相应的作业中心

在进行作业确认时，理论上要求将有关费用划分得越细越好，但基于成本效益的考虑，一般按重要性和同质性的要求进行作业划分，纳入同一个作业组。纳入同一个作业组的作业应具备两个条件：一是属于同一类作业；二是对于不同产品来说，有着大致相同的消耗比率。如“材料搬运”是一项作业，也可以作为一个作业中心，所有与材料搬运相关的费用都归属到“材料搬运”这一作业中心。

（三）确定资源动因，并将各资源库汇集的价值分派到各作业中心

资源动因是把资源库价值分派到各作业中心的依据。首先，企业应根据不同的资源，选择合适的资源动因。如电力资源可以选择“消耗的电力度数”作为资源动因。然后，根据各项作业所消耗的资源动因数，将各资源库的价值分配到各作业中心。例如：“产品质量检验”作业消耗了 1 000 度电，而每度电的成本为 0.55 元，那么，“产品质量检验”所含的“电力成本”为 550 元。当然，该项作业还会消耗其他资源，将该项作业所消耗的所有资源的价值按照相应的资源动因，分别分配到该作业中心，汇总后就会得到该作业的作业成本。如果某

项作业所消耗的资源具有专属性，那么该作业所消耗的资源部分的价值可直接计入该作业的作业中心。如“产品质量检验”作业中检验人员的工资、专用设备的折旧费等成本，一般可以直接归属于检验作业。

（四）选择作业动因，并确定各作业成本的成本动因分配率

影响企业成本的因素有很多，但并非所有这些因素都要被确定为成本的动因。在每个环节中，成本动因的数量不能太多，也不能太少，必须选定一个比较适当的成本动因数量，使这些成本动因能充分合理地成为间接资源成本的分配基础。一般来说，成本动因的选择由企业工程技术人员、成本会计师等组成的专门小组讨论确定。选择成本动因时，要确保作业消耗量与成本动因消耗量相关，综合权衡收益与成本，并考虑确认成本动因后的行为结果。

当各作业中心已经建立，成本动因已经选定后，就可以将各作业成本除以成本动因单位数，计算出以成本动因为单位的分配率。作业成本分配率可以分为实际作业成本分配率和预算作业成本分配率两种形式。

1. 实际作业成本分配率

实际作业成本分配率是根据各作业中心实际发生的成本和作业的实际产出，计算得出的单位作业产出的实际成本。其计算公式为：

实际作业成本分配率＝当期实际发生的作业成本/当期实际作业产出

实际作业成本分配率主要用于作业产出比较稳定的企业。其主要优点在于计算的成本是实际成本，无须分配实际成本与预算成本的差异。其主要缺点表现在三个方面：一是作业成本资料只有在会计期末才能取得，不能随时提供进行决策的有关成本信息；二是不同会计期间作业成本不同，作业需求量也不同，因此计算出的成本分配率时高时低；三是容易忽视作业需求变动对成本的影响，不利于划清造成成本高低的责任归属。

2. 预算作业成本分配率

预算作业成本分配率根据预算年度预计的作业成本和预计作业产出计算，其计算公式为：

预算作业成本分配率＝预计作业成本/预计作业产出

预算作业成本分配率可以克服实际作业成本分配率的缺点，能够随时提供决策所需的成本信息，可以避免因作业成本变动和作业需求不足引起的产品成本波动，并且有利于及时查清成本升高的原因。

（五）计算作业成本和产品成本

根据每种产品所耗用的成本动因单位数和该作业分配率，可以计算该产品应负担的作业成本和产品成本。

首先计算耗用的作业成本，其计算公式为：

某产品耗用的作业成本＝∑（该产品耗用的作业量×实际作业成本分配率）

然后计算当期发生的成本，即产品成本。直接材料成本、直接人工成本和各项作业成本共同构成某产品当期发生的总成本，其计算公式为：

某产品当期发生成本＝当期投入该产品的直接成本＋当期该产品耗用的各项作业成本

其中：

直接成本＝直接材料成本＋直接人工成本

二、例题讲解

【例 15—1】某企业生产甲、乙两种产品，有关资料如下：

(1) 甲、乙两种产品的基本资料见表 15—1。

表 15—1　　甲、乙产品基本资料

产品名称	年产量（台）	单位产品机器工时（小时）	直接材料单位成本（元）	直接人工单位成本（元）
甲	10 000	5	50	20
乙	40 000	5	30	20

(2) 企业每年制造费用总额为 4 000 000 元。甲、乙两种产品的复杂程度不一样，所耗用的作业量也不一样。依据作业动因设置五个成本库，有关资料见表 15—2。

表 15—2　　甲、乙产品作业成本资料

作业名称	成本动因	作业成本	作业动因数		
			甲产品	乙产品	合计
机器调整	调整次数	1 200 000	3 000	2 000	5 000
质量检验	检验次数	960 000	4 000	4 000	8 000
生产订单	订单份数	240 000	200	400	600
机器维修	维修次数	1 200 000	400	600	1 000
材料验收	验收次数	400 000	100	300	400
合计		4 000 000			

要求：分别用作业成本法与传统成本法计算上述两种产品的单位成本。

首先，用作业成本法计算各项作业的成本动因分配率，计算结果见表 15—3。

表 15—3　　作业成本动因分配率

作业名称	成本动因	作业成本	作业动因数			
			甲产品	乙产品	合计	分配率
机器调整	调整次数	1 200 000	3 000	2 000	5 000	240
质量检验	检验次数	960 000	4 000	4 000	8 000	120
生产订单	订单份数	240 000	200	400	600	400
机器维修	维修次数	1 200 000	400	600	1 000	1 200
材料验收	验收次数	400 000	100	300	400	1 000
合计		4 000 000				

其次，计算作业成本法下两种产品的制造费用，计算结果见表 15—4。

表 15—4　　按作业成本法计算的制造费用

作业名称	作业成本	作业动因数		分配率	分配的制造费用	
		甲产品	乙产品		甲产品	乙产品
机器调整	1 200 000	3 000	2 000	240	720 000	480 000
质量检验	960 000	4 000	4 000	120	480 000	480 000
生产订单	240 000	200	400	400	80 000	160 000

续前表

作业名称	作业成本	作业动因数		分配率	分配的制造费用	
		甲产品	乙产品		甲产品	乙产品
机器维修	1 200 000	400	600	1 200	480 000	720 000
材料验收	400 000	100	300	1 000	100 000	300 000
合计	4 000 000				1 860 000	2 140 000

再次，使用传统成本法分别计算甲、乙两种产品的制造费用。

甲、乙两种产品的机器工时分别为 50 000（＝10 000×5）小时和 200 000（＝40 000×5）小时，制造费用总额为 4 000 000 元。

制造费用分配率＝4 000 000÷（50 000＋200 000）＝16（元/小时）

甲产品制造费用＝50 000×16＝800 000（元）

乙产品制造费用＝200 000×16＝3 200 000（元）

最后，比较两种成本计算法下制造费用分配的结果，见表 15—5。

表 15—5　两种计算法下制造费用对照表

项目	甲产品（产量 10 000 台）				乙产品（产量 40 000 台）			
	总成本		单位成本		总成本		单位成本	
	传统	作业	传统	作业	传统	作业	传统	作业
直接材料	500 000	500 000	50	50	1 200 000	1 200 000	30	30
直接人工	200 000	200 000	20	20	800 000	800 000	20	20
制造费用	800 000	1 860 000	80	186	3 200 000	2 140 000	80	53.5
合计	1 500 000	2 560 000	150	256	5 200 000	4 140 000	130	103.5

从表 15—5 可以看出，低产量、生产过程复杂的产品（如甲产品）在传统成本法下的单位成本显著低于作业成本法下的单位成本，而高产量、生产过程简单的产品（如乙产品）的单位成本恰恰相反。两种不同成本计算方法下成本差异产生的原因，表面上看是由制造费用总额在传统成本法下按直接人工工时分配，而在作业成本法下将制造费用的各部分按作业动因分配而导致，实质上反映了两种计算方法所提供的成本信息的不同质量。在作业成本法下，由于将制造费用按作业动因分为几个不同部分，每部分按不同的分配标准分配，因此与传统的按单一分配标准进行分配的方式比较，其准确性要高，科学性要强。大量的经验调查表明，生产量大而技术复杂程度低的产品，在传统成本法下，由于其消耗的人工工时比重大，因此分摊的制造费用数额较大，而在作业成本法下，这类产品由于技术复杂程度低，因此其消耗的作业动因量相对较少，分摊的制造费用会相对降低。生产量小而技术复杂程度高的产品则刚好与上述情形相反。简言之，传统成本法低估了生产量小而技术复杂程度高的产品的成本，高估了生产量大而技术复杂程度低的产品的成本。

※思考活动※

作业成本法的一般程序是怎样的？

作业成本管理

※ 任务描述※

本任务的工作思路如图 15—3 所示。通过本任务的学习，学生能够从成本分配观和流程观来理解作业成本管理结构，并掌握增值作业与非增值作业的区别，掌握作业成本节约的途径。

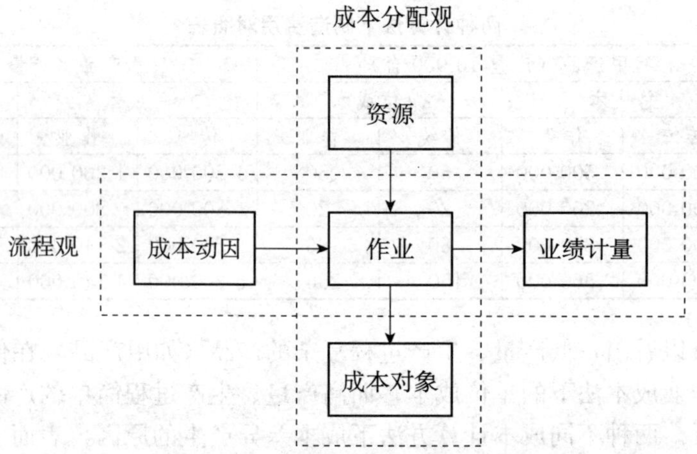

图 15—3　作业成本管理工作思路图

※基本知识与技能※

作业成本管理是以提高客户价值、增加企业利润为目的，基于作业成本法的新型集中化管理方法。它通过对作业及作业成本的确认、计量，最终计算产品成本，同时将成本计算深入作业层次，对企业所有作业活动进行追踪并动态反映。此外还要进行成本链分析，包括动因分析、作业分析等，从而为企业决策提供准确的信息，指导企业有效地执行必要的作业，消除和精简不能创造价值的作业，以达到降低成本、提高效率的目的。作业成本管理是一种符合战略管理思想要求的现代成本计算和管理模式。它既是精确的成本计算系统，也是改进业绩的工具。作业成本管理包含两个维度的含义，即成本分配观和流程观，如工作思路图 15—3 所示。

图中垂直部分反映了成本分配观，它说明成本对象引起作业需求，而作业需求又引起资源的需求。因此，成本分配是从资源到作业，再从作业到成本对象，而这一流程正是作业成本计算的核心。

图中水平部分反映了流程观，它为企业提供引起作业的原因（成本动因）以及作业完成情况（业绩计量）的信息。流程观关注的是确认作业成本的根源、评价已经完成的工作和已实现的结果。企业利用这些信息，可以改进作业链，提高从外部顾客获得的价值。

流程价值分析关心的是作业的责任，包括成本动因分析、作业分析和业绩评价三个部分。其基本思想是：以作业来识别资源，将作业分为增值作业和非增值作业，并把作业和流程联系起来，确认流程的成本动因，计量流程的业绩，从而促进流程的持续改进。

（一）成本动因分析

要进行作业成本管理，必须找出导致作业成本发生的原因。每项作业都有投入和产出。作业投入是为取得产出而由作业消耗的资源，而作业产出则是一项作业的结果或产品。比如说，对于材料搬运，搬运到指定地点的材料数量，则是该“搬运”作业的产出量，也可以称为作业动因。然而，产出量指标不一定是作业成本发生的根本原因，必须进一步进行动因分析，找出形成作业成本的根本原因。例如，搬运材料的根本原因，可能是车间布局不合理。一日得知了根本原因，就可以采取相应的措施改善作业，如改善车间布局，减少搬运成本。

（二）作业分析

作业分析的主要目标是认识企业的作业过程，以便从中发现持续改善的机会及途径。分析和评价作业、改进作业和消除非增值作业构成了流程价值分析与管理的基本内容。按照对顾客价值的贡献，作业可以分为增值作业和非增值作业。改进流程首先需要将每一项作业分为增值作业或非增值作业，明确增值成本和非增值成本，然后进一步确定如何将非增值成本减至最小。

增值作业，是指那些顾客认为可以增加其购买的产品或服务的有用性，有必要保留在企业中的作业。一项作业必须同时满足下列三个条件才可断定为增值作业：

（1）该作业导致了状态的改变；

（2）该状态的变化不能由其他作业来完成；

（3）该作业使其他作业得以进行。

例如，印刷厂的最后装订工序是先裁边再装订，裁边作业使所有纸张整齐划一，从而改变了原来的状态。这种状态之前的印刷或其他作业均不能实现该目的，而且只有裁边以后，才能进行后续的装订作业。裁边作业符合上述全部条件，因此，其为增值作业。增值作业又可分为高效作业和低效作业。增值成本即是那些以完美效率执行增值作业所发生的成本，或者说，是高效增值作业产生的成本。而那些增值作业中因为低效率所发生的成本则属于非增值成本。

非增值作业，是指即便消除也不会影响产品对顾客服务的潜能，不必要的或可消除的作业。如果一项作业不能同时满足增值作业的三个条件，就可断定其为非增值作业。例如，检验作业，只能说明产品是否符合标准，而不能改变其状态，不符合第一个条件，因此，其属于非增值作业；次品返工作业是重复作业，在其之前的加工作业就应提供符合标准的产品，因此，其也属于非增值作业。执行非增值作业发生的成本全部是非增值成本。持续改进和流程再造的目标就是寻找非增值作业，将非增值成本降至最低。

在区分了增值成本与非增值成本之后，企业要尽量消除或减少非增值成本，最大化利用增值作业，以减少不必要的耗费，提升经营效率。作业成本管理中进行成本节约的途径主要有以下四种形式：

（1）作业消除。作业消除是指消除非增值作业或不必要的作业，降低非增值成本。如将原材料从集中保管的仓库搬运到生产部门，将某部门生产的零件搬运到下一个生产部门都是非增值作业。如果条件许可，将原料供应商的交货方式改变为直接送达原料使用部门，将功能性的工厂布局转变为单元制造式布局，就可以缩短运输距离，削减甚至消除非增值作业。

（2）作业选择。作业选择是指对所有能够达到同样目的的不同作业，选取其中最佳的方案。不同的策略经常产生不同的作业，如不同的产品销售策略会产生不同的销售作业，而作业引发成本。因此，不同的产品销售策略引发不同的作业成本。在其他条件不变的情况下，选择作业成本最低的销售策略可以降低成本。

（3）作业减少。作业减少是指以不断改进的方式降低作业消耗的资源或时间。如减少整备次数，就可以改善整备作业并降低其成本。

（4）作业共享。作业共享是指利用规模经济来提高增值作业的效率。如新产品在设计时，如果考虑到充分利用现有其他产品使用的零件，就可以免除新产品零件的设计作业，从而降低新产品的生产成本。

实施作业成本管理，其目的在于找出并消除所有非增值作业，提高增值作业的效率，削减非增值成本。当利用作业成本计算系统识别出流程中的非增值作业及其成本动因后，就为业绩改善指明了方向。若要评价作业和流程的执行情况，就必须建立业绩指标，可以是财务指标，也可以是非财务指标，以此来评价是否改善了流程。财务指标主要集中在增值成本和非增值成本上，可以提供增值报告与非增值报告，以及作业成本趋势报告。而非财务指标主要体现在效率、质量和时间三个方面，如投入产出比、次品率、生产周期等。

作业分析是流程价值分析的核心，通过对作业的分析研究，进而采取措施，消除非增值作业，改善低效作业，优化作业链，这对于削减成本、提高效益具有非常重要的意义。

（三）业绩评价

在作业分析的基础上，建立相应的业绩评价体系，以便对作业成本管理的执行效果进行考核和评价。然后，通过作业成本管理绩效的信息进行反馈，重新进行下一循环的更高层次的作业分析。业绩评价体系必须结合责任会计制度，将作业中心的确立与责任中心的划分衔接一致，以明确经济责任和权限范围。通过使用合适的成本动因，保证成本指标和经营绩效的真实性与可靠性，从而有助于管理当局从非财务的角度进行业绩评价，进一步从理论上完善责任会计。

可见，通过以上步骤的分析和评价，作业成本管理将控制成本、降低成本的视野由以“产品”为中心转移到以“作业”为中心，它不是以“成本”论成本，而是联系成本发生的前因（成本动因）与后果（成本消耗）来寻求控制成本的途径和方法；它不简单、盲目地削减成本，而是通过对作业的跟踪和动态反映，通过事前、事中、事后的作业链分析，实现企业持续低成本、高效益的目标。因此，作业成本管理是以作业为成本管理的起点与核心，比之传统的以产品或劳务为中心的成本管理是一次深层次的变革和质的飞跃。

以上作业成本管理的过程是建立在作业成本法的基础之上的，两者之间有着必然的联系，作业成本法是作业成本管理的一部分，二者之间的关系如图 15—4 所示。

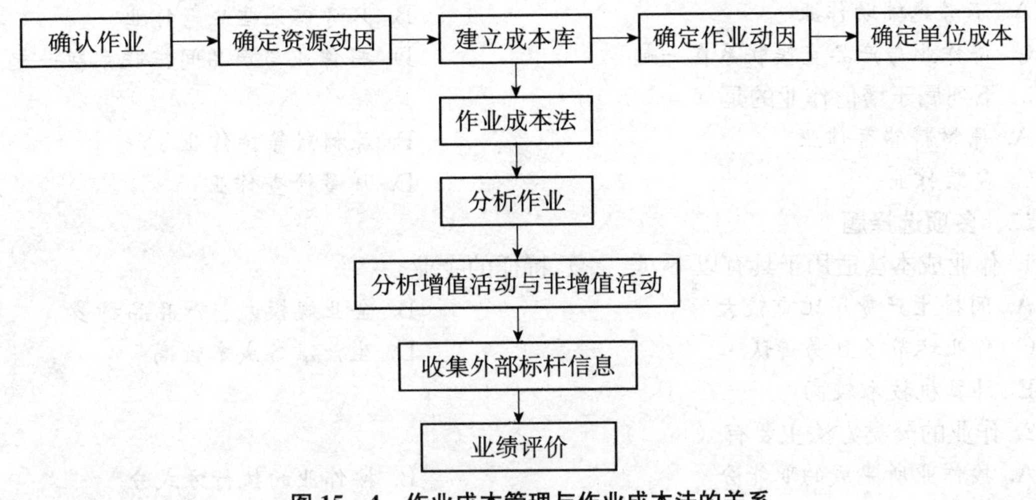

图 15—4　作业成本管理与作业成本法的关系

※思考活动※

作业成本法有哪些优点和局限性？我国企业在借鉴作业成本法时应注意哪些问题？

【项目小结】

“作业”是作业成本法下的最基本的概念，也是进行作业成本计算的核心和基础。一般认为，作业是企业为了提供一定产量的产品或劳务所消耗的人力、技术、原材料、方法和环境的集合体。作业成本法的核心是在计算产品成本时，先将制造费用归集于每一作业，然后由每一作业中心分摊到产品成本。

作业成本法，由于针对不同作业的间接成本采用不同的间接费用分配率进行分配，因此能够克服传统成本法存在的问题，对于正确分析作业成本、核算产品成本、进行资本支出评价有着重要意义。

【项目训练】

一、单项选择题

1. 作业成本法适用于具有以下（　　）特征的企业。

A. 间接生产费用比重较小　　B. 作业环节较少

C. 生产准备成本较高　　D. 产品品种较少

2. 作业成本法的成本计算是以（　　）为中心。

A. 产品　　B. 作业　　C. 费用　　D. 资源

3. 作业成本法与传统成本法的区别之一是作业成本法（　　）。

A. 存在较多的同质成本库　　B. 存在较少的同质成本库

C. 间接费用分配基础不一定是成本动因　　D. 成本决策相关性较弱

4. 作业成本法所采用的成本动因（　　）。

A. 不考虑辅助作业
B. 只考虑某些生产作业
C. 将作业与产品直接联系在一起
D. 将作业与产品间接联系在一起

5. 下列属于增值作业的是（　　）。
A. 原材料储存作业
B. 原材料等待作业
C. 包装作业
D. 质量检查作业

二、多项选择题

1. 作业成本法适用于具有以下（　　）特征的企业。
A. 间接生产费用比重较大
B. 企业规模大、产品品种多
C. 作业环节多且易辨认
D. 生产准备成本较高
E. 计算机技术较高

2. 作业的分类方法主要有（　　）。
A. 按作业所完成的职能分
B. 按作业的执行方式分
C. 按作业的性质分
D. 按作业的收益对象分
E. 按作业的时间长短分

3. 作业成本法的兴起和运用与以下新的制造环境密切相关的有（　　）。
A. 专业化生产
B. 电脑辅助设计
C. 弹性制造系统
D. 适时制生产方式
E. 自动化生产

4. 成本动因的选择应遵循以下（　　）原则。
A. 因果关系　　B. 受益性　　C. 合理性
D. 全面性　　E. 灵活性

5. 与作业成本法相比，下列关于传统成本法的说法错误的是（　　）。
A. 传统成本法低估了产量大而技术复杂程度低的产品成本
B. 传统成本法高估了产量大而技术复杂程度低的产品成本
C. 传统成本法低估了产量小而技术复杂程度高的产品成本
D. 传统成本法高估了产量小而技术复杂程度高的产品成本

三、判断题

1. 企业的生产过程既是作业消耗资源、产品消耗作业的过程，又是产品价值的形成过程。（　　）

2. 成本动因是驱动或产生成本、费用的各种因素，它通常可分为两种：资源动因和作业动因。（　　）

3. 作业动因是将作业中心的成本分配到产品或劳务的标准，它反映了作业中心对资源的耗用情况。（　　）

4. 作业成本法是传统成本法的一种，其主要特点是先按资源动因分配费用，计算各作业中心成本，再按作业动因分配作业成本，计算产品成本。（　　）

5. 在作业成本法下，制造费用的分配主要以与产出量相关的因素为分配基础。（　　）

参考文献

［1］孔德兰．成本会计［M］．北京：中国金融出版社，2007.

［2］孔德兰．成本会计实训与练习［M］．北京：高等教育出版社，2007.

［3］汤泉，刘淑春，孟利琴．企业成本核算实务［M］．北京：中国人民大学出版社，2013.

［4］崔烨，朱蕾．成本会计理论与实务［M］．北京：高等教育出版社，2014.

［5］马元驹．成本会计学模拟实验教程［M］．北京：中国人民大学出版社，2013.

［6］丁增稳．成本会计实训教程［M］．北京：高等教育出版社，2014.

［7］柯于珍．成本核算实务［M］．北京：经济科学出版社，2012.

［8］张桂春．成本核算实务［M］．北京：人民邮电出版社，2011.

［9］程坚．成本计算与管理学习指导、习题与项目实训［M］．3版．北京：高等教育出版社，2014.

［10］周云凌．成本会计——原理、实务、案例、实训［M］．2版．大连：东北财经大学出版社，2013.

［11］赵桂娟，王伶．成本会计学：有效管理的工具［M］．3版．北京：机械工业出版社，2012.

［12］中华人民共和国财政部．企业会计准则2015年版［M］．上海：立信会计出版社，2015.

［13］中华人民共和国财政部．企业会计准则应用指南2015年版［M］．上海：立信会计出版社，2015.

［14］企业会计准则编审委员会．企业会计准则案例讲解2015年版［M］．上海：立信会计出版社，2015.

［15］企业会计准则编审委员会．企业会计准则案例讲解2016年版［M］．上海：立信会计出版社，2016.

［16］财政部会计资格评价中心．初级会计实务［M］．北京：经济科学出版社，2015.

图书在版编目（CIP）数据

成本核算与管理/伊娜主编．—北京：中国人民大学出版社，2017.3
21 世纪高职高专规划教材．会计系列
ISBN 978-7-300-23872-2

Ⅰ.①成… Ⅱ.①伊… Ⅲ.①成本计算-高等职业教育-教材 Ⅳ.①F231.2

中国版本图书馆 CIP 数据核字（2017）第 009313 号

浙江省会计优势专业建设项目成果
浙江金融职业学院“985”工程二期（攀越计划）建设成果
21 世纪高职高专规划教材·会计系列
成本核算与管理
主 编 伊 娜
Chengben Hesuan yu Guanli

出版发行	中国人民大学出版社		
社　　址	北京中关村大街 31 号	**邮政编码**	100080
电　　话	010－62511242（总编室）		010－62511770（质管部）
	010－82501766（邮购部）		010－62514148（门市部）
	010－62515195（发行公司）		010－62515275（盗版举报）
网　　址	http：//www.crup.com.cn		
	http：//www.ttrnet.com（人大教研网）		
经　　销	新华书店		
印　　刷	中煤（北京）印务有限公司		
规　　格	185 mm×260 mm　16 开本	**版　　次**	2017 年 3 月第 1 版
印　　张	17.75 插页 1	**印　　次**	2017 年 3 月第 1 次印刷
字　　数	404 000	**定　　价**	34.80 元